亚非论丛

Asian and African Studies

(第一辑)

孙晓萌　主编

社会科学文献出版社
SOCIAL SCIENCES ACADEMIC PRESS (CHINA)

《亚非论丛》编辑委员会

编委会主任 彭 龙

主　　编 孙晓萌

编　　委（按姓氏拼音排序）

安春英　冯玉培　耿引曾　贺圣达　胡仕胜　华黎明
姜景奎　金京善　李安山　李金明　李丽秋　刘曙雄
陆蕴联　米　良　穆宏燕　邱苏伦　舒　展　孙晓萌
唐孟生　陶家俊　许利平　杨保筠　叶奕良　郁龙余
张西平　周维宏

审　　校 董友忱

目 录

语言文学研究

"一带一路"下培养复合性非通用语人才的思考
　　——以亚非学院"亚非地区研究"学科建设为例 ……… 米　良 / 3
老挝谚语中动物大象隐喻分析 ……………… 陆蕴联　邵文文 / 17
梵语诗学的世界传播 …………………………………… 尹锡南 / 27
缅语补足语子句 ………………………………………… 常　青 / 43
《道德经》在泰国的翻译与传播 ………………………… 陈　利 / 60
表达义、预设义与蕴含义再考 …………………………… 汪　波 / 77
土耳其语方位词 alt 的认知语义分析 …………………… 关　博 / 99
隋《李陁及妻安氏墓志》及《李吁墓志》释读 …… 任筱可 / 114

历史社会研究

布隆迪政情、民风及习俗特色 …………………………… 冯志军 / 125
中国古代文化经典在老挝的翻译与传播 ………………… 陆蕴联 / 137
荷兰殖民与斯里兰卡的社会经济变化 …………………… 佟加蒙 / 149

中老谚语的文化内涵比较……………………陆蕴联 靳浩玥 / 157
20世纪"缅甸的华文报刊和华文教育"……………李 健 / 169
中非人文交流的认识误区及对策………………赵 磊 / 178
论公元14世纪前高棉文化对老挝文化的影响……李小元 / 190
论黑非洲传统文化………………………………秦鹏举 / 200
论普列姆昌德艺术创作的质朴美学………………姚小翠 / 210
恺加王朝初期波斯语游记文本中的欧洲形象………王 莹 / 219

语言文学研究

"一带一路"下培养复合性非通用语人才的思考

——以亚非学院"亚非地区研究"学科建设为例[*]

米 良[**]

摘 要 2013年,我国国家主席习近平先后提出共建"丝绸之路经济带"和"21世纪海上丝绸之路"的倡议,逐步形成我国的"一带一路"战略,得到"一带一路"区域国家的积极回应,受到世界各国的欢迎,该战略也是我国对"大国责任"的回应和我国和平发展的证明和体现。一年多来,随着"丝路基金""亚投行"等项目的实施,"一带一路"战略正稳步推进。这个战略将持续相当长一个时期,可能是数十年的时间,对我国的发展至关重要。新的形势,特别是国家"一带一路"战略的实施对高校人才培养的目标、模式提出了新的要求,其中,培养复合型人才就是一个十分重要的内容,它既直接关系到我们培养出来的人才能否满足国家战略的需要,又关系到我们培养出来的人才能否适应社会发展的需求,能否具有竞争力,能否具有发展空间等重要问题。本文将以北京外国语大学亚非学院"亚非地区研究"二级学科建设为例,对"一带一路"战略下培养复合性非通用语人才所涉及的相关问题进行探讨。

关键词 一带一路 非通用语人才 培养 复合性

---

[*] 本文系作者在北京外国语大学"'一带一路'非通用语人才培养研究会"上的主旨发言稿。

[**] 米良,北京外国语大学亚非学院教授、博士生导师。

一 非通用语人才的优势及其局限性分析

(一) 非通用语人才的局限性

非通用语是指那些使用人群较少、使用地域狭小的国家或地区的语言。这些语言多达数百种,虽然每一种非通用语的使用人数不多,但使用非通用语的人数众多,并且涉及的国家众多、地域广阔。这些国家或地区通常经济落后、社会封闭,许多国家和地区尚未融入国际社会,有的甚至与国际社会格格不入。这样的特点给每一个学习非通用语的人从就业到人生价值的实现都带来了局限和挑战,也许他们一生都不得不和世界上某一个落后的国家打交道,当国际关系的变化导致我们和这个国家的关系断绝或交往急剧减少的时候,他们还会面临失业的巨大风险。因此,许多人觉得选择这样的专业前途有限,风险极大。"嫌贫爱富"的普遍性观念是许多人不愿意选择非通用语专业的一个原因。在现实中,我的许多学习非通用语的同行就有因为国际关系的变化而改行,改行后长期不能适应工作、适应社会的。有一个例子,我国与周边某个国家在新中国成立以后的多年的时间里关系良好,根据国家的需要,许多人都去学习了这个国家的语言,毕业后大显身手,如鱼得水,炙手可热,前程似锦。可是有一天,我国与这个国家的关系突然破裂,这些人突然发现无事可干了,纷纷改行,有的人改行成功,但也有许多人郁郁不得志,而当我国与这个国家关系改善和好,这种语言再次成为香饽饽时,这些人早已青春不再,只能望洋兴叹。的确,上述问题都是客观存在的,我们不得不去面对。

(二) 非通用语人才的优势

从哲学上来讲,任何事物都有其两面性,即有利的一面和不利的一面,并且有利与不利在一定条件下会相互转换。优势有时会变成劣势,而劣势有时也会变成优势。和通用语人才相比,非通用语人才的优势可以用"物以稀为贵""奇货可居"这样的俗话来形容。非通用语由于其使用人群有限、通行的地区有限而被冠以"非通用"的字眼，唯其如此则学习的人少，少则稀，稀则贵。这是很简单的道理。这也是非通用语的优势之所在。

（三）如何发挥优势，规避劣势

在分析了非通用语的优势与劣势之后，有一个问题就自然而然地被提出来，即如何发挥优势，规避劣势？孔子曰："趋吉避凶者为大丈夫。"古人云，"明者远见于未萌，智者避危于无形"，"有备无患"，"狡兔三窟"，等等，中国古代智者为我们解决非通用语人才的局限性提供了智慧。培养非通用语复合型人才成为上述问题的解决之道。

二　非通用语人才复合性的内涵

（一）人才复合性

所谓人才的复合性，是指人才具有宽阔的专业知识和广泛的文化教养，具有多种能力和发展潜能，以及具有和谐发展的个性和创造性，俗称一专多能。复合型人才，也就是多功能人才，其特点是多才多艺，能够在很多领域大显身手，不仅在专业方面有突出的能力，还具备较高的相关技能。复合性包括知识复合、能力复合、思维复合等多方面。当今社会的重大特征是学科交叉，知识融合，技术集成。实际上复合型人才应该是在各个方面都有一定能力，且在某一个具体的方面能出类拔萃的人。很多专门型人才离开其熟知的领域便手足无措，甚至对其他领域的知识一无所知，这不仅限制了用人单位对其才能的挖掘，也阻碍了其自身的发展，同时也反映了我们的教学理念需要更新，教育模式需要改变，教学内容需要革新。

（二）非通用语人才复合性的含义和要求

非通用语人才的复合性与一般人才的复合性是特殊和一般、个性和共性的关系。其共性是，都要求一专多能、多才多艺。但非通用语人才的复合性也有其自身的个性或特点，主要是，非通用语的非通用性。"非通用"的特征对非通用语人才而言，意味着社会对其使用范围的有限性，从某种意义上讲，这是一个不利的因素，你只能在这个领域发挥作用，离开了这个领域，你就毫无用处。但也有其优势，即你干的活谁也干不了，无可替代。然而当今社会正处在迅速的变化之中，国家对人才的需求也不断变化，你掌握了某种非通用语，可能今天炙手可热，但明天可能就成为烫手的山芋。这是我们不愿意看到的，也是许多学生不愿意选择学习非通用语的原因。因此，非通用语人才培养的复合性就成为我们必须要花力气去研究的重要问题。

非通用语的复合性的含义，应当是既掌握、精通一门非通用语，同时又具备其他专业的知识、技能。当你所掌握的非通用语因为人才过剩或国际关系在某一时期的变化而不能发挥作用时，你还可以在另外一个专业上发挥作用。

这里的复合性并非两个专业知识简单的相加，如"数学+外语"等，而应当是具有内在逻辑性和关联性的，也就是说，非通用语人才的复合性应当是非通用语与另外一个或多个专业知识之间具有内在的密切的联系，这样的复合性才符合经济与效益的原则，因为人的精力是有限的，一个人同时去学习两个互不关联的专业，不可能达到应有的高度，也就失去了"专"，蜻蜓点水、撒胡椒面的学习方案同样不可取。所以，我们的非通用语学生在往复合性方向发展时必须考虑所要选择的另一门知识与自己所学的非通用语之间的关联性，这一点至关重要，这样可以做到触类旁通、事半功倍。

（三）非通用语人才复合性的理想状态

基于以上分析，我认为，我们培养出来的非通用语人才应当是既要精通非通用语言，能够完成不同层次、各种类型的翻译工作，还要精通、熟悉对象国的政治、经济、历史、文化、对外关系，甚至对于对象国所处的地区的局势、对象国与世界上主要大国间的关系等属于地区研究领域的问题也要有深入研究。这样，我们培养出来的人才既能从事口语、文字翻译工作，又能从事外交、对外投资、贸易等工作，还能从事教学、研究工作。这是一个理想的状态，是我们追求的目标，如果达到了这样的目标，我们的学生就能在瞬息万变的社会中立于不败之地。

三 亚非学院在培养复合性非通用语人才上的努力与尝试

亚非学院多年以来，在亚非非通用语人才培养方面做出了很大的努力，成绩突出，尤其是在非通用语新语种的建设方面尤为突出，建设了一批新语种专业，为我国培养了一批新语种人才。随着形势的发展，国家对非通用语人才的培养目标和培养模式提出了新的要求，亚非学院不但需要保持传统，更需要与时俱进、继续改革、顺应潮流。现代高校的发展潮流是教学与科研并重，高校既担负着培养人才的重任，同时也承担着创新知识，为国家决策提供咨询，充当智库的角色。高校既是知识的传授者，也应当是知识的创造者，二者相辅相成，缺一不可，不可偏废。而多年以来我国外语院校形成的重教学轻研究的"传统"已广受诟病，需要改变。逐步从单纯的外语教学向集教学、研究、智库等综合性、复合性方向发展应成为我校的未来目标。

我校目前仅有一个一级学科，即便与国内其他外国语大学相比，也并不乐观。学科建设对我校今后一段时期的发展，显得十分迫切和重要。充分发挥我校现有的一级学科的作用，为建设新的一级学科打下基础，也许是我们应当考虑的一个重要问题。2014年下半年，亚非学院新班子成立以来，在这个方面做了新的尝试并取得进展。学院经过充分论证分析，考虑到学院长期以来的科研基础、人才队伍状况，结合国家发展战略、国家目前和今后的人才需求等情况，决定在我校一级学科"外国语言文学"下自主设置"亚非地区研究"二级学科。该二级学科的设置获得学校支持，经上报国务院学位办公示，已获得通过。目前，该二级学科的建设正在进行当中。

（一）对"亚非地区研究"学科的内涵的思考

亚非地区研究（Area Studies on Asia and Africa）是以亚洲和非洲问题为研究对象的学科，是一门综合性、交叉性的新型学科。该学科主要运用政治学、国际关系学、经济学、法学、历史学、语言文学、国别研究等学科知识，研究亚洲、非洲的历史及现实问题，为我国制定相关对外政策提供理论依据、决策参考，为我国与亚洲国家、非洲国家开展政治、经济、文化、教育等领域的合作提供智力支持，为我国对外开放服务，同时丰富我国社会科学的内容。

虽然亚非地区研究学科以政治学、国际关系学、经济学、法学、历史学、语言文学、国别研究等学科的理论为基础，但因其研究对象、研究内容和研究方法的特殊性而具有独特的价值。亚非地区研究学科兼具理论研究和应用研究的复合性特点。既要从理论上发现、总结亚非国家和地区历史、政治、经济、法律、社会文化、语言文学、民族及其对外关系领域的本质特征和发展规律，也要运用这些规律，为我国与亚非国家发展关系提供理论支持和决策参考。

亚非地区研究学科兼顾历史性和现实性。作为一个具有综合性、交叉性的学科，该学科既着眼于对亚洲和非洲地区的历史、文化、民族、宗教、语言文学等人文学科的研究，使该学科的研究具有深度和广度，也着眼于对其当代政治、经济、法律、国际关系等社会科学的研究，使该学科的研究具有服务现实需要的现实性。以对亚非地区的历史性的人文学科的研究作为基础，对亚非地区现实性的社会科学研究则是关键，二者相辅相成，体现出该学科交叉性、复合性的特点，这也是该学科存在的另一个价值。

进入 21 世纪以来，我国的对外开放事业进入了一个崭新的阶段，发展同亚洲、非洲国家的友好合作关系对我国的对外开放事业具有战略意义。习近平总书记在党的十八大报告中指出："我们将加强同广大发展中国家的团结合作，共同维护发展中国家正当权益，支持扩大发展中国家在国际事务中的代表性和发言权，永远做发展中国家的可靠朋友和真诚伙伴。我们将积极参与多边事务，支持联合国、二十国集团、上海合作组织、金砖国家等发挥积极作用，推动国际秩序和国际体系朝着公正合理的方向发展。我们将扎实推进公共和人文外交，维护我国海外合法权益。"习近平总书记的上述讲话为我国今后的对外战略指明了方向。包括我国在内的亚洲共有48个国家，非洲有53个国家，发展中国家大多数地处亚洲和非洲。显然，加强同发展中国家的团结合作，重点在亚洲和非洲。

经过几十年的发展，亚洲正在崛起，世界权力重心正在向亚洲转移，我国的长期亚洲战略就是始终把亚洲放在对外政策的首要位置，努力维护有利于亚洲和平与发展的地区环境。在经济、文化领域，我国将着力实施扩大内需特别是消费需求的战略，为亚洲其他国家扩大对华出口提供重要机遇；着力实施"走出去"战略，更多投资亚洲国家，增加对亚洲发展中国家的经济援助；着力参与区域合作，提升本地区互联互通水平，推进同亚洲国家在旅游、文化、教育、青年等领域的交流合作，加深中国人民同亚洲各国人民的相互了解和友谊。

在当今世界格局中，非洲的地位日益重要。非洲是一支不可忽视的强大政治力量。非洲是近年来全球经济增长最快的地区之一，正在释放巨大发展潜能；非洲作为世界文明发祥地，拥有多样性文化和深远影响，是人类文明多彩的一极。50年前，周恩来总理就将非洲看作中国外交"破高墙、走出去"的重要方向，并在访问非洲时提出了发展对非关系基本原则。50年来，中国一直秉承平等相待、互利共赢的原则开展对非合作。习近平主席2014年访非时提出"真、实、亲、诚"的对非关系原则。李克强总理访问非洲时提出包容性增长和"461"合作框架，打造中非关系的"升级版"。中非关系是中国外交的基石，中非合作是推进中非休戚与共、共同发展、文明互鉴关系的重要动力。

总而言之，新中国成立以来我国与亚洲、非洲国家的友好合作交往的实践和巨大的合作潜力使亚非地区研究这个交叉学科有了丰富的内涵，而亚非地区研究这个学科的建设又会反过来促进我国与亚非地区的友好合作交往。发展与亚非地区的友好合作关系，既有过去数十年的实践经验可以总结，也存在诸多理论、现实问题亟待解决，如亚非地区宗教、文化的冲突，民族种族矛盾，经济社会发展的不平衡性，政治制度的多元性，领土及海洋权利争端，亚非各国之间国际关系的错综复杂性，共同面对的气候变化、环境保护、疾病防控等问题。对这些问题的研究，直接影响到我国同亚非国家间的关系的发展，也必然成为亚非地区研究学科的内涵。

（二）对"亚非地区研究"学科理论的分析

"地区研究"（Area Studies）这门学科出现于第二次世界大战后。第二次世界大战的全面爆发与美国的广泛介入促使美国联邦政府、三大私人基金会（洛克菲勒基金会、卡内基金会和福特基金会）和众多学者意识到了解外部地区的重要性，着手推动以非西方世界为考察目标、强调跨学科分析、明显带有工具取向的"地区研究"。随着"冷战"的爆发，在美苏对抗的大背景下，美国于1947年建立了举国一致的国家安全体制，国家安全战略空间迅速扩展至全球，为联邦政府提供地区专家和对外决策咨询成为许多地区研究计划新的使命。在美国联邦政府和私人基金会大量科研资金的催化下，地区研究一跃成为社会科学家族中的显学。[①]"9·11"事件后，美国的地区研究，特别是中东研究引人注目，为了推进反恐大业，打赢阿富汗和伊拉克战争，联邦政府投入大笔资金推动以中东研究为主的地区研究，而为了确保地区研究计划，反映国家在本土安全、国际教育和国际事务方面的需求，2003年9月众议院决定建立国际高等教育顾问委员会。

我国长期以来并不关注对外国的研究，直到鸦片战争以后才开始逐步把目光投向外国。可以说，我国的地区研究特别是对亚非国家的系统研究是从新中国成立后开始的。新中国成立以来，在周恩来总理的关心

[①] 牛可：《美国"地区研究"的兴起》，《世界知识》2010年第9期。

下，我国在20世纪五六十年代就在全国各地分别建立了地区研究机构，如根据周恩来总理的指示在云南建立了"西亚研究所""东南亚研究所"等，它们为我国与第三世界的广大发展中国家发展友谊关系提供了智力支持，也为我国的地区研究学科的发展奠定了基础。

"地区研究"自第二次世界大战后从美国开始，历经近70年的发展，业已成为一门"显学"。美国加利福尼亚东亚语言文学系教授坦斯曼（Alan Tansman）指出："地区研究是一种谋求通过一个跨学科的透镜来了解、分析和阐述外国文化的事业。"[①] 根据我国学者唐世平等人的观点，"地区研究"（Area Studies）是指"综合了历史、地理、文化、经济、政治、军事、外交等多个研究角度对其他国家或地区的研究"。结合上述国内外学者的观点，我们可以给"亚非地区研究"下一个定义，即"亚非地区研究"是综合历史学、地理学、语言文学、经济学、政治学、法学、国际关系等多个学科的理论学说对亚洲和非洲地区进行研究的学科。这个定义也为"亚非地区研究"这个学科的理论基础确定了范围和内容，也就是说，亚非地区研究学科的理论基础是历史学、地理学、语言文学、经济学、政治学、法学、国际关系等多个学科的理论学说的综合。这种综合并非简单的堆砌或叠加，而是有机的结合。[②]

总体上，亚非地区研究的理论基础，主要由三个部分组成。一是亚非地区研究在基础理论方面涉及的跨学科理论，包括政治学、国际关系学、经济学、管理学、历史学、社会学、法学、文艺学等学科的理论；二是地区研究作为一门注重田野调查和实证研究的学科，需要专门的理论知识，如发展学、人类学、民俗学、语言学、跨文化研究、国际传播等理论；三是与西方相对的东方视角下的、有中国特色的亚非地区研究理论体系和知识。

---

① David L. Szanton, "The Origin, Nature, and Challenges of Area Studies," in *University of California International and Area Studies Digital Collection*, 2003, http://repositories.Cdlb.Org/uciaspubs/ediedvolumes/3/1.

② 唐世平、张洁、曹筱阳：《中国的地区研究：成就、差距和期待》，《世界经济与政治》2005年第11期。

（三）"亚非地区研究"主要研究方向及内容的思路

亚非地区研究学科拟设立三个研究方向：一是东南亚地区研究；二是南亚地区研究；三是非洲地区研究。该三个研究方向并未涵盖亚洲和非洲的所有国家和地区，是根据北京外国语大学目前的人才队伍和研究基础而设置的，随着我校人才队伍的完善和研究的深入，将来将设置覆盖整个亚洲和非洲的研究方向。

1. 东南亚地区研究方向

东南亚地区因地处亚洲东南部而得名，该地区由中南半岛上的越南、老挝、缅甸、柬埔寨、泰国和马来半岛上的马来西亚、新加坡，以及岛国印度尼西亚、文莱、菲律宾10个国家组成。东南亚地区的陆地面积达450万平方公里，人口超过6亿，占世界总人口的1/10。该地区民族众多、文化多元、宗教复杂、社会经济发展极不平衡、政治体制多样，与欧洲等其他地区文化、经济、社会的趋同性形成鲜明对照。该地区与我国的关系渊源深厚，在历史上既有密切的交往，与某些国家也曾发生剧烈冲突。"冷战"结束后，世界格局发生了深刻变化。中国－东盟自由贸易区的建成使我国与该地区的友好合作关系达到了前所未有的程度，中国－东盟"10+1""10+3"等合作机制使中国与东南亚的政治、经济、文化、教育、环境保护、疾病防控、反恐等多领域的合作不断加强。但我国同该地区的部分国家还存在一些尚未解决的矛盾，如菲律宾、越南等国对我国拥有主权的南沙群岛，甚至西沙群岛提出主权要求，这成为影响我国与东南亚关系的重要因素。美国"亚太再平衡"战略也严重阻碍这一地区的和平发展。恐怖组织在这一地区势力强大、不少国家间存在领土纠纷、部分国家内部的民族武装长期存在、泰国等一些"民主"国家政局长期动荡，这些问题都是现在和今后很长一个时期内影响我国同这一地区关系发展的因素，需要我们从政治、历史、文化、宗教、经济、法律等方面深入研究，发现这些问题背后的本质并提出对策。

该方向的主要研究内容为：

（1）东南亚历史，东南亚地区各国古代、近代、当代历史及其演变；

（2）东南亚社会文化，包括东南亚地区各国经济、社会、宗教、文学、艺术等；

（3）东南亚政治、法律，包括东南亚地区各国的政治、法律、军事、国家安全；

（4）东南亚国际组织及国际关系，包括东盟、中国-东盟自由贸易区、大湄公河次区域合作组织，东南亚地区各国之间的关系，东南亚地区各国与区域外各主要国家间的国际关系，东盟及东南亚各国与中国的关系等；

（5）南海问题，包括领土主权、海洋资源开发、航行自由及安全；

（6）海上丝绸之路相关问题及东南亚地区其他热点问题。

2. 南亚地区研究方向①

南亚地区国家人口众多、历史悠久，既是世界四大文明发源地之一，也是佛教和印度教等主要宗教的发源和流传地区。南亚以丰富的宗教文化遗产、厚重的历史文化积淀和多样的民族文化传统在世界文明的版图中占据重要地位。南亚地区与中国毗邻，在历史上与中国之间存在频繁和深入的文化交流。对南亚文化的了解和研究，既是全方位了解世界文化构成的需要，也可以帮助我们从文化交流的视角更加深入地理解中国自身文化的发展和演进历程。近年来，南亚地区国家在"南亚区域合作联盟"框架之下，不断加强经济、贸易和文化等领域的协调合作。中国作为南盟观察员国家，与南盟各国均保持密切往来，希望在南盟各国的对外贸易、基础设施建设等方面都发挥积极作用。印度与中国同为金砖国家，在经济互补合作方面前景广阔。从孟加拉国到斯里兰卡再到巴基斯坦，南亚诸国在海上丝绸之路经济合作中扮演重要角色。同时，南亚地区也存在经济发展不平衡、宗教极端势力突出和一定程度的地区冲突等问题。这些问题的发展变化，对于世界范围内的稳定发展格局产生一定影响，尤其是与中国的利益攸关。从历史文化、宗教源流、政治生态、经济发展和法律制度等多角度对南亚地区进行深入研究，极具必要性和迫切性。南亚地区研究以语言文化为基础，以南亚国别研究为引导，对

---

① 该部分资料由北京外国语大学亚非学院佟加蒙老师提供。

南亚国家和地区的社会文化和政治经济进行综合性研究。

南亚地区研究的主要内容为：

（1）南亚国家历史（南亚地区各国古代、近代、当代历史及其演变）；

（2）南亚宗教文化（包括印度教、佛教、耆那教等南亚主要宗教的历史、教义及其社会影响等）；

（3）南亚国家政府与政治；

（4）南亚各国法律；

（5）南亚地区国际关系（包括南盟、中国与南盟关系、南亚各国与海上丝路经济带，南亚地区各国之间的关系，南亚地区各国与区域外各主要国家间的国际关系等）；

（6）印度洋问题（包括海洋资源开发、航行自由及安全）。

3. 非洲地区研究方向 [①]

无论是在历史上还是在当代，非洲大陆作为一个相对统一的自然地理单位，其历史文化形态与政治经济特征，都具有某种内在的联系性、整体性与一致性。这些内在的联系性与整体性，使得非洲大陆具有一些明显有别有于外部世界其他文明与文化的共同特征。非洲地区研究可以从学术的角度对非洲大陆进行整体性研究与把握，探究非洲大陆共同面临的发展问题，全面理解和把握非洲的历史与现实问题，培养具有开阔学科视野与综合学科背景的非洲地区研究人才。

该方向基于对非洲政治、历史、法律和社会文化展开的交叉学科研究，其中，非洲本土语言与非洲传统文化研究是该方向的特色所在。该研究方向主要依托北外亚非学院、国际关系学院、法学院等单位的力量，并聘请国内外非洲研究和教学机构的学者。该研究方向关注中非关系的历史与现状及当代中非政治与经济关系、非洲各国法律、非洲历史嬗变及其在世界历史发展进程中的地位，特别强调通过使用本土文献和本土知识获得对非洲原始风貌的认知，从而形成客观和公正的中国非洲学研究特色。同时，强调非洲历史研究与现状研究之间的相互结合和互动，

---

① 该部分资料由北京外国语大学亚非学院孙晓萌老师提供。

注重对非洲实地进行田野调查，进而为快速发展的当代中非关系培养高层次专业人才，服务国家战略需要。

该方向的主要研究内容为：非洲国家历史、非洲各国法律、非洲国家政府与政治、非洲社会与文化、中非关系、非洲宗教、当代非洲经济等。

（四）亚非学院在培养复合性非通用语人才方面的其他尝试

1. 调整教研室结构

为了适应培养复合性非通用语人才的要求，亚非学院组建了"地区研究教研室"，配备一定数量的专业教师，开展地区研究的教学和科研工作，为"亚非地区研究"二级学科的建设服务，为学院的教学、科研服务。

2. 调整课程设置

2014年以来，亚非学院已开设了地区研究的平台课程，包括东南亚历史与文化，东南亚国家政治、经济与社会，西亚概况，丝绸之路与中国－西亚文化交流，区域研究方法论，区域研究案例，日本社会研究，朝核问题纵横谈，奥巴马政府的亚太政策等，为使课程设置、教学模式等方面朝着复合性的方向发展做了尝试和努力。

3. 从以教学为主向教学科研并重转变

近年来，亚非学院在搞好新语种建设的同时十分重视科研工作。仅三年来，我院教师担任主持人申报、获得的国家社科基金项目有两项，教育部项目有一项，北京市社科基金重点项目有一项；在国内外学术期刊上发表《论中国－东盟安全机制的构建》等学术论文数十篇，其中，发表在CSSCI来源期刊上的有近20篇；出版《语言与权力：殖民地时期豪萨语在北尼日利亚的运用》《东盟国家法律制度研究》等专著多部。亚非学院逐步从以教学为主向教学科研并重的方向发展。

4. 加强对外合作交流

2014年以来，亚非学院先后与英国、法国等高校亚非教学研究机构签署了多项协议，每年派遣教师、本科生、硕士生和博士生到上述机构交流，访学，攻读硕士、博士，请上述机构的专家学者到亚非学院讲学等，开阔教师、学生的视野，这对亚非学院培养复合性非通用语人才意义重大。

In the Background of "One Belt One Road", the Thoughts about Cultivating Compound Talents in Less-commonly Used Languages

Abstract　In 2013, Chinese President Xi Jinping has put forward building "economic belt of silk road" and "maritime silk road in the 21st century" successively. The strategy "One Belt One Road" is gradually formed and positively responded by the relevant countries and welcomed all over the world. The strategy is also China's response to the "responsibility of great powers" and the proof of China's peaceful development. For more than one year, as the project including the "silk road fund", the "Asian Infrastructure Investment Bank" and so on implemented, "One Belt One Road" strategy is steadily advanced. The strategy will last for quite a long period, probably tens of years, and is very important to the development of our country. In the new situation, especially when the national strategy "One Belt One Road" is implemented, new requirements about the goal and model are put forward to cultivate talents in colleges and universities. Among those above, to cultivate compound talents is an important content, for it is directly related to whether the talents we cultivate can meet both the needs of national strategy and the requirements of social development, who can be competitive and promising. This paper will take the secondary discipline construction of "Area Studies on Asia and Africa" in the school of Asian and African Studies in Beijing Foreign Studies University for example. Problems about cultivating compound talents in less-commonly used languages in the background of "One Belt One Road" will be discussed.

Keywords　"One Belt One Road", Talents of Less-commonly Used Languages, Cultivating, Compound.

老挝谚语中动物大象隐喻分析

陆蕴联　邵文文*

摘　要　语言是文化的载体，不同的语言反映出不同的文化特性。谚语是劳动人民生活生产经验的总结，反映出一个民族的社会文化、历史、生活环境、风俗习惯等。老挝自古被称为"万象之国"，动物大象在老挝社会经济中扮演着重要的角色，千百年来的发展和演变，使得大象在老挝社会中有着特殊的含义。大象词汇在老挝文学作品，尤其是谚语中频繁出现，本文试从大象谚语来分析其隐含的意义。

关键词　老挝　谚语　大象　文化

一　老挝关于动物大象的谚语

（一）"大象"词汇大量出现于老挝谚语中

老挝民间谚语是在老挝人民群众中广泛流传的、精练的、固定的语句，其简单通俗、生动形象的话语，反映出深刻的道理。它具有浓郁的民族色彩和语言特点，是老挝劳动人民智慧的结晶。[①] 从老挝谚语中，

---

* 陆蕴联，北京外国语大学老挝语专业教授；邵文文，北京外国语大学老挝语专业2013级研究生。
① 张良民：《老挝谚语浅析》，《东南亚纵横》2004年第5期。

我们可以了解到老挝社会生活的方方面面。老挝谚语中借用动物的隐喻比比皆是，其中关于动物大象的词汇，明显比其他动物词语出现得多得多。例如，仅提到大象身体各个部分的谚语就有以下这些。

象身：tabodkhamsang（盲人摸象），这则谚语和中国成语"盲人摸象"的意义相同，引申含义为"以偏概全"。虽然谚语中并没有出现"象身"的字眼，但是它从侧面表达了大象身躯的巨大，所以"盲人摸象"才会产生"以偏概全"的含义。

象牙：sangdiyounga padiyouneua（象美于牙，鱼香于肉）和sanghenkanangnga mahenkan angkhaew（象相见比牙，狗相见比齿）这两则谚语从侧面表现了老挝人对象牙的重视和赞美，认为象牙是大象的象征和价值所在。

象脚：tinsangyiabpaknok（象脚踩鸟嘴）表达了"恃强凌弱"的含义。

象粪：liangsangkinkhisang liangmakinkhima（养象吃象屎，养马吃马屎），类似中文的"靠山吃山，靠水吃水"，但是老挝谚语表述得更加通俗，用"象粪"来表现。这并不是一种恶趣味，反而更加实在地反映了大象与老挝人民生活的紧密关系。

象尾：beugsanghaibeughang beugnanghaibeugmae beugthaethaehaibeughodputagnai（看象看尾巴，看女看其母，若要看得准，要看其祖宗），这则谚语类似中文的"看树看根，看人看心；看屋看梁，看女看娘"。在老挝，驯象人根据大象的体型，来寻找可供家养的大象。老挝人民在捕捉、挑选、驯养大象的过程中积累了很多的经验，他们认为，尾巴长的大象是理想的驯养的大象。这些经验反映在谚语中，形成了独特的老挝民族文化特征。

另外还有关于象鼻、象耳等大象器官的谚语，这些谚语全方面地展现了老挝先民对大象的细致观察，反映了老挝人丰富的生产生活经验。

（二）大象谚语富含生活哲理

老挝谚语不仅仅是简单地表述老挝人的生产经验，作为一种文学形式，老挝谚语还表达了一些深刻的生活哲理。这些生活哲理和老挝先民的思想观念的表现，并不是直白地陈述，而是通过一些媒介来表达的，其中，大象正是重要的表达媒介之一。例如，上文提到的"盲人摸象"，表达了"以偏概全、目光短浅"的哲理。此外，还有以下表达。

khasangaonga（杀象取牙），类似中文的"杀鸡取卵"，比喻舍本逐末。

khisanglaichabtaktaen（骑象追捕蚂蚱），即类似中文的"宰鸡用牛刀"，比喻大材小用。

khibaelaisang（骑羊追象）与中国谚语"驱羊攻虎"有异曲同工之妙，只不过老挝谚语中使用的动物更符合老挝人的审美和习惯。

seuthawsang hangthawmaew（名如大象，体似猫），表达了"名不副实"的意思。

huasanghangnou（象头鼠尾），类似中文的"虎头蛇尾"之意。

phoukhahakchalaichabsang phouphaiphaeangkhamhan（瘸腿人扬言追象，屡败者口夸自勇），表达"败将言勇"的含义。

sangtaithangtua aobaibuapokpidbomid（一张荷叶盖不住一头死象），与中国俗语"纸包不住火"的意思相近，但老挝谚语中的表达同样借助"象"这个媒介来完成。

这些生活哲理包含的方面各不相同，但是它们都借助"象"来表达老挝人的世界观和人生观，媒介"象"在老挝谚语中大量运用，反映了其在老挝谚语中的独特地位和内涵。

二 动物大象谚语隐含的意义

大象在老挝谚语中的形象是多变的，既有生活经验的总结，也有生活哲理的表现，同时还反映了老挝古代社会的概况，可以说大象在老挝谚语中是一种文化符号。那么，这种符号更深层次的含义是什么呢？本文对运用较多的谚语加以整理和比较，认为大象表现了以下两个最突出的内涵。

（一）大象代表财富

大象在老挝社会中扮演着重要角色，作为象产品的象牙、象皮、象肉等也具有非常重要的经济和药用价值，所以大象被视为一种财富的象征，这是显而易见的，表现在谚语上就有：seuataignonnang sangtaignonnga phangataingonlasasombad（虎死于皮，象死于牙，王死于财）。这则老挝谚语相当于中文的"怀璧之罪""象齿焚身"。虎皮、象牙都是珍贵的东西，无数大象因象牙而遭杀身之祸，所以说大象是一种财富的象征，尤其是白象，更被视为珍宝。

上文提到的"杀象取牙"同样暗含了象牙的珍贵以及大象和财富之间微妙的象征关系。

大象在老挝还被视为吉祥、祝福和祥瑞的象征，例如谚语 khongthakinnongsang sampikhibook khongaoulukphachao leuisithaokaetai（坐等吃象胎盘，三年拉不出屎；等娶佛爷女儿，要等到死），表达的是不可能或难以做到的事情，其中的"nongsang"即大象胎盘，在老挝被视为吉祥、祥瑞之物，但是很难取得。

所以，大象在老挝谚语中常常与财富相关联，大象是老挝人的财富寄托。

（二）大象是权势的象征

在古代老挝社会，大象作为一种重要的战争武器和运输工具，逐渐被权力阶层的统治者重视，从老挝古代的称呼"万象之国"（澜沧王国）到老挝王国时期的"三头白象"国旗，我们可以感受到大象所体现的权力，因此隐喻权势的大象谚语随处可见。

隐喻权势的大象谚语有 khanchaodaikhisang kanghompenphanya yadailermkonthuk phukhikhuaikhonka（如果你骑上了大象，撑上华盖伞当了大王，别忘了骑着水牛的穷人）和 khanchaodaikhisang yalerimumuma hakhamoilak sihaohaonhaimanyan（你若骑上大象，不要忘了猪狗们，一旦你遇到小偷，狗仔们帮你吼跑）等谚语。

在老挝历史上，只有国王以及有权有势的人在出行的时候，才会骑着大象，象背上支着华盖遮阳挡雨。所以，大象在一定程度上是权贵的象征。上述谚语皆表达了这样的意思：一旦谁飞黄腾达、发迹了，不要忘记曾经一起共患难的朋友。其类似中文的"苟富贵，勿相忘"的含义。

正是因为大象是庞大的动物，高高在上，老挝人民用它隐喻有权有势的官宦。在封建等级社会里，老百姓常常是官吏欺压的对象。在反抗剥削压迫的斗争中，老百姓往往借用语言来讽刺当权者，所以大象谚语中的大象形象又有贬义的含义。例如：

sanglerukho（不听驾驭的象）比喻桀骜不驯。

tinsangyiabpaknok（象脚踩鸟嘴），即类似中文的"倚强凌弱""以大欺小"。这则谚语很明显把大象比喻为有权有势的官吏，小鸟则为渺小的老百姓。

kunsalosang phaisansaknyai tainyaonnoksai phanyaphaekhobkhin 这则谚语的大意指"庞大的大象败于小鸟脚下"，出自于老挝关于"大象与小鸟"的寓言故事。大象与小鸟的斗智斗勇的民间故事在老挝就有好几个。例如有一则这样的故事：大象侵占践踏小鸟家园，最后小鸟联合其他动物用智慧打死了大象。还有一则在老挝也是家喻户晓的故事——大象输给小鸟。大象仗着自己身高体胖、力大无比，常常欺负小鸟这样的动物，一天它要与小鸟比高低，看谁喝的水多。小鸟利用潮起潮落的自然规律赢了大象，当上了森林之王。

从以上例子我们可以观察到，不论是民间故事还是谚语，大象都被用来隐喻有权有势的当权者，专门欺压老百姓，而老百姓往往用他们的智慧与当权者斗争，最后赢得胜利。老挝人民借用文学作品、谚语来讽刺当权者的无能，并告诫当权者：老百姓虽然弱小，但弱小的力量联合起来，就能战胜强大的力量，老百姓的智慧是无穷的。

大象与老挝人民的生活密切相关，老挝人民离不开大象，然而，在文学作品中，大象又往往以反面的、相对立的形象出现，反映了老挝人民的矛盾心理。

当然，在老挝谚语中，大象的文化内涵是多样的，远不止文中所列举的几点，但通过观察，本文认为，老挝谚语中的大象所隐含的突出意义，主要还是财富与权力。首先，由于大象对老挝生活生产的重要性，它常常被视为一种财富；其次，老挝古代统治者对于大象十分重视，将其视为统治者的专用工具，所以大象成为权力的象征。可以说大象是老挝的一个文化符号，折射出老挝的社会形态与特点。

三 "大象"词汇频繁出现于老挝谚语中的原因分析

（一）老挝盛产大象

老挝是中南半岛北部的一个国家，也是东南亚唯一的一个内陆国家，北与中国云南省接壤，东面与越南为邻，西面和西南面分别与缅甸、泰国交界，南面与柬埔寨相接。该地区具有独特的山脉、森林和河流的生态网，动植物资源显得异常丰富。在老挝有多种多样的哺乳动物，虎、豹、熊、犀牛、驼鹿、猴子、松鼠、野牛、象等野生动物栖居于此。在这些动物中，大象自古就在这一地区繁衍生息，数量颇多。老挝地区属热带、亚热带季风气候，年降水量1250~3750毫米。而大象正是适宜生活于亚热带季风性气候地区，特别是气候温和、雨量充沛的林间的沟谷山坡、稀树草原、竹林及宽阔地带，其中又以海拔1000米以下的热带林带最为常见。所以老挝地区雨量充沛、空气温和湿润的气候特点，很适宜大象生活。

大象作为草食动物，以植物为食，凡无毒草类、树叶它都爱吃，其中最爱食野芭蕉、董棕、刺竹的嫩枝叶及竹笋等。而老挝地区植被丰富，根据世界自然保护联盟的调查数据，老挝的天然野生植被覆盖率超过75%，大约一半的国土面积为天然森林所覆盖，丰富的植物能够满足大象对于食物的需求。

大象生活在比较热的气候环境中，身体表面积大，每天排泄大量汗液和尿液，大象喜欢用洗澡来清洁身体或降低体温，所以对水的需求量很大。现在生物学研究表明，大象每天的正常饮水量就达到160~220千克，所以大象喜欢生活在小河流及沟谷等靠近水源的地方。可见，水源地在大象的生活环境中发挥着非常重要的作用。老挝被称为"东南亚的蓄水池",正是由于这里的水量充沛,所以这里的生态环境完全能够满足大象的饮水需求。

综上所述,老挝独特的地理环境非常适合大象的生存与繁衍,这也是老挝地区自古以来大象数量众多的客观条件。

(二)大象在老挝历史上留下深深的印记

老挝历史上最重要的王国——澜沧王国,其开国君主昭法昂的尊号,即为"百万大象土地之君王"的意思。老挝文的"lansang"(百万大象),中文音译为"澜沧",这就是澜沧王国名字的由来。究其源头,相传当时该地区的大象有百万之多,这些数据现今虽然已不可考,但是可见当时大象数量的繁多以及统治者对于大象的重视,以至于将大象用于国名之中。

除此之外,老挝历史上一件战事的发生也是源于大象。据相关史籍记载,老挝在1497年捕获了一头白象,越南皇帝知道了,就派遣使者向老挝国王索取白象毛,以刁难老挝国王。在送往越南途中,盒子里装的白象毛被换成了大象粪便,越南皇帝恼羞成怒,发几十万大军想一举吞并老挝,老挝宰相率兵迎敌,经过激战,老挝获胜,声威大震。这场战事发生的一个原因是大象,说明大象之珍贵,尤其是白象,老挝及周边很多地区都视白象为吉祥、富贵、祥瑞之兆。例如在缅甸,白象出现是吉祥和祝福的象征,历代统治者都将白象的出现当作政治变革或好运到来的先兆,以及皇室幸福和繁盛的象征。

在历史上,老挝还把大象作为外交礼品。据《唐书》记载:"自永徽以来,文单国累献驯像,凡三十有二。"据黄盛璋先生的考证,历史上文单国指的是陆真腊,其主要辖境大致在今天的老挝之地。大象不仅是老挝人民的外交礼品,同样还被用于战争。战象在老挝的运用非常普遍。据《旧唐书·真腊国》记载:"有战象五千头,尤好者饲以饭肉,与邻国战,则象队在前,于背上以木作楼,上有四人,皆持弓箭。"

在老挝王国时期,大象还被当作王室的象征。老挝王国时期的国旗上面就有三头白象的图案。

  大象在老挝历史上的印记，还能从老挝的首都译名看出来。老挝现在的首都 Viengchan，中国大陆地区译作"万象"，但是中国台湾地区一般译作"永珍"。从发音上来看，"永珍"更接近老挝语的发音，而且老挝语原文也没有"象"的意思，但为什么中国大陆地区将其译作"万象"呢？"万象"这个名称，是当地华侨对这座城市名称的转译，由于说起来顺口，听起来悦耳，最重要的是容易让人联想到老挝历史上被称为"万象之国"的澜沧王国，这个名称便渐渐沿用下来。

（三）自古以来大象与老挝人民生活密不可分

1. 大象曾作为重要的生产工具、交通工具、战争武器

  老挝是一个农业国，受自然地理的影响，主要发展农耕渔猎等传统农业。这些传统农业的生产需要一定的劳动力。而老挝盛产大象，大象以其庞大的身躯、巨大的力量、灵巧有力的鼻子在搬运货物时比任何动物都具有优势，既能搬运笨重货物，也能利用鼻子做一些技巧性的工作，因此出于生产和生活的需要，老挝先民逐渐驯化大象，使其帮助人们搬运物品、协助老挝人民从事生产活动。

  老挝国土面积为 23.68 万平方公里，境内 80% 为山地和高原，道路通不到的地方，大象就变成了主要的交通工具，因为它能登山涉水，能行走陡峭山路。

  在老挝澜沧王国法昂王统治老挝之前，大象曾被用作战争武器，抗击外来侵略者，直至今天老挝庆祝大象节时还保留驯象、摆象阵的活动。

2. 大象节是老挝重要的传统节日

  象生性聪明，通人性，性情也温顺憨厚，深得人们喜爱。在东南亚和南亚的很多国家，人们都驯养大象用来骑乘、劳动和表演等，以此吸引游客，带来收入。在老挝还有专门的大象节。大象节一般在每年的 2 月 17~19 日，节日活动丰富多彩，有商品展销、放映关于大象的电影、文艺演出、地方艺术品展览、大象节选美等。大象节主办方也不惜钱财举办这轰轰烈烈的节日庆典，例如 2013 年在老挝沙耶武里省举办的大象节就耗资 20 多亿老挝基普（合 160 多万元人民币），全省共有 377 头大象，参加节日活动的就有 64 头。老挝副总理宋沙瓦、万象市市长以及该省的省长皆出席庆祝活动。在大象节里，人们还为大象举行拴线仪式。拴线仪式是老挝特有的一种礼仪风俗，老挝语称为"巴席"或"巴席苏款"，是一种祝福仪式。老挝人一般在逢年过节、迎宾送客、婚嫁喜庆、经商发财、乔迁新居、子女出生、晋升提级、离家远行、负伤生病、亲友去世等重要时刻才举行拴线仪式。可见，大象节有多么重要和隆重。人们对于大象节的庆祝也反映了大象与老挝人民生活密不可分。

四　总结

由于地理、历史和社会等多方面的因素，大象与老挝人有着割不断的物质和文化联系。经过千百年的共同生活，大象已经内化为老挝社会的一个文化缩影，产生了独特的老挝大象文化，这种文化现象渗透到老挝社会生活的多个方面。就老挝文学作品，具体来说，在老挝谚语中，大象的形象屡见不鲜。大象在谚语中所体现的形象是多种多样的，或体现老挝人的生活经验，或表达老挝人的生活哲理，有时也展现了老挝先民对社会不公的讽刺和斗争。这些众多的形象代表老挝文化的独特取向。总的来说，主要有两种文化取向。首先，大象逐渐成为一种财富象征，有时更是象征幸福、祥瑞等吉利的意象。其次，经过社会历史的发展，大象逐渐外化为一种社会权力的代表，这种权力或好或坏，但总的来说，是老挝人对于大象力量推崇和对大象重视的表现。

总而言之，通过研究老挝谚语中"大象"的形象，我们可以窥探老挝象文化乃至老挝主体文化的特征和内涵，当然"大象"被大量运用于老挝谚语中不单单是一个特例，这种运用也出现在老挝其他文学形式中，这需要我们以后进行更多层次、更多角度的研究分析，从而准确把握老挝文化的实质。

An Analysis of Elephant Metaphors in Laotian Proverbs

Abstract Languages are the carrier of culture. Different languages reflect different cultural characteristics. Proverbs are a summary of production experiences of the working people, reflecting a nation's society, culture, history, living environment, customs, etc. Laos has always been known as "the country of millions of elephants". Elephants play an important role in the socio-economy of Laos, and thousands of years of development and evolution makes elephants a symbol with special meanings in Lao society. Words about elephants appear in literature frequently, especially in the Laotian proverbs. This article mainly analyzes the implicit meanings of elephants in Laotian proverbs.

Keywords Laos, Proverbs, Elephants, Culture

梵语诗学的世界传播

尹锡南[*]

摘　要　历史上，梵语诗学不仅传播到中国西藏地区，还对南亚和东南亚国家的文论产生了深刻的影响。近代以来，西方学者对梵语诗学的翻译和研究做出了卓越的贡献。梵语诗学在当代世界文学批评界也得到了某种程度的实践运用。本文尝试对这些现象进行初步探讨。

关键词　梵语诗学　中国文论　西方梵学

自古以来，以梵语诗学（含戏剧学）为代表的印度古典诗学通过各种方式，传播到中国、某些南亚和东南亚国家，还传播到欧美国家，缩短了印度与世界各国的文化和心理距离，作为印度文化软实力的重要组成部分逐渐为世界各国学者所熟知。因此，本文拟对梵语诗学在世界范围内的翻译、研究和批评运用等情况进行挂一漏万的简介。

一　梵语诗学在中国

梵语诗学在中国的传播，自然是指它与中国藏族、蒙古族文论的历

---

[*] 尹锡南，四川大学南亚研究所教授。

史联系，也指它在当代中国的翻译、研究与批评运用。这里先对梵语诗学与中国少数民族文论的历史联系做点介绍。

（一）梵语诗学与藏族、蒙古族文论

中国西藏地区因为地理原因，在语言文化和宗教信仰上深受印度佛教与梵语文化的影响。在这种单向度的长期影响过程中，梵语诗学进入中国，开始对藏族文论，即中国古代文论的一个分支产生深刻的影响。梵语诗学对藏族文论的影响，主要以公元7世纪檀丁所著《诗镜》为代表。

赵康指出："诚然，《诗镜》最初是从印度传入的，但在漫长的历史长河中，经过藏族先辈学者们的翻译、注释、研究、应用和充实，它已经完全和藏族的文化相融合，事实上已经成为具有浓厚藏族色彩的指导本民族文学创作的有力工具。故而我们研究藏族古代文论，不可不研究《诗镜》。"[①] 的确，《诗镜》作为外来文化的一个范本，在进入中国藏族知识时，必然会产生文化过滤乃至文化误读的现象。这种过滤或误读的结果就是《诗镜》中的文学原理被部分地本土化，以适应在异文化土壤中发新芽、长新枝和结新果的需要。在改造梵语诗学的过程中，本土的藏族文学理论得以丰富。

论者发现，藏族学者不仅从宏观层面考察《诗镜》的得失，还从微观角度思考檀丁提出的每种庄严，并在吸收利用的基础上，做了若干补充与发展。《诗镜》中有一些庄严是根据梵语的特殊语言结构和语音实践总结出来的。在实际运用过程中，藏族学者淘汰了某些不适合藏族语言特点和结构的"清规戒律"，而代之以合适的规律。这说明，藏族学者的正确立场："既注意语言的不同特点，避免生搬硬套，又注意其参考价值，灵活运用，集中地反映了藏族学者对待《诗镜》的正确态度。"[②]

《诗镜》不仅影响了中国西藏地区的文学创作和文学理论，还通过藏

[①] 赵康：《〈诗镜〉与西藏诗学》，《民族文学研究》1989年第1期。此处介绍多参考该文。
[②] 佟锦华：《藏族文学研究》，中国藏学出版社，1992，第194页。

族文论对中国蒙古族地区文论产生过影响。论者指出:"《诗境论》作为印度诗歌理论的总结,对文学体裁、诗歌修饰、文学风格及语言运用等方面作了详细的论述。随着佛教文化在藏蒙地区的广泛传播,这部著作也受到了蒙藏高僧学者的高度重视,对蒙古族诗歌理论及诗歌创作产生了深远的影响……蒙古族高僧学者们把苦涩难懂的古印度诗歌理论富有创造性地运用在蒙古族诗歌实践上,对蒙古文论和文学创作的发展做出了不可磨灭的贡献。"① 从比较文学影响研究的角度看,这是一条错综复杂而又妙趣横生的诗学影响链。

梵语诗学庄严论,通过藏族文论,再影响蒙古族文论,这是印度古典诗学的独特魅力所在,也是古代东方诗学跨文化对话的题中之义。书写一部完整的中印文学交流史,如果缺少这斑斓多彩的一章,将是不完美的。

(二)梵语诗学的当代译介

由于各种复杂因素,梵语诗学在中国古代并没有被译介进来。这或许是佛教思想垄断了印度文化对中国的吸引力。这种情况要到20世纪才得以初步改观。例如,许地山和柳无忌先后于1930年和1945年出版文学史性质的《印度文学》,其中许著初步涉及印度古典诗学的简介。

许地山将梵语戏剧学和早期梵语诗学庄严论称为"形式修辞学"。他认为,伐摩那所在的公元8世纪是雅语文学即古典梵语文学"达到最造作底时代",此类著作直到公元12世纪还有。他说:"我们从这类著作底数量看来,便知道在雅语文学初步发展底时期,讲文章体裁和格律底著作一直随着雅语文学进行。它们使雅语文学受了很大的影响,在文体上受了体例、音韵等等拘束,将从前简单的辞句一变为很烦琐的文章。所以我们说雅语底特征便是应用人造的文句格律和音韵。"② 他还介绍了古典梵语戏剧类型,并对梵语戏剧的情节结构、人物语言等做了简要说明。从这些介绍来看,许地山对梵语戏剧学基本原理和规范有些了解。

---

① 娜仁高娃:《〈诗镜论〉对蒙古族诗论的影响》,《内蒙古师范大学学报》2003年第3期。
② 许地山:《印度文学》,岳麓书社,2011,第22页。

他可被视为20世纪中国对梵语诗学最早的介绍者。

1949年新中国成立后，中印关系一波三折。尽管如此，极少数学者开始向中国学界介绍和翻译梵语诗学。在这方面，金克木有着开创之功。"在中国，金克木先生是梵语诗学翻译介绍的先驱者。"[①] 1960年，他在北京大学开设梵语课时，便写出了后来于1964年出版的《梵语文学史》。这是中国第一部由梵语专家撰写的梵语文学史，它的教材性和研究性并重。该书对梵语诗学进行了介绍。1965年，人民文学出版社出版的《古典文艺理论译丛》第十辑选收了金克木翻译的三部梵语诗学名著即《舞论》《诗镜》《文镜》的重要片段。这可以被视为梵语诗学名著的首次汉译。1980年，人民文学出版社又出版了金克木翻译的《古代印度文艺理论文选》。该书是在上述译稿的基础上扩充而成的，增加了《韵光》和《诗光》的重要片段的译文。可以说，金克木对梵语诗学十九部代表作书名的翻译基本上为后来的译者所采纳。

1996年，一部译介东方文论名著的《东方文论选》出版。梵语诗学在其中占据了首要位置。严格意义上的梵语诗学名著全译或选译达到了八部之多。

2008年，黄宝生出版《梵语诗学论著汇编》（上、下册）。该书汇集了十部梵语诗学名著，其中四部即《舞论》《舞论注》《曲语生命论》《诗探》属于选译，另外六部即《诗庄严论》《诗镜》《十色》《韵光》《诗光》《文镜》属于全译。该书的出版是中国梵语诗学译介史上的重要事件。这些全译或选译著作几乎涉及所有重要的梵语诗学原理，为国内学界的相关研究乃至翻译提供了宝贵的文献资源。

（三）梵语诗学的当代研究

许地山的《印度文学》简略地提到了印度古典诗学的几位早期代表人物，但真正翻译和研究它的第一位学者非金克木莫属。1960年，他写出了讲义，并于1964年正式出版，这便是中国第一本《梵语文学史》。

---

① 《梵语诗学论著汇编》（上册），黄宝生译，昆仑出版社，2008，"导言"第2页。

该书第十二章题为"文学理论"。该书对梵语戏剧学和诗学的简略论述基本到位。

金克木曾撰《略论印度美学思想》一文,对印度美学分期及其四种思维模式或审美逻辑进行阐释,还对味、情、庄严、韵、艳情等诗学范畴进行解说。[1]这篇学术含金量很高的论文后来被收入《东方文论选》和《梵竺庐集(丙):梵佛探》。值得一提的是,金克木还对梵语语言学、艺术学、美学和诗学关键词等进行了整理,制订了两个梵汉术语译名对照表。[2]黄宝生等当代学者大体上遵从了他所创设的这些规范。这说明,金克木对于印度古典诗学翻译和研究的规范化有着奠基之功。

到了20世纪80~90年代,印度古典诗学的介绍和研究成为中国学界一个新的学术生长点。这主要包括对梵语诗学的系统介绍和研究,对梵语诗学的专题研究,以及围绕梵语诗学展开的比较诗学研究三个方面。

1988年,黄宝生出版了《印度古代文学》一书,该书第十二章"梵语文学理论"涉及梵语诗学的重要著作和核心理论。该书指出,梵语诗学拥有自己的一套话语体系,足以在世界诗学领域独树一帜。这一体系以韵和味为核心,以庄严、风格、曲语和合适为外围。梵语诗学是值得深入研究的非常丰富的文学理论遗产。[3]上述观点成为黄宝生后来研究印度古典诗学的理论基础。

1991年,季羡林主编的《印度古代文学史》出版。该书第三编第十章"梵语文学理论"由黄宝生撰写,他以十页的篇幅简要勾勒了梵语戏剧学和诗学的发展脉络,其基本观点来自前述《印度古代文学》一书。[4]

1993年,黄宝生出版了中国第一部系统而独立地研究印度古典诗学的专著《印度古典诗学》。它是中国东方文论研究和外国文学研究等领域的里程碑式著作。该书分上、下两编,即"梵语戏剧学"和"梵语诗学"两编。该书基本上囊括了主要的梵语诗学原著,成为一部兼具工具

---

[1] 金克木:《梵竺庐集(丙):梵佛探》,江西教育出版社,1999,第134~150页。
[2] 金克木:《梵竺庐集(丙):梵佛探》,江西教育出版社,1999,第81~85、151~153页。
[3] 黄宝生:《印度古代文学》,知识出版社,1988,第162~171页。
[4] 季羡林主编《印度古代文学史》,北京大学出版社,1991,第349~358页。

书性质的开创性著作。

除了对梵语诗学进行系统研究外，黄宝生还以很多单篇论文继续进行探索。可以说，梵语诗学在中国当代学术语境中逐渐受到重视，是与他的巨大贡献分不开的。

同一时期，有的学者在对东方美学进行历史归纳时，将梵语诗学基本原理视为印度美学的重要组成部分加以分析；还有的学者在进行中外文论史梳理时，将梵语诗学的历史发展列入其中。

与很少有人对梵语诗学进行专题研究的情况相反，国内学界围绕梵语诗学的比较研究却显得相对热闹。这与中国比较文学蓬勃发展的学术背景密切相关。比较诗学研究在中国首先是以中西比较鸣锣开道的，20世纪80年代和90年代以来，随着梵语诗学名著的译介和传播，学者们注意到中西诗学比较之外的另外两种维度，即中印比较和印西比较，这其中又以前一种比较更能吸引学者们的注意力。

梵语诗学对藏族文论和蒙古族文论的影响，主要以7世纪檀丁的《诗镜》为代表。这是中印诗学比较的新课题。20多年来，这方面的研究成果逐渐涌现出来。前述的赵康、佟锦华、额尔敦白音和娜仁高娃等是这方面的代表人物。

在梵语诗学与西方诗学比较研究方面，黄宝生无疑是拓荒者。1991年，他发表了国内第一篇相关论文即《印度古典诗学和西方现代文论》。该文着眼于梵语诗学和西方现代诗学的比较，在中西和中印诗学比较研究视野之外，新辟天地，提出了很多发人深思的新观点。

笔者不揣浅陋，在国内外学者的研究成果启发下，在拙著《梵语诗学与西方诗学比较研究》中，对印西诗学比较进行了一番较为系统的初步探索。

梵语诗学对世界诗学的影响，是世界梵学界忽视的重要课题。可喜的是，国内学者有人在此领域做出了开创性的贡献。北京大学泰国文学研究专家裴晓睿对梵语诗学在泰国文学和诗学的形成、发展演变过程中所发挥的历史作用进行了比较详尽的梳理和研究。

就中国学界而言，梵语诗学批评早已登上历史舞台。首创者仍然是黄宝生。他在20世纪90年代发表《在梵语诗学的烛照下：读冯至〈十四行集〉》一文，以梵语诗学庄严论、味论和韵论为工具，对著名现代诗人和学者冯至的诗集《十四行集》进行阐释。这篇论文作为中国第一篇梵语诗学批评的范文，其尝试是成功的。

由于笔者对印度学者利用梵语诗学原理进行文学批评印象深刻，遂以梵语诗学六派理论（庄严论、味论、韵论、曲语论、合适论和风格论），对当代土家族诗人冉仲景的诗歌进行全面分析。① 笔者还以味论分析了泰戈尔的代表作《吉檀迦利》。②

二 梵语诗学在南亚与东南亚

印度学者指出："迄今为止，多少个世纪以来，《舞论》已经在印度的不同地方、尼泊尔和中国西藏等地传播，并有不同的抄本。"③ 这说明，梵语诗学对南亚地区产生了历史影响。不仅如此，它还对泰国、越南等东南亚国家文学、诗学的形成和发展产生了历史影响。资料所限，本节仅以斯里兰卡和泰国对梵语诗学的接受为例略做说明。

先以两本产生于古代斯里兰卡的诗学著作为例进行说明。从语言上讲，僧伽罗语与印度语言有着亲密的联系。"僧伽罗语保存着现代印度语言中已经失传或早已过时不用的有趣词汇。"④ 从这个角度看，古代斯里兰卡学者以僧伽罗语或巴利语写作或改编梵语诗学著作，似乎是"水到渠成"的事情。无论其理论价值有多大、创新因素有多少，这都是印度古代文论话语走向世界的典型例子。这种古代文明世界的"理论飘移"也是佛教文化之外的印度文化软实力"和平征服"世界的又一个成功典范。

---

① 尹锡南:《梵语诗学视野中的中国少数民族诗歌》,《中央民族大学学报》2006年第6期。
② 尹锡南:《华梵汇流：印度文学与中印文学关系》,中央编译出版社,2014,第98~114页。
③ Kapila Vatsyayan, *Bharata: The Natyasastra*, New Delhi: Sahitya Akademi, 1996, p.164.
④ Lokesh Chandra, *Sanskrit as the Transcreative Dimension of the Languages and Thought Systems of Europe and Asia*, New Delhi: Rashtriya Sanskrit Sansthan, 2012, pp.23-24.

公元 7 世纪，斯里兰卡佛教学者戒云著有对檀丁《诗镜》进行改写和编译的僧伽罗语诗学著作《妙语庄严》，全书分三章，共 400 颂。与檀丁的著作相似，该书只有经文即正文，无注疏。"《妙语庄严》是一本很薄的书，包含了檀丁《诗镜》的半数经文，很明显，它以《诗镜》为基础。《妙语庄严》只有极少数经文是原创的，绝大多数经文可以视为对《诗镜》经文的直接翻译，其余部分与《诗镜》也相差无几。很难发现两者论述的原理有何根本差异。"① 尽管《妙语庄严》是对《诗镜》的改写、编译，但其历史文献价值不可忽视。毋庸置疑，它体现了梵语诗学早期阶段的外向传播趋势。

《妙语庄严》基本按照《诗镜》的顺序介绍诗学原理。对诗的特征和类别等的介绍，戒云直接引述檀丁的话。对于诗德、风格等的相关介绍，戒云也基本依据《诗镜》进行改写。《妙语庄严》基本没有什么创见。虽然如此，其历史文化价值仍然存在，因为这种基本没有变异的思想继承，对于印度诗学原汁原味的外向传播起着至关重要的作用。从这个意义上说，将僧伽罗语版《妙语庄严》视为公元 7 世纪梵语诗学的特殊组成部分，似乎并无不妥。现在的问题是，戒云是如何得知《诗镜》的，他与同时代的檀丁有否交情？这一切只能期盼未来相关领域的考古学家揭秘了。

再看一例。公元 13 世纪的斯里兰卡佛教学者僧伽罗吉多著有巴利语诗学著作《妙觉庄严》，全书共有 371 颂，与婆摩诃和檀丁的著作相似，该书只有经文即正文，无注疏。当代印度学者将其经文转写为梵文后题为《智庄严论》。"在整个巴利语文学史上，我们只能发现一位诗学著作的作者名字，他是僧伽罗吉多大师。"②

《智庄严论》的原文分五章，第一章为诗歌总论。僧伽罗吉多对诗的定义与婆摩诃、檀丁等人的古典定义基本一致。他说："诗是音和义的

---

① Sangharakkhita, *Bauddhalankarasastra*, Delhi: Lalbahadur Sastra Kendriya Sanskrit Vidyapitha, 1973, "Introduction," Part 1, XI.

② Sangharakkhita, *Bauddhalankarasastra*, Delhi: Lalbahadur Sastra Kendriya Sanskrit Vidyapitha, 1973, "Introduction," Part 1, II.

梵语诗学的世界传播

结合，无诗病。诗分诗体、散文体和混合体三类。"（Ⅰ.8）① 该章还论及作品分类、词功能、合适等诸多重要方面。第二章讲述诗病；第三章讲述十种诗德；第四章介绍三十四种义庄严，但未涉及音庄严；第五章论味。僧伽罗吉多与檀丁的论述存在差异。例如，檀丁对夸张的解释是："旨在以超越世间限度的方法描写某种特征，这是夸张，堪称最优秀的庄严。"（Ⅱ.214）② 僧伽罗吉多对夸张的定义和分类却有所区别："对于特征的表现，就是夸张。夸张分为描写超越世间的对象和世间对象两种。"（Ⅳ.174）③ 这说明，僧伽罗吉多改造了檀丁的"夸张"。

大体来看，《智庄严论》是对梵语诗学庄严论的改写与适度发挥。它是一部重要的诗学著作，不仅对印度古典诗学的跨国传播起了良好的示范作用，也对保存印度文明的传统精华做出了自己的贡献。该书问世以后，出现了大约四种关于它的注疏，其中两种为斯里兰卡佛教徒所撰，字体为缅甸语转写的巴利文。

根据裴晓睿的研究成果看，在古代东南亚地区，泰国诗学受印度古典诗学的影响最为典型。由于印度历史上与东南亚国家的特殊文化关系，一些东南亚国家的语言文化不可避免地打上了印度文化的烙印。泰国诗学受到印度古典诗学的极大影响，几可比拟于日本文论受到中国文化的巨大影响。

裴晓睿指出，泰国古典文学理论的形成与经过巴利文转述的梵语诗学庄严论、味论密切相关。学术界至今没有发现梵语诗学著作在古代直接传入泰国并被接受的证据。历史上，最初在泰国产生影响的印度诗学并非以梵语为载体和媒介，而是斯里兰卡的巴利语诗学著作。在缅甸、老挝等其他东南亚国家也是如此。巴利语庄严论是泰国庄严论的滥觞。裴晓睿认为，梵语诗学几派理论虽已传入泰国，但庄严和诗德的影响比较有限，

---

① Sangharakkhita, *Bauddhalankarasastra*, Delhi: Lalbahadur Sastra Kendriya Sanskrit Vidyapitha, 1973, p.3.
② 《梵语诗学论著汇编》（上册），黄宝生译，昆仑出版社，2008，第184~185页。
③ Sangharakkhita, *Bauddhalankarasastra*, Delhi: Lalbahadur Sastra Kendriya Sanskrit Vidyapitha, 1973, p.61.

最有影响力的当属味论。这和中国西藏地区只接受梵语诗学庄严论的情形不同。其中原因值得探索。"客观地说，要准确清晰地描绘印度的罗摩故事在东南亚地区的传播路线是十分困难的。"① 与此相似，深入研究梵语诗学对泰国在内的东南亚国家文论建构的历史影响，也并非易事。

在裴晓睿看来，泰国学者已经习惯以味论诗学评论泰国古典文学。目前，虽然由于西方文论风行泰国文学评论界，人们进行味论诗学批评的动力和兴趣大大下降，但仍有学者认可味论诗学在泰国古典文学批评中的重要价值。1991年，泰国学者古苏玛·拉萨玛尼出版《以梵语文学理论分析泰国文学》一书，这是颇有影响的泰国版味论诗学批评专著。② 从时间上看，拉萨玛尼的梵语诗学批评与黄宝生在中国率先进行的类似实践几乎是同步的。这显示了两国学者高度敏锐的学术自觉。此外，据笔者了解，某些越南当代批评家也倾向于采用梵语诗学味论进行文学批评实践。

三 梵语诗学在西方

美国学者厄尔·迈纳（Earl Miner，1927—2004）指出，不同的文学植根于不同的历史背景。因此，比较诗学只能建立在"跨文化研究的基础上"。③ 他对梵语文学和诗学给予很高评价。事实上，西方学者对包含梵语诗学在内的印度古典文化倾慕已久，威廉·琼斯、马克斯·穆勒等是其中的代表人物。本文接下来参考相关资料，对西方学界一个多世纪来关于梵语诗学译介、研究和批评运用的情况，进行简要说明。

（一）梵语诗学译介

从19世纪下半叶开始，部分西方学者加入印度古典诗学的发掘、整

---

① 张玉安、裴晓睿：《印度的罗摩故事与东南亚文学》，昆仑出版社，2005，第56页。
② 以上介绍，主要参考裴晓睿《印度诗学对泰国诗学和文学的影响》，《南亚研究》2007年第2期。
③ 厄尔·迈纳：《比较诗学》，王宇根等译，中央编译出版社，1998，第343页。

理、校勘和编订的队伍，为保存和研究梵语经典做出了历史贡献。例如，1886年，楼陀罗吒的《艳情吉祥痣》和鲁耶迦的《知音喜》首先由德国东方学家皮舍尔（R. Pischel）编订后在欧洲出版。1899年，孟买的《古诗丛刊》将其编为第三卷再版。1968年，印度学者潘迪耶（Kapildeo Pandeya）以此为底本，将《艳情吉祥痣》全文译为印地语后第三次出版。法国东方学家列维（Sylvain Levi，1863—1935）于1922年在尼泊尔发现沙揭罗南丁的《剧相宝库》抄本，该书后来由英国学者狄龙（M. Dillon）编订并于1937年出版，然后为印度学界所知。

印度独立以前，世界梵学界最有意义的事，莫过于《舞论》的发掘和整理出版了。19世纪下半叶，印度陆续发现《舞论》的抄本。此前，西方学者先后校订出版了《舞论》的部分章节。《舞论》在印度与西方的先后整理出版，是印度古典诗学翻译和研究史上的一件大事。

除了英文翻译外，印度古典诗学还出现了另外一些西方语言的译本。例如，1890年，德国学者波特林克（O. Bohtlingk）在莱比锡出版了《诗镜》的德文译本。德国学者雅各比（Hermann Jacobi）翻译过鲁耶迦的《诗庄严精华》。维底亚那特的《波罗多波楼陀罗名誉装饰》，曾由欧洲梵文学家费里奥扎（Pierre Sylvain Filliozat）译为法语出版。

西方学者对于梵语诗学的兴趣在印度独立后仍然存在，出现了更多的译本和研究著作。例如，鲁波·高斯瓦明（Rupa Gosvamin）的虔诚味论代表作《虔诚味甘露海》（*Bhaktirasamrtasindhu*）有印度和美国学者的两种英译本先后问世，印度学者只译出了该书四章中的第一章，美国学者则译出了全书。

印度独立后的梵语诗学研究呈现国际合作的趋势。所谓国际合作是指印度学者和西方学者的合作研究，这以美国学者马松（J. L. Masson）和印度学者帕塔瓦丹（M. V. Patwardhan）两人为典型。他们合作研究并先后出版了《平静味和新护的美学原理》（1969）、《审美愉悦：〈舞论〉中的味论部分》。马松因为翻译《韵光》和《韵光注》第一章而获得哈佛大学博士学位。后来，这二人还与哈佛大学著名梵文学者英高思（Daniel H.. Ingalls，1916—1999）一道完成了《韵光》及《韵光注》全文的翻译。这是世界梵学界的一大首创，因为印度国内学界迄今尚未出现《韵光》及《韵光注》的全译本。英高思认为："从大的范围来说，在西方文学批评的经典（希腊罗马）传统中，没有什么能与欢增、新护提出的味和韵相对应的概念。"①

总之，欧洲学者参与发掘、校勘、编订和出版梵语经典，是值得称道之举。研究欧洲或西方的印度学、东方学起源与发展，不能忽视西方学者，特别是近现代欧洲学者对梵语诗学的发掘、译介和研究。

（二）梵语诗学研究

与成果丰富的西方汉学领域相似，西方的印度学研究也英才辈出，成就卓著。几个世纪以来，欧美世界著名的印度学家不胜枚举，其中不乏很多著名的印度古典诗学研究者。他们的很多研究成果为世界梵学界所瞩目，其中不同程度地涉及印度古典诗学研究且颇有学术品位的著作或论文为数不少。限于资料和语言解读等复杂因素，此处仅以部分英文或由德语等其他欧洲语言译为英文的代表性著作举例说明。此处选取的重点考察对象为两位主要活跃在20世纪初和三位活跃在20世纪中后期的梵学家，他们分别来自德国、英国、加拿大、意大利和美国。

德国学者温特尼茨（Maurice Winternitz，1863—1937）著有三卷本享誉世界梵学界的《印度文学史》。该书第三卷第四部分主要介绍古典梵语诗歌等。在介绍古典诗歌时，温特尼茨以约30页（英译本）的篇幅对梵语诗学、戏剧学和诗律学的基本内容和原理进行说明和阐发。他以深厚的梵学功底和精深的欧洲古典学修养为基础，对梵语诗学进行阐发。例如，他指出，味论是"精彩的印度美学体系"的基础，也是"情感心理学"的重要原理。② 从该部分内容看，温特尼茨提到的戏剧学家、诗

---

① *The Dhvanyaloka of Anandavardhana with the Locana of Abhinavagupta*, Daniel H. H. Ingalls, Jeffrey Moussaieff Masson, and M. V. Patwardhan, Trans, Massachusetts: Harvard University Press, 1990, "Introduction," p.38.

② M. Winternitz, *History of Indian Literature*, *Vol.3*, *Classical Sanskrit Literature*, Delhi: Motilal Banarsidass, 1963, p.10.

学家和诗律学家有 30 多位。由此可见，他几乎囊括了所有重要的印度古典诗学家，美中不足的是，他对梵语戏剧学的阐释显得不足。从脚注看，他在研究中吸收和借鉴了 S. K. 代和 P. V. 迦奈及 H. 雅各比等印度和西方梵文学者的大量研究成果。毋庸置疑，温特尼茨对印度古典诗学的介绍，提高了其三卷本《印度文学史》的学术"含金量"，对于促进德国，甚至整个西方的印度古典学研究发挥了重要的历史作用。

英国学者 A. B. 基斯（Arthur Berriedale Keith，1879—1944）在其 1929 年出版的著作《梵语文学史》中，综合参考 S. K. 代、P. V. 迦奈和 H. 雅各比等东西方梵学家的研究成果，以近 30 页的篇幅介绍了梵语诗学基本概况。他也是最早系统介绍梵语诗学的西方学者之一。该书在西方多次再版。该书将戏剧学排除在梵语诗学史的考察范围之外。基斯对连接庄严论和味论的楼陀罗吒持贬低态度，视其为"无甚理论创新"之辈。[1] 这一判断似乎带有个人色彩，因其与楼陀罗吒理论对后世的深远影响并不相符。究其原因，或许与基斯对梵语诗学缺乏更加深入的系统研究有关。

加拿大学者 A. K. 渥德尔（Anthony Kennedy Warder，1924—2013）专论梵语诗学的《印度古典文学》第一卷，副标题是"文学理论批评"（Literary Criticism），它是西方梵学界论述印度古典诗学最为全面而系统的一部，因其涉及梵语诗歌的概念、印度美学、戏剧学、诗学、文类学、读者论、作家论等各个层面的重要问题，体现出鲜明的现代视角。该书结构合理，论述全面，信息量大，它有别于此前或此后的西方同类著作。该书指出："印度文明的理想目标并非只是精致美好，对于人类而言，它们甚至在很大程度上值得珍惜，不可或缺。"[2]

意大利学者 G. 格罗尼（Ganiero Gnoli）的代表作是 1956 年在罗马出版的《新护的审美体验论》一书。这是一本集翻译和研究于一体的重

---

[1] A. Berriedale Keith, *A History of Sanskrit Literature*, London: Oxford University Press, 1953, p.384.

[2] A. K. Warder, *Indian Kavya Literature*, Vol.1, Literary Criticism, Delhi: Motilal Banarsidass, 1989, p.217.

要著作，对印度和西方梵学界产生了很大的影响。在序言中，格罗尼表现出高度的理论自觉和独立思考意识，也体现出他对梵语诗学巅峰之作的尊敬。他认为，欢增的韵论是印度在美学问题思考上做出的"最卓越贡献之一，甚至值得我们当代所有的人关注。1000多年后，我们时代最敏锐的批评家之一保尔·瓦雷里才理想地与之对接"。①

优婆吒曾经对婆摩诃的《诗庄严论》进行阐释，这便是所谓的《婆摩诃疏解》。格罗尼于1962年在罗马以英文出版了《婆摩诃〈诗庄严论〉之优婆吒疏解》一书，试图揭开这1000个尘封之谜。他的相关举措和思考将人们的目光带向一个亟待破解的领域。

美国学者埃德温·格洛（Edwin Gerow）是美国梵学界研究梵语诗学的杰出代表之一。他的代表作是《印度庄严汇编》（或译《印度修辞格汇编》）和《印度诗学》。《印度庄严汇编》完成于1962年，1971年出版，它收录了100多种庄严，并对每种庄严的来源和含义都做了详细的说明和阐释。该书或许是世界梵学界第一部系统阐释庄严的著作，具有开创意义，其历史意义和学术价值不可否认。

真正体现格洛梵学成就的还是他不久之后出版的《印度诗学》一书。该书具有很多创见，可被视为20世纪西方梵学界在该领域最重要的代表作之一。该书共分为十六章，先依次介绍印度诗学"史前史"、诗学概念的历史性特征，再依次论及婆摩诃、檀丁、婆罗多、曼摩吒、世主等主要的诗学家。可见它是以诗学家为线索进行主题串联的。该书提出了很多新的观点。例如，它高度评价楼陀罗吒关于庄严的体系建构："楼陀罗吒是第一位成功的体系建构者。"② 格洛指出，高斯瓦明（Rupa Gosvamin）把宗教情感与诗学味论联系在一起，给味论带来了"新的转折"。③

综上所述，20世纪以来，西方梵学界关于印度古典诗学的专题研究和综合研究已经卓有成效，即使是一些文学史著作，如前述温特尼茨的

---

① Raniero Gnoli, *The Aesthetic Experience According to Abhinavagupta*, Varanasi: Chowkhamba Sanskrit Series Office, 1985, "Preface," p.30.

② Edwin Gerow, *Indian Poetics*, Wiesbaden: Otto Harrassowitz, 1977, p.239.

③ Edwin Gerow, *Indian Poetics*, Wiesbaden: Otto Harrassowitz, 1977, p.285.

著作，也未忽视对印度古典诗学的考察。他们的很多成果不仅为西方学者引用，还得到很多印度学者的高度重视，这是印度古典诗学世界传播的题中应有之义，也是印度与西方学术互动从未中断的自然结果。吹毛求疵地看，限于语言解读、研究方法、文献匮乏和信息交流等各种复杂因素，西方梵学界对于印度古典诗学与西方诗学、中国古代文论、波斯古典诗学等的比较研究关注不够，对于梵语诗学的历史影响及其向外部世界的现实传播也未给予足够的重视。

进入21世纪以来，西方梵学界不断推出新的研究成果。例如，哥伦比亚大学梵文教授谢尔顿·波洛克（Sheldon Pollock）在其力作《人类世界中神的语言：前现代的梵语、文化与权力》中，大量引用婆罗多、婆摩诃、檀丁、波阇、王顶等梵语戏剧学家、诗学家的著作，以说明印度古代文化发展过程中的许多复杂现象和特殊规律。书后还附录了波阇的《艳情光》和《辩才天女的颈饰》、王顶的《诗探》等著作片段的翻译。①

此外，一些侨居西方的印裔学者不仅加入译介印度古典诗学的行列，还联合印度国内学者一道，在西方推出研究成果。② 这必将对印度古典诗学的现代阐释，对其研究走向深入发挥积极的作用，也必将激发国际梵学界的研究热情。

值得注意的是，20世纪以来，与印度、泰国、中国等国的学者一样，西方也出现了运用梵语诗学理论阐释东西方文学的学者。例如，1980年，《美国东方学会杂志》刊登了前述美国学者格洛的《〈沙恭达罗〉的情节结构与味的发展》一文，该文通过味论分析梵语戏剧《沙恭达罗》。该文指出："味论当然表现了这种有关戏剧成功的观点。在这部戏剧中，迦梨陀娑的天才是要表示一种味（如艳情味）与一种占主要地位的对抗性味（如英勇味）的和谐统一。"③ 另一位西方学者指出："梵语诗学能阐

---

① Sheldon Pollock, *The Language of the Gods in the World of Men: Sanskrit, Culture, and Power in Premodern India*, Delhi: Permanent Black, 2007, pp.581-596.

② 例如，Makarand Paranjape and Sunthar Visuvalingam, eds. *Abhinavagupta: Reconsiderations*, New Delhi: Samvad India Foundation, 2006。

③ 转引自季羡林主编《印度文学研究集刊》（第二辑），刘建译，上海译文出版社，1986，第356页。

释德里达怎么通过语言游戏和语法论辩的结合达到交流的目的。"[①] 这说明，西方学界与中国、泰国学者的梵语诗学批评运用，有着殊途同归、异曲同工之妙。

综上所述，梵语诗学自古以来便对文明世界的文论建构和文学批评产生了深刻的影响。这是印度古代文明独特魅力的真实体现。对于以梵语诗学为代表的印度文化经典的世界传播史，国内学界迄今似乎缺乏足够的关注热情或探索兴趣。期望这一状况逐步得到改善，这将促进国内东方文学研究走向深入。

The World-wide Dissemination of Sanskrit Poetics

Abstract　Historically speaking, Sanskrit poetics won the scholars not only from ancient China, but also from the countries in South Asia and Southeast Asia. The modern Western scholars have also countributed a lot to the translations of and researshes on Sanskrit poetic works. Some scholars from such countries all over the world like India, China and U.S.A. are inclined to appreciate literary works in the light of some basic principles originated from Sanskrit poetics. This paper tries to introduce such academic issues.

Keywords　Sanskrit Poetics, Chinese Literary Theory, Sanskrit Studies in the West

---

① William S. Haney, *Literary Theory and Sanskrit Poetics: Language, Consciousness, and Meaning*, New York: The Edwin Mellen Press, 1993, p.8.

缅语补足语子句

常 青[*]

摘 要 缅语补足语子句由三个专用标句词来引导,它们之间在功能上存在着共性与差异性。补足语子句在句中主要充当宾语论元,还可作主语、系词补足语。和大多数语言一样,缅语能带补足语子句的动词语义类型有"注意"类、"思考"类、"决定"类、"喜欢"类、"说"类。

关键词 缅语 补足语子句 标句词

一 引语

大多数语言都具有一套有限的能带补足成分的动词(complement-taking verb),该动词的补足成分可以是名词短语或是结构完整的小句,也可以是以不定式、分词为核心的非限定短语。由结构完整的小句充当补足成分,即为补足语子句。因此,补足语子句(complement clause)是填充另一小句(another clause)结构中论元槽(argument slot)的小句。补足语子句具备以下特征。[①]

---

[*] 常青,北京外国语大学亚非学院副教授。
[①] R. M. W. Dixon, *Basic Linguistic Theory*, Oxford University Press, 2010, pp. 415–416.

（1）具有小句的内部成分结构（internal constituent structure），至少具备相关的核心论元。

（2）功能上相当于另一小句的核心论元，主要是作及物小句的宾语，也可以作主语或施事者。

（3）描述一个命题，可以是一个事实、活动，或一个状态，不能指称地点或时间。

在研究一个语言的补足语子句时，通常要从如下几个方面来考察。

1. 补足语子句的类型及其结构、语法特征和意义

具体的语法参项有：补足语子句是否有标句词；补足语子句和主句的核心论元标记（marking of core arguments）是否相同；是否都能包含时间、地点等外围结构（peripheral constituents）；补足语子句谓语带时、体、情态、否定等范畴是否受限；子句在主句中的位置。

2. 补足语子句充当的论元类型

补足语子句可以充当主句的核心论元，其中主要充当宾语论元。

3. 可以带补足语子句的动词语义类型

从跨语言的比较来看，如下这些语义类型的动词通常可以带补足语子句。①

（1）注意类（attention）：显示（show）、听见（hear）、注意（notice）、察觉（smell）、认出（recognize）、发现（discover）、找到（find）。

（2）思考类（thinking）：想、考虑（think of /about/over）、认为（consider）、想象（imagine）、梦想（dream of/about）、忘记（forget）、记住（remember）、知道（know）、相信（believe）。

（3）决定类（deciding）：决定（decide）、计划（plan）、选择（choose）。

（4）喜欢类（liking）：喜欢（like）、后悔（regret）、害怕（fear）、享受（enjoy）。

（5）说类（speaking）：说（say）、报告（report）、通知（inform）、

---

① R. M. W. Dixon, *Basic Languistic Theory*, Oxford University Press, 2010, pp. 395-399.

命令（command）。

从语义角度划分，有三种常见的补足语子句类型。

（1）事实类（fact type）：通常指已经发生的事实，其子句与主句有相同的结构，可以有否定、时、体标记。

（2）活动类（activity）：通常指某个正在进行的动作，时间上可以延伸。

（3）可能类（potential type）：通常指子句主语的可能性在一个动作中形成，没有与主句相同的时、体标记。

参照补足语子句的类型学特征，我们对缅语补足语子句进行共时描写和研究分析。

二　缅语补足语子句的类型

从跨语言研究来看，许多语言都有专用的补足语标记，如使用标句词（complementizer），或使用非限定形态。[①] 缅语使用标句词来引导补足语子句。

1）[maũ²² e⁵⁵ ka⁵³ tɕə. ma⁵³ to⁵³ ko²² ku²² n̩i²² tɛ²² lo⁵³]_cc ko²² me²² me²²
　　貌埃　SUB　1SG　PL　OBJ　帮助　SFP　COMP　OBJ　妈妈
ka⁵³ dði⁵³ tɛ²².
SUB 知道 SFP

（妈妈知道貌埃帮助我们。）

从例句1）可看出补足语标句词后置，即位于从句末尾。例句1）中标句词 lo⁵³ 后置于小句"maũ²² e⁵⁵ ka⁵³ tɕə. ma⁵³ to⁵³ ko²² ku²²n̩i²² tɛ²²"，作为补足语成分充当主句中动词 dði⁵³（知道）的宾语。类型学调查发现标句词的位置与语言的总体语序类型特点有关。Dryer 发现，"标句词 +

---

① Lindsay J. Whaley, *Introduction to Typology-The Unity and Diversity of Language*, Sage Publications, INC. 1997, pp. 255-256.

小句"的语序在 VO 型和 OV 型语言中都可出现,而"小句 + 标句词"的语序倾向出现在 OV 型语言中。① 缅语补足语子句标句词位于小句句末,符合 OV 型语言的类型学特征。

缅语使用不同的标句词引导补足语子句,形成"小句 + 标句词"的句法模式,充当主句谓语的补足成分。从标句词的使用来看,缅语补足语子句可以分为两个大类:一是标句词 lo^{53} 类,二是标句词 $ta^{22}/m\underset{\circ}{a}^{22}$ 类。

(一)标句词 lo^{53} 引导的补足语子句

2) a. $ma^{53} \underset{\circ}{l}a^{53} ka^{53} pã^{55} ði^{55} wɛ^{22} tɛ^{22}$.(玛拉买苹果。)
　　　玛拉　SUB　苹果　买　SFP
b. [$ma^{53} \underset{\circ}{l}a^{53} ka^{53} pã^{55} ði^{55} wɛ^{22} tɛ^{22} lo^{53}$]$_{cc}$ maũ^{22} ba^{53} ði^{53} tɛ^{22}.
　　　玛拉　SUB　苹果　买 SFP COMP　貌巴　知道 SFP
(貌巴知道玛拉买苹果。)

例 2)的 a 句是一个完整的句子,在 a 句之后加上标句词 lo^{53},形成一个完整结构,置入 b 句中充当宾语。

(二)标句词 $ta^{22}/m\underset{\circ}{a}^{22}$ 引导的补足语子句

$ta^{22}/m\underset{\circ}{a}^{22}$ 类标句词后置于补足语子句,形成一个完整结构、充当主句谓语的主语或宾语。

3) a. $ʃə.ja^{22} ka^{53} tɕaũ^{22} ðá^{55} ko^{22} ʃoũ^{55} ma^{53} tɛ^{22}$.
　　　老师　SUB　学生　　OBJ　教育　SFP
(老师教育学生。)
b. [$ʃə.ja^{22} ka^{53} tɕaũ^{22} ðá^{55} ko^{22} ʃoũ^{55} ma^{53} ta^{22}$]$_{cc}$ ka^{53} ʃə.ja^{22} jɛ^{53}
　　　老师　SUB　学生　　OBJ　教育　COMP　SUB　老师　GEN
uʔ^{53} tə.ja^{55} phji?^{53} tɛ^{22}.

---

① Matthew S. Dryer, "The Greenbergian Word Order Correlations," *Language* 68(1), 1992, p. 57.

义务　　是　SFP

（老师教育学生是老师的义务。）

例 3）中 a 句是一个完整的句子，句尾助词 tɛ²² 通过用屈折形式变换为 ta²² 后，a 句变为小句（clause）置入 b 句充当主句系词 phjiʔ⁵³ 的主语。

4）a. ma⁵³ la̩⁵³ ka⁵³ je²² nwe⁵⁵ dðauʔ⁵³ mɛ²².
　　玛拉　SUB　热水　喝　SFP

（玛拉要喝热水。）

b. [ma⁵³la̩⁵³ ka⁵³ je²² nwe⁵⁵ dðauʔ⁵³ ma̩²²]cc ko²² maũ²²ba⁵³ tɕauʔ⁵³ tɛ²².
　　玛拉　SUB　热水　　喝　COMP　OBJ　貌巴　　害怕　SFP

（貌巴害怕玛拉要喝热水。）

例 4）中 a 句是一个完整的句子，句尾助词 mɛ²² 同样采用屈折形式 ma̩²² 后，a 句变为小句（clause），置入 b 句充当主句谓语 tɕauʔ⁵³（害怕）的宾语。

三　缅语补足语子句充当的论元类型

从跨语言角度看，补足语子句能作何种论元有一个等级系列，即 O（object，宾语）>S（subject，不及物句主语）>CS（copula subject，系词主语）>CC（copula complement，系词补足语）>A（agent，及物句主语）。在缅语中补足语子句主要充当宾语论元，如例句 1）、2）、4）b，同时还可作主语、系词补足语。

（一）充当主语

1. 作系词主语

5）[tɕə.ma⁵³ ka⁵³ maũ²² ba⁵³ ko²² dðwa⁵⁵ tɕo²² ta²²]cc ka⁵³ əɕje⁵⁵ tɕi⁵⁵ tɛ⁵³

    1SG SUB　貌巴　OBJ　去　接COMP SUB　重要 ATTR
    kei^{53} sa^{53} phji^{53} tɛ^{22}.
    事情　　是　SFP
（我去接貌巴是重要的事。）

2. 作及物句主语

6）[dðu^{22} she^{55} lei^{53} dðau^{53} ta^{22}]$_{cc}$ ka^{53} ma^{53} ma^{53} jɛ^{53} sei^{53} ko^{22}
    3SG　烟　抽 COMP SUB　姐姐 GEN 心 OBJ
thi^{53} khai^{53} tɛ^{22}.
伤害　SFP
（他抽烟伤了姐姐的心。）

7）[dðu^{22} thə.mĩ^{55} tɕhɛ^{53} ta^{22}]$_{cc}$ ka^{53} ə.phwa^{55} ko^{22} wã^{55} dða^{22} se^{22} tɛ^{22}.
    3SG　饭　煮 COMP SUB　奶奶　OBJ　高兴　CAUS SFP
（他煮饭让奶奶高兴。）

3. 作类分裂句主语

8）[ŋa^{22} ka^{53} pã^{55} dði^{55} ko^{22} sa^{55} ta^{22}]$_{cc}$ dðoũ^{55} kha^{22} ɕi^{53} tɛ^{22}.
    1SG SUB　苹果　OBJ 吃 COMP　三次　有 SFP
（我吃苹果有三次了。）

（二）充当系词补足语

9）[maũ^{22} ba^{53} jɛ^{53} ə.lou^{53} ka^{53} phe^{22} phe^{53} ko^{22} saũ^{55} ɕau^{53} ta^{22}]$_{cc}$
    貌巴 GEN 工作　SUB　爸爸　OBJ　照顾　COMP
    phji^{53} tɛ^{22}.
    是 SFP
（貌巴的工作是照顾爸爸。）

10）[tɕə.ma^{53} jɛ^{53} ə.khɛ^{53} ə.khɛ^{55} ka^{53} dðu^{53} ko^{22} bai^{53} shã^{22} tɕhe^{55} pe^{22}

　　　　1SG　GEN　困难　　　　SUB　3SG　OBJ　　　钱　　借　　BEN
m̥a²²]cc phjiʔ⁵³ tɛ²².
　　　　COMP　是　SFP
（我的困难是要借钱给他。）

从上述例句中可看出，缅语补足语子句充当的论元类型几乎涵盖了论元等级系列，显示了其多样性的句法功能。

四　标句词功能

ta²²/m̥a²² 和 lo⁵³ 是中心语（head），标记所引导的补足语子句在主句中的从属地位。除此之外，它们还兼具短语层面、语法层面和引语标记的功能。

（一）ta²²/m̥a²²

1. 短语层面功能

ta²²/m̥a²² 在短语层面（phrasal level）有名物化（nominalization）的功能。

11）a.shə.ja²² ka⁵³ dði²² gã⁵⁵ za²² ko²² ɕi⁵⁵ pja⁵³ tɛ²².
　　　老师　SUB　课文　　　OBJ　解释　SFP
（老师讲解课文。）

b.[shə.ja²² ka⁵³ dði²² gã⁵⁵ za²² ko²² ɕi⁵⁵ pja⁵³ ta²²]cc ko²² tɕə.ma⁵³
　　老师 SUB　课文　　　OBJ 解释　COMP　OBJ　1SG
tɕaiʔ⁵³ tɛ²².
　喜欢　SFP
（我喜欢老师讲解课文。）

12）a. maũ²² ba⁵³ ka⁵³ jɔ⁵⁵ ga²² ku⁵⁵ mɛ²².
　　　貌巴　　SUB　病　传染 SFP

（貌巴会染上病。）

b. [maũ²² ba⁵³ ka⁵³ jɔ⁵⁵ ga²² ku⁵⁵ m̥a²²]cc mɛ²² mɛ²² sɔ⁵⁵ jẽi²² tɛ²².
　　貌巴　SUB　　病　传染　COMP　妈妈　担心　SFP

（妈妈担心貌巴会染上病。）

在例句 11）和 12）的 a 句带有句尾助词 tɛ²² 和 mɛ²²，是两个完整的独立句子，在 b 句中 ta²² 和 m̥a²² 分别是上述句尾词的屈折形式，使独立小句具有名词短语属性，同时将独立小句降级为子句。

2. 语法层面功能

在缅语中 tɛ²²/mɛ²² 是句尾助词，同时还具有现实、非现实的情态功能。在上文我们提到 ta²²/m̥a²² 是 tɛ²²/mɛ²² 的屈折形式，因此 ta²²/m̥a²² 在补足语子句中承担着子句动词语法功能——情态范畴，ta²² 为现实情态，m̥a²² 为非现实情态。如例句 11）、12）的 b 句。

（二）lo⁵³

lo⁵³ 除了作补足语标记词外，还是引语标记。如：

13）a. dðu²² la²² mɛ²².（他会来。）
　　　　1SG　来　SFP

b. [dðu²² la²² mɛ²² lo⁵³] ŋa²² pjɔ⁵⁵ tɛ²².
　　3SG　来　SFP　COMP　1SG　说　SFP

（我说他会来。）

五　标句词之间的关系

ta²²/m̥a²² 和 lo⁵³ 同为标句词，它们之间在功能上既有共性，也存在差异性。

（一）共性

（1）从句法层面来看，$ta^{22}/m\d{a}^{22}$ 和 lo^{53} 都能引导补足语子句，作主句的宾语论元，如例句1）、2）、4）b。

（2）使用 $ta^{22}/m\d{a}^{22}$ 和 lo^{53} 是强制性的。

缅语中标记补足语子句身份的标句词 $ta^{22}/m\d{a}^{22}$ 和 lo^{53} 在句法结构上不能被省略，必须强制性使用，否则句子不成立。如：

14）a. *[shə.ja²² ka⁵³ zə.ka⁵⁵ pjɔ⁵⁵ ne⁵⁵]_cc ko²² ŋa²² twe⁵³ tɛ²².
　　　　老师 SUB 话 说 PROG　OBJ 1SG 看见 SFP
b. [shə.ja²² ka⁵³ zə.ka⁵⁵ pjɔ⁵⁵ ne⁵⁵ ta²²]_cc ko²² ŋa²² twe⁵³ tɛ²².
　　老师 SUB 话　说 PROG COMP OBJ 1SG 看见 SFP
（我看见老师在说话。）

15）a. *[ma⁵³ l̥a⁵³ ka⁵³ la²²]_cc　maũ²² ba⁵³ ko²² seiʔ⁵³ sho⁵⁵ se²² mɛ²².
　　　　玛拉 SUB 来　　貌巴 OBJ　 生气 CAUS SFP
b. ma⁵³ l̥a⁵³ ka⁵³ la²² m̥a²²]cc ka⁵³ maũ²² ba⁵³ ko²² seiʔ⁵³sho⁵⁵ se²² mɛ²².
　　玛拉 SUB 来 COMP SUB　貌巴 OBJ　 生气 CAUS SFP
（玛拉要来会让貌巴生气。）

16）a. *[ma⁵³ l̥a⁵³ ka⁵³ pã⁵⁵ dði⁵⁵ wɛ²² tɛ²²]_cc maũ²² ba⁵³ me⁵³ tɛ²².
　　　　玛拉 SUB　苹果　买 SFP　　貌巴　忘记 SFP
b. [ma⁵³ l̥a⁵³ ka⁵³ pã⁵⁵ dði⁵⁵ wɛ²² tɛ²² lo⁵³]_cc maũ²² ba⁵³ me⁵³ tɛ²².
　　玛拉 SUB 苹果 买 SFP COMP　貌巴　忘记 SFP
（貌巴忘记玛拉买苹果了。）

（二）差异性

1. 充当的论元角色

$ta^{22}/m\d{a}^{22}$ 引导的补足语子句除了能作宾语论元外，还能充当主语论元，如例句7）~10）；lo^{53} 引导的补足语子句只能充当宾语论元，否则句子不成立。如：

17）*[dðu²² ka⁵³ ə.dði⁵⁵ mja⁵⁵ ko²² jaũ⁵⁵ tɛ²²]꜀꜀ lo⁵³ m̥ã²² tɛ²².
　　　3SG SUB 水果 PL　OBJ 卖 SFP　COMP 正确 SFP
（他卖水果是正确的。）

2. 语义表达类型

在 ta²²/m̥a²² 和 lo⁵³ 引导的补足语子句都充当宾语论元的情况下（ta²²/m̥a²² 充当主语论元时也是表活动），ta²²/m̥a²² 引导的子句表示发生或将发生的动作，属于活动型补足语子句；lo⁵³ 引导的子句表示一个已发生或将要发生的事实，属于事实型补足语子句。如：

18）a. [dða⁵⁵ ka⁵³ ĩ⁵⁵ tɕĩ²² ɕɔ²² ta²²]꜀꜀ ko²² phe²² phe²² ka⁵³ dði⁵³ tɛ²².
　　　　儿子 SUB 衣服 洗 COMP OBJ　爸爸　SUB 知道 SFP
　　b. [dða⁵⁵ ka⁵³ ĩ⁵⁵ tɕĩ²² ɕɔ²² tɛ²²　lo⁵³]꜀꜀ ko²² phe²² phe²² ka⁵³ dði⁵³ tɛ²².
　　　　儿子 SUB 衣服 洗 SFP COMP OBJ　爸爸　SUB 知道 SFP
（爸爸知道儿子洗衣服。）

a 句是指爸爸看到儿子的活动而知道在洗衣服；b 句是指爸爸通过看到干净的衣服，或他人告知等途径知道儿子洗衣服的事实。

3. 在子句中是否充当句子成分

标句词在子句中是否充当句子成分导致两类补足语子句在主句中的语法地位不同。标句词 lo⁵³ 不兼子句内成分，所引导的子句是纯小句性单位，所以能够带小句作补语成分的动词才能带这类小句。ta²²/m̥a²² 兼作了句内成分，所引导的子句是名词性从句，凡是能带名词性宾语的动词都能带这类小句。例如：

19）a. *[ma⁵³ l̥a⁵³ me²² ka⁵³ eĩ²² ko²² jaũ⁵⁵ tɛ²² lo⁵³]꜀꜀ ko²² dðu²² mja⁵⁵
　　　　玛拉梅　SUB 房屋 OBJ 卖 SFP COMP OBJ　大家
　　　ka⁵³ dðə.jɔ²² tɛ²².
　　　SUB　嘲笑 SFP

b. [ma⁵³ l̥a⁵³ me²² ka⁵³ ei²² ko²² jaũ⁵⁵ ta²²]cc ko²² dðu²² mja⁵⁵
　玛拉梅　SUB 房屋 OBJ 卖 COMP　OBJ 大家
ka⁵³ dðə.jɔ²² tɛ²².
SUB 嘲笑　SFP
（大家嘲笑玛拉梅卖房子。）

dðə.jɔ²²（嘲笑）只能带名词性单位，因此就不能带 lo⁵³ 所介引的宾语小句，只有 dði⁵³（知道）、pjɔ⁵⁵（说）之类本来能带小句宾语的动词才能带 lo⁵³ 从句作宾语。我们将在下文讨论能带补足语子句宾语的动词语义类型。

六　缅语补足语子句的结构特点

缅语补足语子句在结构上有如下特点。

（1）两类子句都可以带体标记，例如：

20）[ma⁵³ ma⁵³ ka⁵³ dði²² sa²² ouʔ⁵³ ko²² phaʔ⁵³ phu⁵⁵ tɛ²²　lo⁵³]cc ko²²
　　姐姐　SUB 这　书　OBJ 读 EXPER SFP COMP OBJ
ŋa²² joũ²² tɕi²² tɛ²².
1SG 相信　SFP
（我相信姐姐读过这本书。）

（2）两类子句都可以带情态标记，例如：

21）[dðu²² mjã²² ma²² sa²² ko²² wai⁵⁵ wai⁵⁵ je⁵⁵ nai⁵⁵ ta²²]cc ka⁵³
　　3SG　缅文 OBJ 圆　　写 DYN COMP SUB
ə.ma⁵³ ko²² wã⁵⁵ dðа²² se²²　tɛ²².
姐姐　OBJ　高兴　CAUS SFP
（他能把缅文写圆让姐姐高兴。）

（3）子句主语与主句主语同指时，可以任意省略其中一个。例如：

22）a. [dðu²² ka⁵³ xĩ⁵⁵ tɕhɛʔ⁵³ ta²²]cc ko²² ø tɕaiʔ⁵³ tɛ²².
　　　 3SG SUB 菜　煮　COMP　OBJ　喜欢　SFP
　b. [ø xĩ⁵⁵ tɕhɛʔ⁵³ ta²²]cc ko²² dðu²² ka⁵³ tɕaiʔ⁵³ tɛ²².
　　　菜　煮　COMP　OBJ 3SG SUB 喜欢 SFP
（他喜欢做菜。）

23）a. [ø sa²² ouʔ⁵³ wɛ²² mɛ²² lo⁵³]cc ko²² dðu²² ka⁵³ shoũ⁵⁵ phjaʔ⁵³ tɛ²².
　　　　书　买　　　SFP COMP OBJ 3SG SUB　决定　　SFP
　b. [dðu²² ka⁵³ sa²² ouʔ⁵³ wɛ²² mɛ²² lo⁵³]cc ko²² ø shoũ⁵⁵phjaʔ⁵³tɛ²².
　　　3SG SUB 书　　买 SFP COMP OBJ　　决定　　SFP
（他决定要买书。）

七　缅语能带补足语子句宾语的动词语义类型

从跨语言的情况看，能带补足语子句宾语的动词语义类型有五类："注意"类、"思考"类、"决定"类、"喜欢"类、"说"类。在缅语里上述五类动词有的可以带两类子句作宾语，有的只可以带一类子句作宾语。详见表1。

表1　缅语能带补足语子句宾语的动词语义类型

	动词类型	标句词 ta²²/m̥a²²	标句词 lo⁵³
注意	mjĩ²²（看见）	+	−
	tɕa⁵⁵（听到）	+	−
	dðəɕðĩ⁵³ja⁵³（注意）	+	−
思考	dði⁵³（知道）	+	+
	me⁵³（忘记）	+	+
	joũ²²tɕi²²（相信）	+	+

续表

动词类型		标句词 ta²²/m̥a²²	标句词 lo⁵³
决定	si²²zi²²（计划）	+	+
	shoũ⁵⁵phja?⁵³（决定）	+	+
	jwe⁵⁵（选择）	+	+
喜欢	tɕai?⁵³（喜欢）	+	−
	tɕau?⁵³（害怕）	+	−
	naũ²²ta⁵³ja⁵³（后悔）	+	−
说	pjɔ⁵⁵（说）	+	+
	shoũ⁵⁵ma⁵³（决定）	+	+
	me⁵⁵（问）	+	+

从表格中我们可以看出，"注意"类、"喜欢"类动词只能接 ta²²/m̥a²² 引导的活动型子句，"思考"类、"决定类"、"说"类既可以接 ta²²/m̥a²² 引导的活动型子句，也可以接 lo⁵³ 引导的事实型子句。

八　缅语补足语子句作论元时的基本语序

Hawkins 提出直接成分尽早确认（early immediate constituents，EIC）理论，指出人类在处理像补足语子句这样的重成分（heavy constituent）时，有尽早被确认的需求，在 VO 型语言中补足语子句倾向于后置于主句末，如英语；而在 OV 型语言中则倾向于前置于主句首，如日语。[①]

缅语是谓语居末型语言，语序可为 SOV 或 OSV。补足语子句充当

[①] John. A. Hawkins, *A Performance Theory of Order and Constituency*, Combridge University Press, 1994, pp. 350–357.

宾语论元时绝大多数倾向于前置于主句主语，符合重成分前置原则。如例句20）、22）b。

九　缅语其他补足语化策略及类型学比较

类型学的研究表明，没有补足语子句的语言或一部分有补足语子句的语言通常也会通过其他补足语化策略（complementation strategies）来编码，如关系化、名物化、连动句、目的链接。缅语中有补足语子句，但还可以用示证范畴、目的链接、无核关系子句等表示。缅语的补足语化策略有以下两种。

（一）示证范畴

sho^{22}和thĩ^{22}两个标记分别来源于动词义"想"和"说"，用于独立小句后，sho^{22}和thĩ^{22}的动作主体、引语标记lo^{53}不能出现。sho^{22}引用别人的话，表示反问。在现实对话中，sho^{22}发生变调，由低平调（22）变为高平调（55）。如：

24）dðu^{22} sa^{22} ouʔ^{53} wɛ^{22} mɛ^{22} sho^{22}.
　　3SG　书　买　SFP　EVD
（听说他要买书，是吗？）

25）maũ^{22} maũ^{22} ka^{53} tə.jouʔ^{53} zə.ka^{55} ko^{22} dðĩ^{22} ne^{22} tɛ^{22} sho^{22}.
　　　貌貌　　SUB　　中文　　　OBJ　学　PROG SFP EVD
（听说貌貌正在学中文，是吗？）

thĩ^{22}表示说话人的推测、猜想。如：

26）ma^{53} lḁ^{53} ka^{53} sa^{22} phaʔ^{53} ne^{22} tɛ^{22} thĩ^{22}　tɛ^{22}.
　　　玛拉　SUB　字　读　PROG SFP EVD SFP
（玛拉可能在读书。）

27）dðĩ^{22} ne^{53} mo^{55} jwa^{22} mɛ^{22} thĩ^{22}　tɛ^{22}.
　　　今天　　下雨　　　SFP EVD SFP

(今天可能会下雨。)

两个示证标记中 sho^{22} 虚化程度更高，它可以直接作句尾；thĩ^{22} 虚化程度低，还具有一定程度的"想"的动词实义性，在它后面还需句尾助词 tɛ^{22}。

（二）目的链接

bo^{53} 既表目的，还有将动词名词化的功能，构成的短语能充当主语、宾语论元和系词补足语。

28）je^{22} khaʔ^{53} bo^{53} ko^{22} tɕaũ^{55} dða^{55} louʔ^{53} mɛ^{22}.
　　　水　舀　PURP　OBJ　男生　做　SFP
［男生要做打水（这件事）。］

29）tɕaũ^{55} dðu^{22} jɛ^{53} ta^{22} wã^{22} xa^{22} sa^{22} dði^{22} gã^{55} ko^{22} dðã^{53} ɕi^{55} je^{55} louʔ^{53} bo^{53} phjiʔ^{53} tɛ^{22}.
　　　女生　GEN　任务　SUB　教室　OBJ　清扫　PURP　是　SFP
（女生的任务是打扫教室。）

30）tɕaũ^{55} dðu^{22} mja^{55} ka^{53} ĩ^{55} tɕi^{22} tɕhouʔ^{53} taʔ^{53}　bo^{53} ko^{22} ne^{53} taĩ^{55} le^{53} tɕĩ^{53} tɛ^{22}.
　　　女生　PL　SUB　衣服　缝　DYN　PURP　OBJ　每天　练习　SFP
（女生每天练习来学会缝衣服。）

从以上分析可以看出，缅语补足语子句既有多种语言共有的类型学特征，也存在一些具体的差异，这些差异同语言的语法体系、词汇语义分类有密切关系，有待我们进一步深入研究。

附 录

缩略语：

1SG	first-person	第一人称单数
3SG	third-person	第三人称单数
ATTR	attribute	定语助词
BEN	benefactive marker	受益标记
CC	complementary clause	补足语子句
COMP	complementizer	标句词
DYN	dynamic	动力情态
EVD	evidential	示证范畴
EXP	experiential aspect	曾行体
GEN	genitive	属格
OBJ	object	宾语
PL	plural	复数
PROG	progressive aspect	进行体
PURP	purpose	目的链接
REL	relativzer	关系词
SFP	sentence final particle	句尾助词
SUB	subject	主语

The Complementary Clause of Burmese

Abstract The Complementary clause of Burmese is conducted by three special complementizers. Among the complementizers, they share some common features, and also differentiate each other in functionality. The main role of a Complementary clause is an object argument. It also can be a subject and a copula complement. Like most languages, the semantic classes of Burmese verbs that attach Complementary clauses include "attention" class, "thinking" class, "deciding" class and "liking" class, "speaking" class.

Keywords　Burmese, Complementary Clause, Complementizer

《道德经》在泰国的翻译与传播

陈 利[*]

摘 要 道家是中国古代主要哲学派别之一，也是中国传统文化代表，主要代表人物有老子、庄子等，主要著作有《道德经》《庄子》《列子》等。随着全球化发展的脚步，各地区文化交流越来越频繁，中国的哲学思想逐步走向世界。《道德经》以其极具诗性的语言风格以及蕴含的博大精深的哲学理念成为中国典籍外译数量最多的作品，国外译介已有40多种语言文字、1000多部作品。同样，在泰国，自20世纪60年代起，道家思想被引入泰国后陆续出现很多《道德经》《庄子》的泰译本，据初步统计《道德经》有29个译本，成为泰译本最多的中国典籍，反映出泰国学术界和读者对道家文化的关注。本文首先对道家核心词汇"道"(เต๋า)的概念在泰国的翻译与接受进行重点分析，其次重点介绍《道德经》具有代表性的泰译本情况，以此探究道家学说在泰国的传播与接受。

关键词 道德经 泰国 翻译 传播

《道德经》或称《老子》成书于2000多年前，为春秋时期老子所作，

---

[*] 陈利，北京外国语大学泰语专业副教授。

全书 5000 余言，内容涵盖天地、宇宙、人生、政治、道德等多个方面，文字淡雅如行云流水，却蕴含深奥的道理。《道德经》共有 81 章，前 37 章为卷上《道经》，后 44 章为卷下《德经》。[①] 全书围绕"道"这一哲学概念，阐述了世界万物的起源、存在、发展、矛盾与解决方法等，涵盖了人生论、政治论、军事论、认识论乃至人生哲学、自然哲学、宇宙哲学等层次的内容，是中国最古老的哲学典籍之一，[②] 是中国道家思想的重要来源。道家思想以道、无、自然、天性为核心理念，认为天道无为、道法自然，据此提出无为而治、以柔克刚等政治、军事策略，对中国乃至世界的文化都产生了较大的影响。道家思想典籍除了《道德经》以外，还有《庄子》《淮南子》等。

作为中国本土哲学思想的典范，《道德经》已成为全人类共有的文化财富，对世界的影响也日渐凸显，从古到今吸引着国内外学者不遗余力地进行翻译研究，探究其魅力。早在唐朝，高祖李渊就派遣道家学者前往高丽国讲授《道德经》，高僧玄奘也受命将《道德经》翻译为梵文。美国著名汉学家维克多·梅尔（梅维恒）在其《道德经》译本的前言中就指出："《道德经》是世界上仅次于《圣经》《薄伽梵歌》被译介的经典。"[③] 根据丁巍的《老学典籍考》里的考证，目前《道德经》的国外译介已有 40 多种语言文字，1000 多部，居外译汉籍之首。在泰国，《道德经》也是泰译本最多的中国文化典籍，据笔者不完全统计有 29 个泰译本，反映出泰国学术界和读者对道家文化的关注度。

本文针对《道德经》在泰国的翻译和道家思想在泰国的传播，主要探讨两个方面的内容：第一部分是"道"（เต๋า）的概念在泰国的传播和接受；第二部分是介绍具有代表性的《道德经》泰译本。

---

① 1973 年长沙马王堆出土的帛书版《老子》甲乙本，《德经》在前，《道经》在后。
② 张岱年：《帛书老子校注》，中华书局，2007，"序"第 1 页。
③ "Next to the Bible and the Bhagavad Gita, the Tao Te Ching is the most translated book in the world. Well over a hundred different renditions of the Taoist classic have been made into English alone, not to mention the dozens in German, French, Italian, Dutch, Latin, and other European languages." Victor H. Mair, trans., *Tao Te Ching: The Classic Book of Integrity and the Way*, New York: Bantam Books, 1990, p. xi.

一 "道"(เต๋า)的概念在泰国的传播和接受

中文的"道""道家思想"在泰语中翻译成"เต๋า""ลัทธิเต๋า"已是不争的事实,同样,在和泰国民众提起"เต๋า"这个词时,大部分人首先想到的也是中国的道家思想。在我们印象中,"道"(เต๋า)的概念在泰国由来已久,应该和《三国演义》一样深入人心;然而,笔者在研究中发现,情况并非如此,"道"的概念被正式翻译为"เต๋า"并被泰国官方承认收入词典还是近50年的事。泰国虽然是一个佛教国家,但长期以来也受到中国文化的影响,特别是从拉玛一世开始的对中国文学的几次翻译热潮,极大促进了中国文化在泰国的传播,但是作为中国传统文化代表的道家思想,真正引起泰国学者的关注,进而进入民众视野,却是在20世纪五六十年代,下面来简单探讨一下作为异域文化概念的道家思想在泰国的传播脉络。

(一)第一次中国文学泰译高潮未能促进道家思想的传播

从历史上看,中国文学的泰译过程经历了四次高潮。第一次为以《三国演义》为代表的"历史小说时期",第二次是以鲁迅作品为代表的"现代小说时期",第三次是以金庸、古龙作品为代表的"新派武侠小说时期",第四次是全面发展时期。[1] 在这里我们主要讨论第一时期和第三时期。

中国文学第一次翻译高潮是19~20世纪"二战"前,大致是从曼谷王朝拉玛一世至拉玛六世期间,主要是针对中国历史演义小说的翻译,第一次翻译浪潮从1802年完成的《三国演义》算起,持续了一个多世纪。泰国将《封神演义》《西游记》等神魔志怪小说也归入历史演义小说的范畴。20世纪初,报纸在泰国出现后,许多报纸都设有连载中国历史演义小说的专栏,以招揽读者,一时洛阳纸贵,甚至出现了泰国作者的仿写之作。这次翻译高潮,可以说是中国文学的第一次经典化时期,

---

[1] 栾文华:《泰国文学史》,社会科学文献出版社,1998,第56页。

其中涉及道家思想并有一定影响的文学作品有《三国演义》《封神演义》《西游记》。

《三国演义》译介最早，影响也最大，但是《三国演义》里对于道家的描写本来就不多，泰译本中更是将不多的几处关于道家的描写掩饰掉了，在提到"道观"这个词时只是用了"วัด"这个表示佛教寺庙的词来解释，也就是说，《三国演义》虽然在泰国影响巨大且延续至今，但可以说在道家思想的传播方面没有起到任何作用。这也不足为奇，因为对于当时的译者来说，翻译目的是介绍这部中国经典小说的整个故事情节，读者对于故事情节的追求远远大于其蕴含的文化概念的表达，加之当时中国儒家、道家思想均未在泰国得以传播，译者所处的社会背景又是以南传佛教为主的佛教国家，所以借用有关佛教的表达也就理所当然了。

《封神演义》翻译于拉玛二世时期，首次出版是在 1876 年，是体现道家思想较多的小说，在泰译本 ห้องสิน 里面，涉及道家的概念基本上都采取了音译，比如"道人"都被译作"โตหยิน"。《西游记》第一个泰译本翻译于 1898 年拉玛五世时期，这部小说大抵被认为是"扬佛抑道"的，但里面也不乏关于道家的描写，比如第二十五回"镇元仙赶捉取经僧 孙行者大闹五庄观"里的镇元大仙以及道观都是道家的体现，泰译本将"镇元大仙"译作"ฤๅษีอาจารย์ใหญ่"，完全借用了泰语解释，"元始天尊"译作"หงวนซุยเทียนจุนพรหมใหญ่"，音译加上泰语翻译，"道观"译作"สำนัก"，纯泰语翻译；在第四十五回"三清观大圣留名 车迟国猴王显法"中三位道士都被音译为"เต้าหยิน"。

这三部经典的翻译实践从 19 世纪初一直延续到 19 世纪末，这是中国经典译介的第一个高潮时期，在碰到代表中国传统文化的道家概念时，多采用了格义（借用佛教概念）或弱化的方式翻译，音译也和今天流行通用的"เต๋า"不同，加之这些概念在这三部历史小说中可谓昙花一现，因此可以推断早期经典翻译没有对道家思想和观念在泰国的传播起到任何作用，但同时我们也应该意识到，这是对异域文化概念翻译的必经之路，就好比"道"在西方世界的翻译也经历了从"God"到"way"最后定格为"Tao"的历程。

对于泰国社会来说，中国的道家思想和概念是不同于本国文化的异域文化，泰国学者在翻译道家概念的时候，必然带有自己的"前见"，他们所处社会的南传佛教文化背景是他们最大的前见，因此在最初翻译"道"这个概念时，他们都不约而同用佛教的词汇来解释道家概念，这也可以说是译者对自己文化的固守。随着社会的发展与文化的交流，泰国学者也意识到用泰语已无法完全表达出"道"这个中国独特的传统概念，于是开始用音译法，不论是"โตหยิน"还是"เต๋าหยิน"，至少承认了这是中国文化的独特范畴，给予读者揣摩、想象的余地，但是依然没有形成统一的观点，因此出现了根据当地华人不同方言发音而来的不同音译。

（二）"เต๋า"的出现及接受

第三次翻译高潮是从20世纪50年代末开始的，集中在对金庸和古龙新派武侠小说的翻译，从1957年占隆·披萨纳卡将金庸的《射雕英雄传》译成泰文算起，一直持续到20世纪90年代，这本小说泰文译名为"มังกรหยก"（意思为"玉龙"），出版后成为泰国当年畅销书，然后不断被改编，搬上电影银幕和电视荧屏，其影响深入泰国家庭，风靡大众。从此，金庸和古龙的其他武侠小说也陆续被翻译成泰文，在各种文艺刊物和报刊上刊登转载，深受泰国读者喜爱。1985年4月9日泰国《民意报》文章说："武侠小说成了书店里、书摊上不可缺少的书籍，武打题材充斥了文坛和影视界。"[①] 因此，人们称这一时期为中国武侠小说时期，又称为"金庸－古龙时期"，这也是中国文学在泰国翻译和传播的第三次高潮。

就是在1957年《射雕英雄传》的泰译本里面，描写丘处机出场的时候，运用了"นักพรตลัทธิเต๋า"这个词，这可以说是最早将"道"译成现在通用的"เต๋า"的正式文本，或者我们可以推测，那个时期泰国译者已基本达成一致，将"เต๋า"作为中国本土的道家思想的专用词。让我们再来看

---

① 何芳川：《中外文化交流史》，国际文化出版公司，2008，第338页。

《道德经》在泰国的翻译与传播

一下"เต๋า"这个词条何时被泰国官方接受并收录入泰语词典的。

（1）《泰华大词典》（1946）：① "เต๋า"的解释是"骰子"。

（2）พจนานุกรมไทยฉบับราชบัณฑิตยสถาน พ.ศ. 2493（《泰语词典》，泰国皇家学术院，1950）：② "เต๋า" 解释是 ลูกบาศก์สำหรับทอดนับแต้มเล่นการพนัน，也就是"骰子"。

（3）ปทานุกรมจีน-ไทย โดยชวน เซียวโชลิต（《汉泰字典》，萧元川主编，南美出版社，1962）："道"的其中一个解释为 เต๋า，"道教"的解释为 ศาสนาเต๋า。

（4）พจนานุกรทไทยฉบับของแพร่พิทยา รวบรวมโดยมานิต มานิเจริญ（《泰语词典》，玛尼·玛尼伽楞主编，普莱披特亚出版公司，1964）："เต๋า"的解释有两个，第一个是 ชื่อลัทธิหรือศาสนาหนึ่งของจีน ตั้งขึ้นโดยเล่าสื่อ（中国一种学说或教派的名字，由老子创立），第二个解释是 ลูกบาศก์เล็ก ๆ ใช้ทอดนับแต้มเล่นการพนัน（骰子）。

（5）พจนานุกรทไทยสมบูรณ์ทันสมัยที่สุด（《现代泰语大词典》，伦萨股份出版公司，1974）："เต๋า"的解释有两个，第一个是 ชื่อลัทธิหรือศาสนาหนึ่งของจีน ตั้งขึ้นโดยเล่าสื่อ（中国一种学说或教派的名字，由老子创立），第二个解释是 ลูกบาศก์เล็ก ๆ（骰子）。

（6）พจนะ-สารานุกรมฉบับทันสมัย（《现代泰语词典》，泰瓦塔纳帕尼出版社，1977）："เต๋า" 的 解 释 有 两 个，第 一 个 是 ลัทธิอันหนึ่ง ซึ่งเล่าจื๊อเป็นศาสดา เต๋าหมายถึงสภาวธรรมทั่ว ๆ ไป คือสิ่งทุกอย่าง ความเป็นไปทุกอย่างขึ้นอยู่กับสิ่งที่เรียกว่าเต๋า（一种学说，老子是创始人，"道"的意思是世间万物都按照"道"在运行），这个词典不仅解释了"道"，还简要介绍了老子的"道"的含义。第二个解释仍然是 ลูกบาศก์เล็กๆ（骰子）。

（7）พจนานุกรทไทยฉบับราชบัณฑิตยสถาน พ.ศ. 2525（《泰语词典》，泰国皇家学术院，1982）："เต๋า"的第一种解释是 ลูกบาศก์สำหรับทอดนับแต้มเล่นการพนัน（骰子），第二种解释是 ชื่อศาสนาสำคัญศาสนาหนึ่งของจีน（中国一种教派的名字）。

总结以上对文本和词典的考察，我们可以看到，泰国最权威的皇家学术院的《泰语词典》第一版（1950年版）对"เต๋า"的解释只是"骰子"，而第二版（1982年版）很明确地收录了"เต๋า"作为"道家思想"

---

① 这个版本的辞典未查到出版社信息。
② 皇家学术院版本的《泰语词典》是泰国官方最权威的泰语词典。

的解释。纵观20世纪四五十年代，华人编著的各汉泰词典中也都没有收录"道"这个词条，却收录了"孔子""仙"等中国传统文化词条，足见直至20世纪50年代，"道"作为一个异域文化的概念并未在泰国（包括华人社会）得以普及。我们发现的最早收录"道"（เต๋า）的泰文工具书是1962年萧元川主编的《汉泰字典》（ปทานุกรมจีน-ไทย โดยชวน เซียวโชลิต）以及随后1964年出版的玛尼·玛尼伽楞主编的《泰语词典》。同时，根据文献考察，我们知道，1957年在泰国翻译出版的《射雕英雄传》是引入"道"的最早的且影响广泛的文本，而1962年出版的沙田·菩提南塔的《东方哲人》一书又是泰国学术界最早全面介绍道家思想且影响至今的学术书，并且其中有《道德经》40章的翻译，这也和我们对于泰文工具书的考察结果是相吻合的。因此，可以初步判定，现在泰国流行的"道"的概念是在20世纪50年代末随着武侠小说的兴起而第一次在泰国大众中引起广泛关注，并且鉴于其在泰国社会的影响，在20世纪50年代末至60年代初，又被学术界和辞书学者所接受，纳入规范的泰语话语系统。另一个值得关注的现象是，道家经典和儒家经典的译介晚于中国大乘佛教经典的译介（从1953年佛使比丘翻译《坛经》算起），作为佛教国家的泰国从文化心理上先关注中国佛教，再转而延及其他，也是合情合理的。从客观上讲，中国佛教文化经典的泰译在一定程度上为道家思想的传播打下了基础。

因此，泰国真正意义上的中国思想文化经典和文学经典的翻译开始于20世纪下半叶。1953年，佛使比丘翻译的《坛经》在泰国出版，开始了该书长达半个多世纪的流传历史。几乎是同一时期开始关注并译介汉传佛教经典的沙田·菩提南塔也开始把注意力移向道家、儒家等传统思想文化领域。因此20世纪50~60年代，才是中国本土思想文化中的经典真正被介绍并翻译成泰文的时期，这一时期一直延续到21世纪。虽然在文化经典的翻译和传播过程当中，不会出现读者对通俗作品那样的追捧，但真正优质的译本，不论是《道德经》《论语》还是《庄子》，都有机会被不断重印再版。

二 具有代表性的《道德经》泰译本简介

根据笔者的不完全统计,《道德经》现有泰译本29个版本,是被译成泰语最多的中国典籍。下面选取具代表性的六个版本进行简单介绍。

1.《东方哲人》(เมธีตะวันออก)

根据现已掌握的资料,沙田·菩提南塔(เสถียร โพธินันทะ)是第一位将《道德经》介绍给泰国民众的学者。他出生于1929年,享年37岁,在其短暂的一生中始终致力于泰国佛教的研究,是泰国佛教文化专家,19岁时就被誉为"宗教哲人""移动的三藏经"。同时,他精通中文,是泰国汉学领域的重要学者之一,对中国宗教的研究颇有造诣。

《东方哲人》一书首次出版是在1963年,至今再版七次。作者沙田·菩提南塔写作此书的主要目的是介绍中国传统文化与哲学体系,包括诸子百家中的孔子、孟子、老子、庄子、孙子等学说。在涉及老子学说时翻译了《道德经》中的40章,由于成书主要目的并不是翻译《道德经》,因此有些章节也不是完整的翻译,只是为了配合道家思想的介绍。因此,在翻译时作者主要采用了意译的方法,用简单易于理解的语言呈现给读者,整个译文行文流畅、语言优美,同时为了使读者易于掌握其意思,翻译还加入了作者自己的理解,以配合原文对道家学说的阐释。虽然此书不是《道德经》全译本,却是第一本全面介绍道家思想的译本,具有里程碑式意义。

2.《道》(เต้า)

《道》是泰国第一个《道德经》的全译本,于1973年5月首次出版,译者为陈壮(จ่าง แซ่ตั้ง),是泰国著名的泰籍华裔作家、画家和诗人,他用了七年的时间(1966~1972年)对《道德经》进行了翻译和注释。译者陈壮于1990年去世,享年56岁。他的后代为了纪念他,在2010年5月对他的旧书进行重新整理后再版,其中就包括《道》,再版后改名为《道德经》(เต้าเต๋อจิง),并加入了译者自己创作的17幅极具中国特色的山水花鸟画,显示了作者对中国文化的深深热爱。该书的出版社为陈壮后代出版社。笔者所参考的便是2010年版的《道德经》(เต้าเต๋อจิง)。

译者在书的前言中提到，《道德经》中文原文语句精练、意深难懂，加上中国每个时代的学者对于《道德经》的理解都各有不同，也出现了很多不同版本的《道德经》注释，所以译者在翻译时也结合了自己的理解，给原文添加了注释。但是译者并没有指名自己是参照中文哪个版本的《道德经》翻译的。全书共分为三个部分，第一部分名为"短篇"（บทเขียน），包括29篇小文章，分别介绍了道德经的含义、道家学说的主要内容、有关老子和孔子其人、道家思想的哲学影响，等等；第二部分是对《道德经》81章的翻译，每篇译文后都有对这一章的补充阐释以及译者自己的体会，从译文中可以看出，作者竭力想保留原文的句式，尽量采用精简的泰语来翻译原文；第三部分为"短篇 演讲稿"（บทเขียนบทปาฐกถา），共有7篇文章，其中4篇主要叙述了译者在翻译过程中遇到的问题，1篇介绍老子生平，同时收录了自己针对老子道家学说的1篇演讲稿和全书的后序。

在书的最后自我介绍中，译者陈壮谦虚地表示无论泰语还是中文，自己都可以说未得到过真正的系统性的教育，对这两种语言的学习基本都是自学。但是巴贡·林巴努颂（ปกรณ์ ลิมปนุสรณ์）评价道："从译文的字里行间我们还是能看出，陈壮的中文水平是不错的，对中国古文的理解有一定的水平。"[①] 而且通过阅读译文可以发现，译者是全身心投入这个翻译工作的，在每一章译文的补充解释段落中，他常常能将原文中所体现的哲理与现实生活相结合。

这个译本的不足之处在于，译者为使译文更接近原文，使用的词汇精练，句式简短，几乎是逐字逐句对应翻译，这就使得一些原文中意义深刻的词，被译者用简单的泰语加以解释，无法表达出中文原文的意境，比如将原文中的"玄""神""天"都翻译成"ทิพย์"，这也给读者理解译文的含义带来了一定的困难。同时，有些词语的翻译过于直白，例如"牝"，其字面含义是女性或者雌性动物的生殖器官，在文中指"道"是万物起源。陈壮将其翻译成"ตัวเมีย"，泰语含义是"雌性"，显得过

---

① ปกรณ์ ลิมปนุสรณ์ คัมภีร์เต๋าของเหลาจื่อ สร้างสรรค์บุ๊คส์ 2553 หน้า 253

于简单直白。

陈壮的《道德经》译本,虽然在语言上没有此后一些译本优美,但是作为泰国第一个《道德经》的全译本,有力推动了道家思想在泰国的传播,也为后来的众多译本提供了许多借鉴和参考,其重要意义是不言而喻的。

3.《道家之法》(วิถีแห่งเต๋า)

该译本由泰国知名的作家、学者及翻译家珀扎纳·占塔腊汕迪(พจนา จันทรสันติ)翻译,首次出版于1978年,出版社为克利可泰出版社。该书先后共再版15次,从目前收集到的资料来看,第15次再版于2001年。这是目前为止所有《道德经》泰译本中再版次数最多的一个译本,由此可见该译本在泰国广为流传,并得到了泰国读者的一致喜爱,对道家思想以及《道德经》在泰国的传播起了非常大的促进作用。

在第一版的序言中,译者珀扎纳·占塔腊汕迪提到,自己早在1975年2月中旬就已经完成了对《道德经》的翻译工作,当时译者还是泰国法政大学(มหาวิทยาลัยธรรมศาสตร์)在校一年级的学生,主要是参考《道德经》的英译本来进行翻译工作的。译者主要采用以下三个译本为主要参考:①由林语堂翻译的 The Wisdom of China/ 中国的智慧;②由亚瑟·韦利(Arthur Waley)翻译的 The Way and Its' Power;③由初大告(Chu'u Ta-Kao)翻译的 Tao Te Ching/ 道德经。翻译完成后,译者将泰文译稿送给自己的老师审阅,最后还将自己的译稿与理雅各(James Legge)翻译的 The Text of Taosim 进行对比,对译文中的一些不妥之处做出了修改,此过程前后共进行了四次。

根据译者回忆,在20世纪70年代初期,当时道家学说只是在泰国很小范围内流传,已经翻译成泰语的道家思想作品只有陈壮(จ่างแซ่ตั้ง)和劳·萨田拉素(ล.เสถียรสุต)对老子《道德经》的全译本,以及索·希瓦拉(ส.ศิวรักษ์)翻译的《庄子》节选本。译者在翻译完后并未及时出版,译本被搁置了将近两年。在此期间,这本译作被连载在《拉拉纳》(ลลนา)杂志上。之后德乌东(เดชอุดม)家族的后代请求将节选译本中的部分内容收录在《查琳·德乌东悼念词》一文中,以表示子女对父母的孝顺之情。

1978 年，该译本第一次正式出版时，采用油印机蜡纸印刷，只印了 300 本，在小范围内流传。书中内容包括五个部分：第一部分是介绍老子其人；第二部分是对《道德经》的简介；第三部分是前言；第四部分是《道德经》正文，其中又分为"道"和"德"上、下两卷，上卷"道"是原著中第 1~37 章，下卷"德"是原著中第 38~81 章；第五部分是附录，共收录了译者自己创作的五篇文章，分别是《道家与孔子》（เต๋ากับขงจื๊อ）、《道与仙》（เต๋ากับเซน）、《道与创造》（เต๋ากับสร้างสรรค์）、《道与绘画艺术》（เต๋ากับศิลปะการวาดภาพ）和《道与诗》（เต๋ากับกวีนิพนธ์）。前两篇文章主要作为译本铺垫，讲述道家、孔子、仙三者之间的关系，以及其对中国文化产生的影响。后三篇文章讲述的是作者在实际生活中对道家的亲身感悟。作者认为，生活中的真切的"道"，不是随风飘荡的华丽辞藻，也不是我们无法进入的高深境界。这可谓"此中有真意，欲辨已忘言"，更多含义留给读者自己品味。

在第二版的序言中，译者介绍，由于首次出版的《道德经》译本在短短两个月内就销售一空，所以出版社请求再版，并将采用胶版印刷机进行印刷。译者亲自参加了此次再版工作，并在附录里加入了《道与美学》（เต๋ากับความงาม）一文。在这次出版时，出版社还挑选了中国各时期与道家文化有关的精美水墨画作为书中的插图，旨在进一步提高整本书的美感。

该译本第十版的序言是由当时克利可泰出版社的主编妮兰·素佤（นิรันดร์ สุขวัจน์）撰写的。她在序言中对该译本做出了积极肯定的评价，并赞誉该书是"20 世纪 80 年代泰国文学界和哲学界的一颗璀璨的宝石"。

总之，这个译本排版精致美观，从第二版开始书中增加了中国水墨画，契合道家的理念。此外，译文整体上语言精练灵动，语句流畅，富有生命力，易于理解，符合译入语习惯，句型编排犹如诗歌，虽然是从英文转译成泰文的，但译者参照多个英译本，最后又经过反复的校对，大大减少了译文中误译错译的现象。虽然译文中有增译和漏译的现象，但译者能够保留住《道德经》原文所蕴含的神秘气质和美感，使译文有

《道德经》在泰国的翻译与传播

自己的独特风格,吸引读者阅读下去。译者在附录中的短文也是译本得以广为流传的原因之一,附录中的文章给第一次接触道家的泰国读者提供一种辅助阅读,能帮助读者从广义上去理解"道"为何物。因此,自1978年问世以来到2001年,此译本前后再版15次,可以说明该译本在文学界旺盛的生命力以及在读者心目中的价值。

4.《道德经全译本及注释》(คัมภีร์เต๋าฉบับสมบูรณ์พร้อมอรรถกถา)

此译本译者为查素曼·咖毕行(ฉัตรสุมาลย์ กบิลสิงห์),是泰国著名的佛教专家、作家,曾出版过20本宗教类著作,并有译著14部,多与佛教有关。译者表示自己于1971年着手翻译《道德经》,直到1976年才完成翻译工作,正式出版的时间是1986年,至今共再版四次。

该译本是参照陈荣捷(Chan Wing-tsit)的《道德经》[①]英译本转译成泰语的。在当时,陈荣捷的《道德经》英译本可以说是注释最详细最系统化的版本,并且对于每个章节的翻译还有自己的学术性分析。译者查素曼·咖毕行在翻译时,并没有将原著中所有的注释都翻译出来,只是做了选择性翻译。可能是译者认为原著里面的一些注释包含的信息量太大,或者内容太深奥,不必全部介绍给泰国读者,以免降低阅读的流畅性。同时,作者也没有将陈荣捷原著中每章的分析文本完全翻译出来,而是结合自己的观点加以总结阐述。由于译者佛教专家的背景,在某些章节中我们可以明显看到,译者将道家学说与佛教理念进行对比,有时也会运用佛教上的观点来解释《道德经》里面的内容,这是这个译本的一大特点,也是译者"前见"的集中体现。对于南传佛教文化背景下的泰国读者来说,由于佛教教义深入人心,这样的译文一方面可以帮助泰国读者更好地理解《道德经》,但另一方面也限制了《道德经》内容的广度和深度,使读者无法真正了解道家思想这个异域文化的精髓。

《道德经全译本及注释》除对《道德经》81章的翻译以外,在正文译文之前,还收录了三篇文章,分别是《老子所说之"道"》

---

① Chan Wing-tsit, *The Way of Lao Tzu*, NY: Bobbs-Merrill Company, 1963.

（เต๋าในความหมายของเต๋าเจื๊อ）、《老子是否历史人物》（เล่าจื๊อเป็นบุคคลในประวัติศาสตร์หรือ）以及《谁创作了道德经》（ใครแต่งคัมภีร์เต๋า）。此外，此书附录还收录了译者此前在《法政期刊》上发表过的学术文章《道家思想中女性象征的重要性》（ความสำคัญของสัญลักษณ์เพศหญิงในปรัชญาเต๋า）。这些文章为读者更好地了解道家思想做了铺垫，在一定程度上提升了译著的重要性。

5.《道德经》（คัมภีร์เต๋าเต็กเก็ง）

这个译本的作者是佟田·纳章侬（ทองแถม นาถจำนง），但在出版这个译本时使用了笔名卓创·纳东（โชติช่วง นาดอน），此书首次出版是在1994年，先后共再版四次，主要参照版本为张松如的《老子说解》（齐鲁书社，1987）。

佟田·纳章侬和《道家之法》的作者珀扎纳·占塔腊汕迪（พจนา จันทรสันติ）属于同一时期的知名学者，受过高等教育，毕业于清迈大学，他精通中文，并且能用中文创作诗歌，所出版的著作及文章都与中国历史文化有关。早在1987年，佟田·纳章侬便出版了一本《道德经》的泰译本，书名为《老子说》（เหลาจื๑อสอนว่า），但这个版本是配合台湾蔡志忠的漫画版《道德经》所做的翻译，虽然翻译了整个《道德经》81章，语言流畅，但是由于整本书的重点放在了漫画上，图画的地位高于文字，其译文只是作为辅助放在书的第二部分，因此《老子说》并未在当时泰国学界引起太大的反响。但是译者具有深厚的中文功底，能在自行理解原文的基础上，用泰语准确地表达出其内在含义，因此从语言角度来看，《老子说》对后人翻译及研究《道德经》提供了一定的借鉴意义。

1994年，佟田·纳章侬将《老子说》里面的《道德经》译文重新修改后出版。这次修改，不仅使译文的语言更加精练更加流畅，而且作者还根据自己的理解，同时结合中国学术界关于《道德经》的一些新发现，对译文的部分内容做出了新的阐释。最重要的是，译者受到《道德经》帛书本的影响，没有按照以往由"道篇"到"德篇"的编排顺序，而是将第38~81章节的"德篇"放在前面，第1~37章节的"道篇"放在后面，并给每一章节标明了对应原文的序号，以便读者对比阅读。该

《道德经》在泰国的翻译与传播

译本是泰国众多《道德经》泰译本当中唯一一本将"德篇"放在前面的译本,译者给出的理由是,根据自己对《道德经》的认识和体会,他认为对于初接触《道德经》的读者,先阅读"德篇"里面的内容,再阅读"道篇"里面的内容,能帮助读者更好地理解什么是"道"。巴贡·林巴努颂（ปกรณ์ ลิมปนุสรณ์）评价此书无论在语言上还是在篇章安排上都是《道德经》泰译本中的一个典型版本,可以与其他译本进行对比研究。

在进入《道德经》译文正文前,译者还写了三篇小短文：第一篇是《〈道德经〉翻译中的问题与研究》（การศึกษาและปัญหาการแปลเต้าเต็กเก็ง）,主要介绍了作者自己当时学习《道德经》的经验、翻译过程中的难点以及对其中所蕴含的哲学思想的理解；第二篇是《翻译艺术》（ศิลปะการแปล）,译者表示在翻译过程中,尽量做到忠实于原文,但《道德经》写于2000多年前,即使是在中国,也有不同版本的注释和理解,因此译作中或多或少也会渗入自己对《道德经》的理解,通过阐释性的语言来进行翻译,体现了译者在翻译过程的主体性；第三篇是《词语释义》（อธิบายศัพท์บางคำ）,译者主要列出了《道德经》中部分核心词汇以及富有中国文化内涵的文化负载词,对此进行专门的翻译和解释,给读者阅读前做一个铺垫,便于其更好地理解译文。该书除了译文之外,还配有少量的水墨画,而且译文排列整齐、美观,在一定程度上增加了读者的阅读兴趣。

6.《老子经典》（คัมภีร์เต๋าของเหลาจื๊อ）

《老子经典》的译者为巴贡·林巴努颂（ปกรณ์ ลิมปนุสรณ์）。巴贡2010年获朱拉隆功大学比较文学博士,现为泰国法政大学人文系副教授。他是一位勤于翻译和著述的学者,曾有专书译介孔子、孟子、韩非子的思想,道家更是他关注和研究的对象,他曾以一人之力完成了《老子》、《庄子》（内篇）和《列子》道家三大经典的翻译。巴贡翻译的《庄子》（内篇）七篇于1997年出版；从中文翻译的全本《列子》于2002年出版,该译本虽然只有230页,却有出版社前言、译者前言和朱拉隆功大学哲学系教授的序言,显示了出版方的重视,这个译本是泰国第一个《列子》全译本；随后2004年巴贡又翻译了《道德经》并付梓。

· 73 ·

亚非论丛（第一辑）

巴贡对道家思想的研究是深入和客观的，在《庄子》（内篇）泰译本前言中巴贡有一段评价《庄子》在中国文化中地位的论述，他认为："如果没有《庄子》，中国人的思想、信仰、灵感乃至生活方式都会不同于今。《庄子》也许算不上是中国最重要的思想著作，但还没有读过《庄子》的人显然不能宣称自己已经领略到了中国人的精神。"[1] 巴贡还指出，中国文化不仅限于儒家思想中维护社会秩序、社会利益，严守伦理道德的一面，也有追求自我，向往心灵的安适，要求摆脱俗务的一面，道家典籍正是引导出世的思想著作。译者还指出老庄之间的区别，《老子》多是治国谋略，而《庄子》则强调对人世与社会的摆脱。

巴贡是在北京大学教书期间着手翻译《道德经》的，之所以在北京进行翻译，主要有以下几个方面的原因。首先是尽可能摆脱泰国已经出版的《道德经》泰译本的影响，其次是在北京便于查找更多关于《道德经》的中文注释，资料更丰富。译者从众多《道德经》注释中，挑选出两本注释本作为主要参考，即张松如的《老子说解》（齐鲁书社，1998），以及陈鼓应的《老子注译及评介》（中华书局，1999）。

巴贡在翻译时也非常重视语言的运用。应该说，巴贡的语言是几个泰文译本中较为典雅的。译者指出，泰国人的性情在一定程度上与道家思想是相契合的，泰国人可能很自然地喜欢或接受道家的思想。对文中一些与其他译本翻译不同的重要词组和语句，译者还做出了详细的解释。在译文编排上，我们也看出作者的用心，译文和中文原文并没有统一左对齐，而是前后有序、参差排列，增添了译文的诗感。除此之外，在书中也适当配有中国水墨画，给读者营造了中国古典的意境。

《老子经典》这本译著的语言平实而不失典雅，文字阅读起来十分流畅，能够在一定程度上体现文辞的经典性。巴贡也在译者序中指出，翻译的目的是客观地介绍《道德经》的内容，让泰国读者领略中国道家思

---

[1] ปกรณ์ ลิมปนุสรณ์ คัมภีร์จวงจื่อ เคล็ดไทย 2540 หน้า 8。

想的内涵以及《道德经》优美的语言,并不是为了传播道家教义,因此在翻译的过程中尽量忠实原文风格,避免加入自己的感情色彩。因此,译者对南传佛教用语或源于梵语、巴利语的词汇的运用也非常审慎,避免轻率采用佛教用语来解释中国道家思想的现象。常用的某些梵语、巴利语词汇也是因为这些词汇早已成为泰国人日常交流的一部分,而不会轻易引发对佛教等泰国本土文化概念的联想。例如,把"无形"译作"ความไร้รูป"这样的新词,避免直接使用"อรูป"(无色)这样会引起误解的佛教词汇。再如"无为"一词译为"นิรกรรม"这一新词,避免采用带有明显印度文化色彩的词汇。涉及"阴""阳"等在文化上属于空白的概念,译者也遵从传统采用了音译的方式。在翻译较为复杂的思想或概念时,由于注解纷呈,译者不得不选取一种解释作为自己的解读判断,这种选择有时虽然不无可商榷处,但译者仍然竭力保持译文的逻辑与辩证,能够做到让译文自圆其说。

译者不仅用心研究、翻译《道德经》,而且在书中最后的附录里,还汇集编写了有关《道德经》泰译本的资料,内容翔实,并附有译者对各版本的点评,对本文的写作起了很大的帮助作用,相信对今后学者继续研究《道德经》泰译本的概况也有借鉴作用。

以《道德经》为代表的道家思想是中华传统文化中的瑰宝,在当今中国文化"走出去"以及"文化外交""文化外传"的大背景下,对中国典籍外译的考察无疑将开阔我们的研究视野。笔者搜集到的《道德经》在泰国的译本有 29 个版本,但相信除了正式发行出版的译本以外,在泰国还有很多宗教机构和团体自行进行翻译的译本,本文只是选取了具有代表性的六个版本进行了简单的介绍,希望可以为今后进一步的研究做个铺垫和有益的探索。

Translation and Spread of *Tao Te Ching* in Thailand

Abstract Taoism is one of the main ancient schools of philosophy in China. It represents a significant part of traditional Chinese culture with central figures like Laozi and Zhuangzi and major writings such as *Tao Te Ching, Zhuangzi* and *Liezi*. As globalization deepens, cultural exchanges across different regions have been thriving and Chinese philosophical systems are gradually becoming known throughout the world. *Tao Te Ching*, with its poetic language and profound philosophical concepts, is the most translated Chinese classic outside China. So far, it has been translated into more than 40 languages and more than 1000 versions. In Thailand, since Taoism was introduced to Thailand in the 1960s, there have been more and more Thai translations of *Tao Te Ching* and *Zhuangzi*. Preliminary estimates show that there are 29 Thai versions of *Tao Te Ching*, making it the most translated Chinese classic in Thailand, which reflects the keen interest of Thai scholars and readers in Taoism. This papers reviews the history of the translation of *Tao Te Ching* and features of key versions of translation and focuses on analyzing the translations and acceptability of the core concept "Tao" in Thailand, as an attempt to examine the spread and acceptability of Taoism in Thailand.

Keywords *Tao Te Ching*, Thailand, Translation

表达义、预设义与蕴含义再考

汪 波[*]

摘 要 本文从话者和听者两个角度对表达义、预设义和蕴含义的特点及区别进行分析,认为表达义具有"不可取消性""不可分离性""可推导性"三个特点;预设义具有"话者非主动性""推理非必要性""不可取消性"三个特点;而蕴含义也具有"话者非主动性""推理非必要性""不可取消性"三个特点。另外,表达义的推理难度较大,而预设义和蕴含义的推理难度相对较小,因此听者有可能利用较容易推理出来的预设义和蕴含义来帮助推理话者的表达义。

关键词 表达义 预设义 蕴含义

一 引言

本文将要讨论的内容为特殊会话含义[①](particularized conversational implicature)、预设义(presupposition)和蕴含义(entailment)的定义、特点以及它们之间的区别。

---

[*] 汪波,北京外国语大学讲师。
[①] 本文将特殊会话含义称为"表达义",具体理由见第二节。

亚非论丛（第一辑）

这三个概念都是语用学研究的热点问题，学者们对这三个概念及它们之间的区别的理解可谓百家争鸣，采用的术语也五花八门，有些观点甚至针锋相对，比如会话含义可不可以取消、会话含义[①]与蕴含义各不相同还是会话含义包括蕴含义、预设到底是语义的还是语用的、预设义能不能取消等，本文将对这些问题提出一些自己的看法，并积极将这三个概念进行明确区分，以保证它们在语用学研究中的独立地位。

在进行具体讨论之前，需要对一些术语进行整理。国内学者的研究中预设、预设义、蕴含、蕴含义的使用尤其混乱，对此，本文分别规定三个动词：表达（express）、预设（presuppose）、蕴含（entail）；三个名词：表达义（expression[②]）、预设义（presupposition）、蕴含义（entailment）。举例来说，可以有下面一些说法：话者"表达"出自己的"表达义"；听者推理话者所"预设"的内容即"预设义"；话语当中"蕴含"另一些语句，这些语句的意义即为"蕴含义"。

在分析并明确区分表达义、预设义和蕴含义这三个概念之前，需要先对这三个概念规定一个上位概念，即含义（implication）。"implication"的本义是"隐含的意义"，学者们对其的翻译有"含义""含意""隐含意义""蕴含"等，本文采用"含义"这一译法并将其定义为"所有非字面意义"。徐盛桓[③]认为，凡是由语句暗示出来的言词以外的意思都是含义，在这一点上，笔者与徐盛桓的看法相同。一般可以认为，表达义（特殊会话含义）、预设义和蕴含义都不是字面所直接表达的意义，因此本文将它们都纳入"含义"这一概念进行讨论。

---

① 尽管格赖斯（Herbert Paul Grice）将会话含义分为"一般会话含义"和"特殊会话含义"两类，但绝大部分国内学者在讲到"会话含义"甚至是"含义"时实际上指的都是"特殊会话含义"，比如说尽管何自然、冉永平《新编语用学概论》，北京大学出版社，2009）将一般会话含义和特殊会话含义做了区分处理，但仍然在该书第 74 页明确提出（会话）含义的产生与准则的违反有关，也就是说此处的会话含义实际上指的就是特殊会话含义。在本文所引用的内容当中，除特殊说明之外，"会话含义"均指特殊会话含义。

② "Expression"的意思较多，牛津高阶英语词典里对"expression"的解释为"things that people say, write or do in order to show their feelings, opinions and ideas"，本文将"expression"作为"表达义"的英文译名。

③ 徐盛桓：《含意本体论研究》，《外语教学与研究》1996 年第 3 期，第 21~27 页。

大多数学者在论述这三个概念的时候都将话者和听者的立场混为一谈,本文将分别从话者和听者两个角度研究这三个概念,这可以说是本文最为突出的一个特点。

二　表达义（expression）

本文中所说的表达义实际上就是格赖斯所定义的特殊会话含义（particularized conversational implicature），与特殊会话含义相对应的概念是一般会话含义（generalized conversational implicature），两者之间的区别简单来说就是：由遵守会话合作原则中的某些准则所产生的含义是一般会话含义,而由违反会话合作原则中的某些准则所产生的含义是特殊会话含义,来看下面的例句。

1）张三有一个儿子。

在这句话里,话者遵守了合作原则中的量的准则,使该话语带有一个含意即"张三有且只有一个儿子",这一含义就属于一般会话含义。格赖斯同时也认为,一般会话含义是指在一般情况下与某一语言形式有关的含义,例如：

2）张三走进一座房子。

在这句话里,"一座"所产生的一般会话含义就是"这个房子不是张三的"。这种不依赖特殊语境就能产生的含义就是一般会话含义。正如何自然、冉永平著作[①]中所说的那样,当推导出来的话语字面意义以外的隐含意义不需要依赖特殊的语境时,此时的会话含义就是一般会话含义。

---

① 何自然、冉永平：《新编语用学概论》,北京大学出版社,2009,第80页。

再来看特殊会话含义的例子：

3）张三：今天晚上一起去看电影吧。
　　李四：晚上我要写报告。

在这句话里，李四的回答看似与张三的邀请没有任何关系，因此李四的回答违反了合作原则中的关系准则，但只要李四是合作的，即遵守合作原则的，而张三也认为李四是合作的话，他在听到这句话的时候就会推理出李四晚上因为要写报告会很忙而没有时间与自己一起去看电影这一隐含意义，像这种话者违反合作原则中的某些准则而使听者需要依赖特定语境才能推理出来的含义就是特殊会话含义。

但要注意的是，一般会话含义与特殊会话含义在语用上有本质上的不同，前文已经说过，特殊会话含义即本文所定义的表达义是话者通过一定的语言形式所要实际表达的意义，例如例3）中作为特殊会话含义的"我不和你一起去看电影"这句话是话者希望实际表达的意义，而例2）中作为一般会话含义的"这个房子不是张三的"这句话并不是作者实际想要表达的意义，这只是听者推导出来的一个意义而已，因此本文所说的表达义即话者实际想要表达的意义，仅限格赖斯所定义的特殊会话含义。本文在这里对表达义重新下定义为：话者通过一定形式的话语想要实际表达的意义。①

那么表达义都有哪些特点呢？莱文森（Levinson）[②]和维索尔伦（Verschueren）[③]和其他一些研究者都认为，会话含义具有"可取消性""不可分离性""可推导性"，那么先从这三个特点来分析一下。

---

① 本文中所规定的"表达义"不能直接按字面意义理解为"（话者）所表达的意义"，因为话者所要表达的意义很有可能与字面意义相同，所以本文所规定的表达义是"（话者）实际想要表达的意义"，既然有"实际"两个字，就代表其并非字面意义。
② S. C. Levinson：《语用学论题之二：会话含义》，沈家煊译，《当代语言学》1986年第2期，第68页。
③ 耶夫·维索尔伦：《语用学诠释》，钱冠连、霍永寿译，清华大学出版社，沈家煊译，2003，第41页。

（一）可取消性

莱文森[①]在提到特殊会话含义的可取消性时指出，在原有前提上附加某些前提就能使一个推理消除，例如：

4）John has three cows, if not more.

莱文森指出，"John has three cows"原本的含义为"约翰只有三条奶牛"，但当附加上"if not more"之后，该含义就被取消了。但笔者认为，会话含义首先是从话者出发的，话者想要表达的含义完全可以决定话语的表面形式，在这个例句里，话者本身并没有表达"约翰只有三条奶牛"的意图，如果话者有意要表达这一含义，他就不会再补上"if not more"了，话者只是为防止听者推理出这一可能出现的含义才附加了后一分句，而反过来说，话者补上"if not more"，正表明了"约翰只有三条奶牛"并不是话者想要表达的实际意义，因此说这一会话含义被取消了是不合理的，因为其本身就没有这一含义。再来看下面的例子：

5）屋里挺热的，不过你不用开空调。

很多学者认为，原本"屋里挺热的"这句话隐含了一个表达义，即"请打开空调"，而后一分句的出现使该表达义被取消了。但是，"请打开空调"只是前一个分句有可能隐含的一个表达义而已，并不一定就是话者的真正意图，而从后一个分句来看，话者原本就没有"请打开空调"这一表达义，所以取消不取消就无从谈起。另外，话者之所以加上后面一个分句，就是因为害怕听者有可能会推理出错误的表达义，正是因为话者没有该表达义，所以才做出了补救手段以防止误会发生。

[①] S. C. Levinson:《语用学论题之二：会话含义》，沈家煊译，《当代语言学》1986年第2期，第68页。

表达义既然是话者所要实际表达的意义，那么如果表达被取消了就代表着话者说出了一句没有意义的话，但实际情况并非如此。从听者的角度来讲，当他在听话者说话时应始终处于不断思考的状态来推导话者的表达义，在这一过程中，听者会不断修正自己所推导出来的意义，因为没有任何条件可以保证听者推导出来的内容一定是正确的，当他听到"John has three cows"的时候，确实有可能（注意，只是有可能）推导出话者的会话含义包括"约翰只有三条奶牛"这一内容，但随着"if not more"的出现，听者会立即修正之前推导出来的内容，这样一来看似"约翰只有三条奶牛"被取消了，但实际上这只是一个将暂定的、不稳定的推导内容进行修正的过程而已。

因此笔者认为，特殊会话含义即表达义是话者实际想要表达的内容，是话者的意图所在，它是不可能被取消的。

（二）不可分离性

莱文森[1]指出，会话含义附属于说话的语义内容，不属于语言形式，因此仅仅用同义词替换并不能使会话含义脱离所说的话，因此会话含义与语义内容是不可分离的。何自然、冉永平[2]认为，会话含义是根据话语的语义内容再结合语境推导出来的，因此它依附于特定的语境信息，而不仅是话语形式及其语义内容的直接再现。如果话语在特定语境中产生了语用含义，则无论使用什么同义结构或形式，含义都将始终存在。

对于这一观点，笔者想从另一个角度来进行说明。表达义是话者真正想要表达的内容，一旦这一意图确定，采用什么表达形式是话者的自由，他可以有多种选择，只要有信心保证听者能够推导出自己想要表达的意义即可。因此，并不是说会话含义与语境"不可分离"，而应该说在当前情景下话者想表达的内容已经被选定、被固定下来了。

---

[1] S. C. Levinson:《语用学论题之二：会话含义》，沈家煊译，《当代语言学》1986年第2期，第68页。

[2] 何自然、冉永平:《新编语用学概论》，北京大学出版社，2009，第82~84页。

（三）可推导性

简单来说，可推导性就是指话者的表达义可以被听者推导出来，具体的推导过程在莱文森的文章① 中有详细描述。笔者认为，可推导性必然是表达义所固有的特征，如果话者说出了一句无法被推导的话语，那么接下来的对话一定是失败的，这种情况是不能作为表达义的分析对象的。话者为了让听者明白自己的真正用意，会做出一定的努力让听者能够进行推理，话者通过一定的模式将自己的真正用意隐藏在话语当中，而听者也应该通过同一模式将话者的用意推导出来，这一模式就是一种通过会话合作原则进行推理的模式。

综上所述，笔者认为表达义的特征可被重新整理为"不可取消性"、"不可分离性"（固定性）和"可推导性"。

三 预设义（presupposition）

"预设"最早由德国哲学家、逻辑学家弗雷格（Gottlob Frege）提出，在被应用到语言学领域之后，学界对预设的定义一直没有达成一致。一部分学者认为预设是一种推理，比如莱文森② 就借用 Strawson 的观点提出预设是判断一句话真假的前提，是一种特殊的语用推理，是从指别词语的使用规约得出的一种推理；与此类似，何自然、冉永平③ 也认为，前提④ 是一种语用推论，它以实际的语言结构意义为参照，根据逻辑概念、语义、语境等推断出话语的先决条件。也有一部分学者认为，预设属于交际的一种先决条件，比如张斌⑤ 将预设解释为"理解句子的前

---

① S. C. Levinson:《语用学论题之二：会话含义》，沈家煊译，《当代语言学》1986 年第 2 期，第 69 页。
② S. C. Levinson:《语用学论题之一：预设》，沈家煊译，《当代语言学》1986 年第 1 期，第 30 页。
③ 何自然、冉永平:《新编语用学概论》，北京大学出版社，2009，第 121 页。
④ 这里的"前提"即为本文中所说的"预设"。笔者将前提和预设看作两个不同的概念，但本文在引用前人研究时出现的"前提"皆指"预设"。
⑤ 张斌:《汉语语法学》，上海教育出版社，1998，第 76 页。

提"；维索尔伦[①] 指出，预设是要使话语有意义所必须预先设定、理解和当然认可的那些意义的词语和结构；季安锋[②] 认为，预设是人们交际过程中隐含在话语背后的双方共同接受的信息、事实或命题，它是进行交际的先行条件。

笔者倾向于 Leech[③] 的观点，他认为，预设可以被看作当说话者在说 X 时，认为 Y 是真的〔X（positively）presupposes Y：Anyone who utters X takes the thuth of Y for granted〕，与此类似的观点包括文炼[④] 所认为的"预设不是指客观存在的事实，而是指说话人所认定的事理"以及左思民[⑤] 所主张的"逻辑预设归根结底是交际者头脑中的定识（assumption）的反映"。

通过上面的这些叙述我们可以看出，预设义应该属于一种事实，或至少是话者所认定的事实，因为从话者讲出一句话的角度来讲，预设一定是真实的，除非他故意欺骗。当我们从语用学角度讨论话语时，应该完全立足于话语使用者和话语本身来判断真实与否，至于话语内容与现实世界是否吻合并不应该是我们研究语言所要重点关心的内容。同样的，预设的内容是否与现实世界的事实相符合并不重要，重要的是它是语言使用者心目当中的事实。预设是属于话者的，当话者说出一句话来，在这句话的世界里，预设的内容必定是事实。

笔者在这里对预设义重新定义如下：预设义是话者在讲出一句话时所认定的、使该句话成立的事实。话者心目中所认定的事实有很多，但当我们在讨论某一句话语的预设时，预设义就必须是跟这句话有关的事实。但应该注意的是，与表达义不同，话者并不是主动地要把预设义纳入到话语当中，话者也不会主动想办法让听者去推导自己的预设义，听者也不一定非要去推导话者在讲一句话时所预设的内容。

---

① 耶夫·维索尔伦：《语用学诠释》，钱冠连、霍永寿译，清华大学出版社，2003，第 32 页。
② 季安锋：《预设的研究》，《南开语言学刊》2009 年第 1 期，第 120 页。
③ Geoffrey Leech, *Semantics*, Penguin Books Ltd., 1974, p.86.
④ 文炼：《句子的解释因素》，《语文建设》1986 年第 4 期，第 20 页。
⑤ 左思民：《预设是什么》，《东方语言学》2011 年第十辑，第 98 页。

下面来看一下预设有哪些特点。

（一）预设是否交际双方的共知?

很多学者认为预设义是交际双方的共有知识，比如 Jackendoff[①]认为，预设是交际双方所共有的知识，或者是双方共有的背景知识；Karttunen 提出，如果一句话 A 只有当命题 B 是交谈双方的共同知识时才是合适的，则 A 在语用上预设 B；季安锋[②] 也提出，预设是人们交际过程中隐含在话语背后的双方共同接受的信息、事实或命题；何自然、冉永平[③] 中也明确表示，前提是言语交际双方的共有信息。

但笔者认为，预设是发话之前就为话者所掌握、所认定的信息或知识，在实际交际过程可以允许听者在听到话者的话语之前没有相关的共同知识。何自然、冉永平[④] 提到了下面这个例句：

6) 小王：今晚看比赛吗？

该文认为，这句话预设了双方都知道有什么比赛，都知道比赛场所、开始时间、比赛性质等，但笔者认为实际上并不一定，因为在实际对话中听话人很有可能会马上问道："什么比赛？"这说明话者在讲出某一句话时所预设的内容并不一定为听者所知。再比如何自然、冉永平[⑤] 的文中还有这样一个例句：

7) 娜娜，打扫房间。

该文认为，请求打扫的房间是母亲和女儿都清楚的，房间已经脏了

---

① R. Jackendoff, *Semantic Interpretation in Generative Grammar*, Mass.: The MIT Press, 1972.
② 季安锋：《预设的研究》，《南开语言学刊》2009 年第 1 期，第 120 页。
③ 何自然、冉永平：《新编语用学概论》，北京大学出版社，2009，第 122 页。
④ 何自然、冉永平：《新编语用学概论》，北京大学出版社，2009，第 137 页。
⑤ 何自然、冉永平：《新编语用学概论》，北京大学出版社，2009，第 135 页。

或乱了等。但在实际对话中,"娜娜"很可能会问"哪个房间啊?"或者"房间脏了吗?"这样的问题,也就是说听者与话者在这方面并没有共同知识。

因此,话者在说话时完全可以允许听者不掌握自己所预设的内容,听者在听到话语之后再进行推断才能形成共有信息,也就是说在话者预设的时候预设内容还不是共有信息。

何自然、冉永平[①]还用下面的例句试图来证明预设的共知性。

8)甲:这次怎么样?
　乙:还行,不过比上次差些。

何自然、冉永平[②]认为,在此语境中,前提是什么,第三者难以判断,但甲乙两人却很清楚,因此第三者缺少甲乙两人之间的共知前提,这说明了前提的共知性,而且还说明前提的共知性对话语理解十分重要。

但笔者认为,首先,这并不能说明预设都具有共知性,只能说明针对这句话甲乙两人具有共同知识;不过倒是能够说明前提的共知性对话语理解十分重要,因为第三者没有相关的共同知识所以不理解这句话。其次,甲之所以说出"这次怎么样?"这样缺乏具体信息的话,是因为他预设了"听者明白我在说什么话题"这样的内容,同时听者听到这句话时也会立即推导出话者预设了"我会明白话者在说什么话题"这样的内容,这时,听者就会通过这种推理迅速搜索出最近做了什么事是与话者有共知的。

(二)预设义是否需要推理?

在前人的研究中也经常会出现"推理预设"这种说法,但笔者认为,预设义并不一定需要推理。首先,如前面一些学者所说,如果会话双方针对会话是具有共同知识的,听者实际上是不会去推导预设的,因为听

---

① 何自然、冉永平:《新编语用学概论》,北京大学出版社,2009,第140页。
② 何自然、冉永平:《新编语用学概论》,北京大学出版社,2009,第140页。

者去推导自己已经掌握的信息是没有任何意义的，这时最多只能说听者在听到一句话之后会搜索与话者共有的知识。比如说在例（7）中，如果娜娜早已掌握一个信息即"某个房间已经脏了，该打扫了"，那么当她听到妈妈说"打扫房间"时，她根本无须去推导是哪个房间，只需要搜索自己已经掌握的信息即可。反过来，只有当预设内容是话者单方的知识时，听者才会通过推导话者的预设内容来获取新的知识，并通过这一推理行为来扩大与话者的共同知识、共同语境并进一步帮助自己去理解话者的表达义。何自然、冉永平[1] 也提到，随着交际的进行与深入，语境也随之不断融入与变化，也就是说，双方所共有的知识范围在不断扩大。比如说当话者说"我舅舅是我们家那儿家具厂的厂长"这句话时，预设内容包括"话者有个舅舅""话者家乡有个家具厂"等，这时，即使听者不知道话者的亲戚构成、家乡背景，他也会迅速推导出上述预设义，并将这些内容形成与话者共有的背景知识并利用这些知识来帮助自己理解话者想要表达的各种意义。

总结来说，话者在说出一句话之前会有一定的内容预设，但这种预设活动并非话者主动去实现的，而是由话者的知识体系自动完成的；听者在听到这句话之后，如果自己也掌握共同的知识，只需按字面意义直接理解即可，无须再进行推理，只有当听者与话者没有共同知识时才会去推理以形成共有知识。笔者将预设的些特点总结为"话者非主动性"和"推理非必要性"。

（三）有关预设触发语

学者们在研究预设时往往会提到一个概念——"预设触发语"。Karttunen 曾提出过 31 种预设触发语，认为这些语言形式可以触发预设义，但这似乎是在说，先有了这些语言形式，才出现了预设。何自然、冉永平[2] 更是直接提出"前提触发语是前提产生的基础"这种说法，但

---

[1] 何自然、冉永平:《新编语用学概论》，北京大学出版社，2009，第137页。
[2] 何自然、冉永平:《新编语用学概论》，北京大学出版社，2009，第127页。

笔者认为这是一种本末倒置的观点。既然预设是话者在发话之前的（非主动）行为，并且预设义是话者在发话前所认定的事实，那么就不能说是这些语言形式触发了预设，而只能说因为有了相关预设话者才选择了这些语言形式，而听者则可以选择通过这些语言形式来推导出话者预设了些什么。例如：

9）张三忘记锁门了。
预设：张三应该锁门。

在这里，并不能说因为话者使用了"忘记"这个词而触发了预设义"张三应该锁门"，只能说话者正是因为预设了"张三应该锁门"所以才会在语言表达中选择"忘记"这个词，要不然他可能只会说"张三没有锁门"。反过来从听者的角度来说，如果他也掌握"张三应该锁门"这一共有知识的话，他就不用去进行任何推理了，而仅当他不知道"张三应该锁门"的时候，才会通过"忘记"这个词来推导出"张三有锁门的义务"，所以说，所谓的预设触发语最多只能当作听者推导话者预设义的工具而已。

（四）预设能否取消？

再来分析预设义的另一个特点——可取消性。莱文森提到了预设的可取消性，他认为预设的特性之一是在一定的语境里会消失，无论是在直接的上下文、不太直接的言谈语境里，还是在做出相反假设的语境里。何自然、冉永平[1]也认为，语言使用的实际情况表明，前提关系在一定的语境条件下会消失或被取消，其文中举有这样的例子：

10）a. 张三认为李四来了。
前提：李四来了。

---

[1] 何自然、冉永平：《新编语用学概论》，北京大学出版社，2009，第131页。

b. 张三认为李四没来。
　　前提：李四没来。
c. 张三不认为李四来了。
　　前提：？李四来了。

但是笔者认为，首先，"李四来了"并不是"张三认为李四来了"这句话的预设，因为话者在说出"张三认为李四来了"的时候，他所认定的事实只有"张三认为……"，而"李四来了"只是"张三"所认定的事实。同理，"李四没来"也并不是"张三认为李四没来"这句话的预设义，而"张三不认为李四来了"这句话的预设也不可能是"李四来了"或"李四没来"，所以在这里没有什么所谓的预设取消。

进一步来说，既然预设义是话者在说出一句话时所认定的、令该句话成立的事实，那么不管是预设还是预设义，都是不可能被取消的。话者在说话之前已经非自动地预设好了一些内容，不可能在讲出来之后又取消预设，同样的，既然已经预设好了一些事实，这些事实也不会在说出来之后马上改变，所以取消预设或预设消失这种说法是没有意义的。

（五）有关预设投射

与预设取消有关的另一个问题是预设的投射。莱文森[①] 提到预设在复句中的投射问题时提出两种令投射消失的情况：公开否定预设和中止。下面分别进行分析。

1. 公开否定预设

11）当今法国国王不是个秃子，因为当今法国根本就没有国王。

---

① S. C. Levinson：《语用学论题之一：预设》，沈家煊译，《当代语言学》1986年第1期，第34页。

针对类似例句很多学者指出，前一分句"当今法国国王不是个秃子"这句话预设了"当今法国存在国王"，而后一分句却直接否定了这一预设内容，所以认为预设可以被公开否定。但笔者认为这里是有一些问题的，首先，例句本身就是一个不成立的句子，一般情况下人们是不会说出这么奇怪的句子的。左思民[①]也指出，在实际的言语交际活动中，否定预设的方式有明显的局限性，主要表现在：①比较笨重，使用不便；②除非用来在某些条件下反驳他人的荒谬论点，否则好似玩弄语言游戏，不太严肃，不太礼貌；③难以适用于某些句子。

其次，笔者之所以认为这句话不成立，除了语感上的理由之外，主要还基于笔者所认定的"预设不能被取消"这一观点。如果像很多学者所说的那样前一分句预设了"当今法国存在国王"，而预设义是话者所认定的事实，那么也就是说话者已经认定了"当今法国存在国王"，可是他为什么还要继续说出"当今法国根本就没有国王"这句话呢？这不是自相矛盾吗？所以说，即便认为例句（11）是一个正常的句子，那么不管是整个句子还是前一个分句都没有预设"当今法国存在国王"，因为话者根本就没有这么认为。何自然、冉永平[②]也举出了类似的汉语例句：

12）我没再请小江吃饭，其实上次也不是我请的。
　　前提：我上次请了小江吃饭。

首先这也是一个很奇怪的句子，正常情况下人们是不会这么说的，并且，如果话者预设了"我上次请了小江吃饭"，就证明话者认为"我上次请了小江吃饭"是真实的事实，那么这就和后一个分句"其实上次也不是我请的"产生冲突，从而使这句话成为一个病句。

因此笔者认为，所谓的否定预设是不存在的。

---

① 左思民：《预设是什么》，《东方语言学》2011年第十辑，第102页。
② 何自然、冉永平：《新编语用学概论》，北京大学出版社，2009，第133页。

2. 中止（suspension）

有人认为，可使用后续的 if- 从句中止说话人理应表达的预设，如：

13）John didn't cheat again, if indeed he ever did.

同以上例句一样，首先这是一句很奇怪的话，但即便承认这句话可以说，也不能说这里原本的预设"约翰曾经欺骗过"因为 if- 从句的出现而消失了，因为如果话者使用 if- 从句，就代表着"约翰曾经欺骗过"并不是他所认定的事实，也不可能是他所预设的内容，所以也不是作者所谓的"说话人理应表达的预设"。何自然、冉永平[①]也举出了类似的汉语例句：

14）如果老马辞职回家，他会感到后悔的。
　　前提：老马辞职回家。

但是，如果"老马辞职回家"是话者所预设的内容即话者所认定的事实的话，他就不应该使用"如果"这个词，因此"老马辞职回家"既不是主句的预设，也不是整个复合句的预设。

综上所述，预设具有"话者非主动性""推理非必要性""不可取消性"三个特点。

另外，针对预设到底是语义的还是语用的这一问题，学界存在着不少争论，季安锋[②]将语用预设与语义预设的不同点总结如下。

（1）语义预设是命题与命题之间的逻辑语义关系，语用预设是句子与语境之间的关系。语义预设跟语境无关，而语用预设则涉及言语交际中人的因素和语境因素，是发话人的预设。

（2）语义预设是用句子的真值来定义的，语用预设不涉及真值问

[①] 何自然、冉永平：《新编语用学概论》，北京大学出版社，2009，第133页。
[②] 季安锋：《预设的研究》，《南开语言学刊》2009年第1期，第121~122页。

题，其功能是保证话语在特定语境中的适宜性，它是交际双方的交际背景信息。

对这一点本文不打算多加讨论，但可以肯定的是，预设既有语义的也有语用的。

四 蕴含义（entailment）

蕴含义同表达义、预设义一样，都是隐藏在一个句子当中的另外一个意义，但蕴含本质上表示的只是两个句子之间的关系，属于语义学的范畴，一般可以用下面这样的公式来描述蕴含关系，即：当句子 p 为真时句子 q 也为真、句子 q 为假时 p 也为假，则句子 p 蕴含句子 q，此时可称 p 蕴含 q、q 被 p 所蕴含。最典型的蕴含关系有下面这样的例句：

15）张三是个单身汉。
　　蕴含：张三是男性。
　　蕴含：张三是个成人。
　　蕴含：张三未婚。
　　……

从语义学的角度来说，蕴含首先指的是两个句子，如"张三是个单身汉"与"张三是男性"之间的关系。其次，也可以认为，蕴含是由一个句子的表面结构所产生的另外一个句子，如从"张三是个单身汉"中分析出这句话可以蕴含另一句话"张三是男性"，而在第二种情况下，则可以认为"张三是男性"是"张三是个单身汉"的蕴含义。当我们对话语进行语用分析的时候，显然只有第二个角度是有意义的。

蕴含义不是话者所要主动表达的内容，它是由话语表面结构或字面意思所天然决定的，是一句话说出口的同时自动形成的，听者只要具备正常的语言知识，都可以迅速推导出一个句子所蕴含的内容，而这种推理是不需要借助语境的，相反，推导出来的蕴含义还可以用来帮助建立语境。

一句话所蕴含的内容可能会有很多,听者在听到一句话时会根据需要选择不去推理或只去推导对自己建立语境有用的蕴含义。比如说,当听者听到话者说"我朋友张三到现在还是个单身汉"这句话时,如果他认识张三,或者与话者具有共同的背景知识,那么他是无须进行相关推理的,只有当他不认识或从来没有听说过张三这个人时,他可能会通过推导这句话的蕴含义来了解相关背景,即"张三是男性""张三是成人""张三未婚"等信息。另外,"张三是个单身汉"这句话不但蕴含"张三是个男性""张三是成人""张三未婚"等意义,甚至还蕴含"张三是个人""张三是生物"等,如果听者一直知道话者有个男性朋友叫张三,但对他的具体情况不了解,当他听到这句话时可能就只会去推导出"张三还没结婚"这一个蕴含义。

既然蕴含义是由一个句子的字面意义自动产生的,那么蕴含义自然是不可取消的,蕴含义的不可取消性是不容置疑的,绝大部分学者也都承认这一点,比如 Huang[①] 就指出,蕴含最重要的特征之一就是它的不可取消性,蕴含在任何语境中都不会消失,因此属于语义学的范畴。

综上所述,蕴含义的特点包括:"话者非主动性""推理非必要性""不可取消性"。

五 表达义、预设义与蕴含义的区别

首先对第二、三、四节中分析出的三者的属性及特点进行简单比较。

表达义的产生和推理都是需要借助语境的,因此属于语用学的范畴;预设既有语义的也有语用的,因此预设跨越语义和语用两个范畴;蕴含义完全是由句子字面意义所决定的,听者的推理也只需要借助语言知识即可,因此属于语义学的范畴。表达义是话者真正想要表达的意义,因

---

① Y. Huang, *Pragmatics*, New York: Oxford University Press, 2007, p.16.

此是由话者主动生成的，是不可取消的；预设义虽然也是由话者生成的，但并非话者主动的，依然不可取消；蕴含义是由语句字面意义自动生成的，因此与话者的意志无关，自然也不可取消。听者必须要去推导话者的表达义，不然无法理解话者在说些什么；而对于预设义和蕴含义，听者都会根据需要去选择推理还是不推理。推导表达义的时候要依据合作原则；推导预设义的时候一般仅通过字面意义；而推导蕴含义的时候仅需通过语言知识即可。

再来分析一些其他的特点。

表达义是话者想要表达的意义，话者在说话之前就已想好，然后再通过一定的语言形式将其隐藏起来，因此表达义的产生是在发话之前；预设义是使说出来的话成立的、话者所认定的事实，因此也产生于发话之前；而蕴含义是句子本身所内含、所固有的，因此它与话语是同时产生的。

表达义必须经过推理，预设义和蕴含义在有需要的情况下也会被进行推理，但它们之间推理的难度是不同的。表达义需要结合语境、语言知识和常识等通过多个步骤[1]来进行推理，而且很有可能推理失误，因此推理的难度较大；预设义需要结合一定的语境从语句表面结构进行推理，因此难度较小；而蕴含义只需要通过语言知识即可推理，甚至人们通常不会感觉到自己进行过任何推理，因此推理的难度也较小。

既然只有表达义才是话者想要实际表达的意义，而且推理的难度相对较大，那么听者可不可以使用较容易推理的、或者说可以较快推导出来的预设义和蕴含义来帮助推导话者的表达义呢？笔者认为这是完全有可能的，来看下面的例句。

16）张三：你能不能给我推荐个司机？

---

[1] S. C. Levinson:《语用学论题之二：会话含义》，沈家煊译，《当代语言学》1986年第2期，第69页。

李四：我小舅子开车开得就不错。

李四隐藏在话语当中的表达义为"我要把我小舅子推荐给你当司机"，那么张三要想推导出这个意义，就需要首先推导这句话的预设义和蕴含义，如李四所预设的内容"我有个小舅子""我小舅子是个司机"等内容以及这一句话所蕴含的"我小舅子是个好司机"等内容都能够帮助张三推导出李四的表达义。

Bach 和 Sperber & Wilson 都认为表达义是包括蕴含的。Bach[1] 提到，尽管大部分会话含义不是蕴含，但也有例外，因此会话含义是包括蕴含的；Sperber & Wilson[2] 也指出，会话含义中有部分是蕴含。但两个人的观点都认为只在个别时候会话含义才是蕴含，那怎么能说会话含义包含蕴含呢？而且这种说法本身也是错误的。

首先，"会话含义"是一种"意义"，而"蕴含"只是一种关系，将两者进行比较并不对等，因此只能将"会话含义"（表达义）与"蕴含义"进行比较。那么，即使个别时候表面上看来表达义与蕴含义是一致的，但这时候并不能说是哪个意义包含了哪个意义，只能说听者为了推导话者的表达义而先行推导了语句的蕴含义，而推导出的蕴含义恰好符合话者所要实际表达的意义而已，来看下面的例句。

17）张三：小明结婚了吗？
　　李四：他还是个单身。

在例句中，"小明是单身"这句话蕴含"小明没结婚"这一层意义，而当听者（张三）推导出这一蕴含义之后发现刚好可以回答自己的提问，

---

[1] K. Bach, "The Top 10 Misconceptions about Implicature," in M. Betty, J. Birner and Gregory Ward, *Drawing the Boundary of Meaning: Neo-Grice an Studies in Pragmatics and Semantics in Honor of Laurence Horn*, 2006, p. 24.

[2] D. Sperber & D. Wilson, *Relevance: Communication and Cognition*, 2nd edition, Oxford: Blackwell, 1995, pp. 84-85.

因此就将这一蕴含义上升为话者的表达义并结束推理。在这里，我们不能简单地将蕴含义等同于表达义或认为蕴含义被包括在表达义之内，正如上面所说，推导蕴含义只是为推导表达义服务的，能够将蕴含义上升为表达义的情况毕竟很有限，有大量的蕴含义对推导表达义没有帮助，即使是对推导表达义有所帮助的蕴含义，其中也有大量无法直接上升为表达义，就像例句17）中李四所说的话中所蕴含的意义虽然能够帮助张三推导表达义，却无法上升为表达义。

因此，表达义与蕴含义本身是两个完全不同的概念，具体语境中有可能会出现重合的现象，但两者之间并没有包含与被包含的关系。

现将上面所分析出来的三者的区别简单整理如表1。

表1

	表达义	预设义	蕴含义
所属范畴	语用学	语义学/语用学	语义学
是否话者主动生成	是	否	否
生成的时间	发话前	发话前	发话的同时
是否可以取消	否	否	否
听者是否必须推理	是	否	否
推理依据	合作原则	字面意义	语言知识
推理难度	大	小	小
推理目的	理解话者的真实语言意图	增加与话者的共同知识、帮助推导表达义	增加与话者的共同知识、帮助推导表达义

六　结论

表达义即为格赖斯所主张的特殊会话含义，它是话者通过一定形式的话语想要实际表达的意义；预设义是话者在讲出一句话时所认定的、使该句话成立的事实；蕴含义是由话语表面结构或字面意思所天然决定的纯语义方面的含义。

表达义的产生和推理都是需要借助语境的，因此属于语用学的范畴；预设义既有语义的也有语用的，因此预设义跨越语义和语用两个范畴；蕴含义完全是由句子字面意义所决定的，听者的推理也只需要借助语言知识即可，因此属于语义学的范畴。表达义是话者真正想要表达的意义，因此是由话者主动生成的，是不可取消的；预设义虽然也是由话者生成的，但并非话者主动的，依然不可取消；蕴含义是由语句字面意义自动生成的，因此与话者的意志无关，自然也不可取消。表达义和预设义都产生在发话之前，而蕴含义则是与话语同时产生的。听者必须要去推导话者的表达义，不然不会理解话者在说些什么；而对于预设义和蕴含义，听者可以根据需要去选择推理还是不推理。推导表达义的时候要依据合作原则；推导预设义的时候一般仅通过字面意义；而推导蕴含义的时候仅需通过语言知识即可。表达义的推理难度较大，而预设义和蕴含义的推理难度相对较小，因此听者有可能利用较容易推导出来的预设义和蕴含义来帮助推导话者的表达义。

A Revisiting Study on Expression, Presupposition and Entailment

Abstract This paper analyzed expression, presupposition and entailment from two angles of Speaker and Listener. Expression has three characteristics of "non-cancellability", "stationarity" and "Calculability". Presupposition has three characteristics of "non-initiativity of speaker", "non-necessity of inference" and "non-cancellability". Entailment also has three characteristics of "non-initiativity of speaker", "non-necessity of inference" and "non-cancellability". In addition, it is more difficult to infer the expression, while it is less difficult to infer the presupposition and entailment. So listeners can use presupposition and entailment to help to infer the expression of speaker.

Keywords　　Expression, Presupposition, Entailment

土耳其语方位词 alt 的认知语义分析

关 博[*]

摘 要 本文在认知路向下对土耳其语方位名词 alt 的语义进行分析。首先,文章对认知语言学的原型范畴观以及原型范畴成员的家族相似性等概念进行简要介绍,将其作为语义分析的理论框架。其次,借助意象图式在认知路向下对 alt 一词的空间域意义进行分析,这一过程展现了原型范畴成员之间的家族相似性。最后,本文简要地介绍了 alt 从基本空间域通过隐喻而引申出的抽象意义。

关键词 土耳其语 方位词 认知路向 语义分析 原型范畴

一 引言

alt(下面,下方)是土耳其语中意义和用法较为复杂的一个方位词,对该词进行语义分析,进而扩展至其他方位名词和词类,对于高校的土耳其语教学和研究具有一定的指导意义。本文将遵循认知语言学路向,运用原型范畴观及家族相似性等理论,借助意象图式对土耳其方位词 alt 的基本意义进行讨论,并试图形成基本意义链,从而帮助学习者更好地掌握其用法。

---

[*] 关博,北京外国语大学亚非学院土耳其语专业教师。

二 原型范畴与多义词

（一）经典范畴观

人类生存和认知的一项重要前提是对其面对的各种事物进行分类。这个分类的过程就是范畴化。我们所处的这个世界纷繁复杂，千差万别，如果不能对各种事物做分类，我们将难以对它们进行命名或认知。

Lakoff 认为，范畴的划分不是件小事。对我们的思维、感知、行动和言语来说，再没有什么东西比范畴的划分更基本的了。[1] 在 Lakoff 看来，当我们把某个事物看作某一类东西的时候，我们就已经在进行分类了，[2] 我们的这种范畴化行为通常是无意识地进行的。从这个角度来看，范畴化也是语言学中相当重要的一个问题，因为范畴化的过程必然涉及事物或行为的名称。我们可以认为一个词的意义就是一个范畴，讨论一个词的意义，其实就是讨论词义范畴内的成员。正如李福印所说，"笼统地讲，词汇语义学的研究就是对范畴化的研究"。[3]

经典范畴观可以追溯至古希腊时代，甚至在 20 世纪的很长一段时间内，经典范畴理论也一直统治着哲学和语言学等领域。Taylor 将经典范畴观的要点总结为：[4]

（1）"范畴的划分依据一系列充分必要特征。"（Categories are defined in terms of a conjunction of necessary and sufficient features.）

（2）"特征是二元的。"（Features are binary.）

（3）"范畴具有清晰的界限。"（Categories have clear boundaries.）

---

[1] George Lakoff, *Women, Fire, and Danger Things: What Categories Reveal about the Mind*, Chicago and London: The University of Chicago Press, 1987, p.5.

[2] George Lakoff, *Women, Fire, and Danger Things: What Categories Reveal abont the Mind*, Chicago and London: The University of Chicago Press, 1989, p.5.

[3] 李福印:《语义学概论》（修订版），北京大学出版社，2006，第 228 页。

[4] John Taylor, *Linguistic Categorization: Prototypes in Linguistic Theory*, Beijing: Foreign Language Teaching and Research Press & Oxford University Press, 2001, p.23.

（4）"一个范畴内部的各个成员地位平等。"（All members of a category have equal status.）

经典范畴理论认为，一个范畴由一系列"特征"决定，事物具备所有这些特征即属于这个范畴，反过来，范畴内部的成员必须同时具备该范畴的所有充要特征。基于这一点，任何范畴一定都具有清晰的边界，某事物要么属于该范畴，要么不属于，不存在模棱两可的情况。因此，一个范畴的所有成员都具备该范畴的充要特征，彼此完全平等，没有等级差别，没有哪个更典型，哪个更边缘。

经典范畴理论在语义学中也产生了很大的影响，例如生成语法学认为，确定词汇的意义也需要一系列充要语义特征。在生成语法框架内提出的成分分析法就是一种和经典范畴理论十分契合的词汇分析法，该方法以一组语义特征或成分来划定词汇的意义。

（二）原型范畴观

最早质疑经典范畴理论的是哲学家路德维希·维特根斯坦（Ludwig Wittgenstein），他称有些范畴不支持经典范畴理论。例如在"游戏"这个范畴中，各个成员并没有共同的特征，但是几个成员在某个特征上相似，其他几个成员又在另外的特征上相似，从总体上来看体现相互重叠、交叉的相似关系网络。维特根斯坦将这种相似性命名为"家族相似性"。

William Labov 用杯子和近似杯子的容器完成的实验则证明范畴边界的模糊性。Labov 让受试者对自己看到的图形进行命名，首先给出的是一个标准形状的杯子，随后 Labov 渐渐提高杯口直径与杯深的比例，于是越来越多的受试者开始把他们看到的东西称为"碗"；相反，随着杯子深度的加深，越来越多的人开始将其称为"花瓶"。同时，Labov 还发现，对于同一个图形如果给出不同的语境，受试者给出的答案也会不同：如果被告知容器内盛着热咖啡，更多的受试者给出的答案是"杯子"；如果把热咖啡换成土豆泥，更多的人做出容器是"碗"的判断。Labov 的实验表明，与经典范畴观不同，事物属性不是二元对立、非黑即白的，我们在对事物分类的时候，考虑的并不是其有无某种属性，而是看它有多接近这种属性,即范畴的边界是模糊的。

心理学家 Rosch 以大量的实验对传统的范畴理论提出全面挑战。她扩展了 Berlin 和 Kay 对色彩认知的相关研究,发现焦点色彩在认知上更加突显,更容易被儿童习得。研究过程中 Rosch 使用"原型"这一术语代替了"焦点"一词。

综合 Rosch,Lakoff 与 Taylor 的相关论述,李福印将原型范畴理论的基本观点概括如下。[1]

(1)范畴是凭借典型特征而不是什么必要充分条件所建立起来的"完型"概念。

(2)范畴成员有典型和非典型之分,彼此之间有隶属程度差异。

(3)范畴成员之间存在相似性和共性特征,可以构成一个连续体。

(4)范畴的边界是模糊的。

(三)原型范畴观下的多义词

不论是结构语言学还是认知语言学都承认词汇意义的非独立性。结构语言学强调词义对句子和语篇的依赖性,而认知语言学强调意义本身就是一种认知结构,一个词的意义必须依靠其他认知结构才能被理解。Taylor 给出一个简单的例子:[2] 要理解"星期一"的意义,就必须知道什么是"星期";要懂得"翼"的意义就要有"鸟"或"飞机"的概念。"星期"就可以被认为是"星期一"的"语域"。Langacker 把语域定义为"刻画语义单位的特点或描写概念的特征的认知语境",并认为时间和空间是最基本的域。[3]

Taylor 在讨论语域的时候称,词义通过具体的"图式"(或"意象图式")而得以在该词所存在的语域中凸显出来。比如,in 和 out 通过"容

---

[1] 李福印:《语义学概论》(修订版),北京大学出版社,2006,第 231 页。

[2] John Taylor, *Linguistic Categorization: Prototypes in Linguistic Theory*, Beijing: Foreign Language Teaching and Research Press & Oxford University Press, 2001, p.84.

[3] Ronald Langacker, *Foundation of Cognitive Grammar: Theoretical Prerequisites*, Vol Ⅰ, Redwood City: Stanford University Press, 1987, pp.147–148.

器"图式在空间域中获得词义，wing 通过"整体—局部"图式在其语域中被理解。① 意象图式是认知语言学最重要的概念之一，一般认为这一概念是在概念隐喻理论中提出来的。Gibbs 等人认为，"意象图式一般可以被定义为空间关系和空间中运动的动态模拟表征"。② 意象图式并不是指具体的图形，图式是抽象的概念结构，但是图式的表达和描述不得不通过具体的图形。本文接下来对方位词 alt 的语义分析就将借助图式展开。

范畴可以是单中心的，即在范畴内部，存在一个原型，范畴内的各个成员与原型的相似度越高成员的典型性就越强。例如，在"鸟"这个范畴内，知更鸟可以被认为是其原型，而企鹅和知更鸟的相似度很低，因而是不典型的成员。但是，大多数语言范畴并不是像"鸟"这样以某一个原型为中心的，而呈现多个中心的结构，也就是说，他们具有多个原型，这些原型很可能并没有共同的特征，而是通过家族相似性相互联系。

从词义的角度来看，单义词和多义词的差别就相当于单中心范畴和多中心范畴。单义词表达一个单义的意义原型。比如"鸟"这个词，虽然可以指代喜鹊、麻雀、企鹅等各种生物，但是它们拥有一个原型。对于多义词，传统的范畴理论认为，其多个义项必须有一个共有的核心意义，否则它就不是多义词，而是"同形异义词"。而在原型范畴观之下，我们认为多义词的词义是一个多中心范畴，也就是说，一个多义词的各个义项依靠家族相似性而彼此相关，即使它们没有共同意义。Taylor 借助"域""图式"概念对多义词进行了解释：如果一个词的不同义项分布于多个域，那这个词肯定是多义词；如果一个词的多个义项分布于同一个域却各自拥有不同的图式，那么它也是多义词。③ Taylor 结合前人对

---

① John Taylor, *Linguistic Categorization: Prototypes in Linguistic Theory*, Beijing: Foreign Language Teaching and Research Press & Oxford University Press, 2001, p.84.
② Raymond Gibbs & Herbert Colston, "The Cognitive Psychological Reality of Image Schemas and Their Transformations," *Cognitive Linguistics* 6-4 (1995), p. 349.
③ John Taylor, *Linguistic Categorization: Prototypes in Linguistic Theory*, Beijing: Foreign Language Teaching and Research Press & Oxford University Press, 2001, p.100.

climb 和 over 的讨论，以这两个词为例，展现了多义词各个义项所蕴含的家族相似性。①

三 方位名词 alt 的基本义

土耳其语中方位名词 alt，大致相当于汉语中的"下"。本节，我们主要讨论 alt 一词的基本意义，即该词在空间和物理语域内的意义。我们基于谷歌土耳其搜索引擎和北京外国语大学土耳其语教研室自建语料库，检索出 alt 的例句，归类整理，构成意义链。

Ungerer 和 Schmid 利用意象图式总结前人对 over, out, up 的分析时，使用了"中心图式"和"细化"的术语。② Ungerer 认为图 1 是 over 的中心图式，图 2 则是 over 的中心图式的三种细化，即三种变式。

Ungerer 和 Schmid 特意强调，对于图 1，他们努力避免使用"原型"

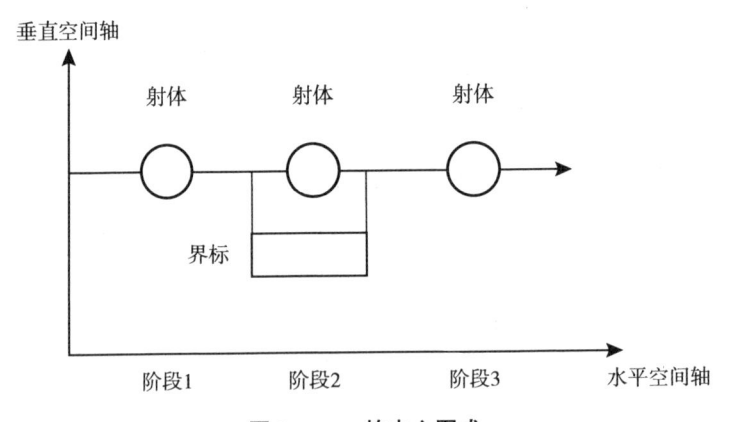

图 1 over 的中心图式

---

① John Taylor, *Linguistic Categorization: Prototypes in Linguistic Theory*, Beijing: Foreign Language Teaching and Research Press & Oxford University Press, 2001, pp.105-116.

② F. Ungerer & H.J. Schmid, *An Introduction to Cognitive Linguistics*, Beijing: Foreign Language Teaching and Research Press and Pearson Education Limited, 2008, pp.167-171.

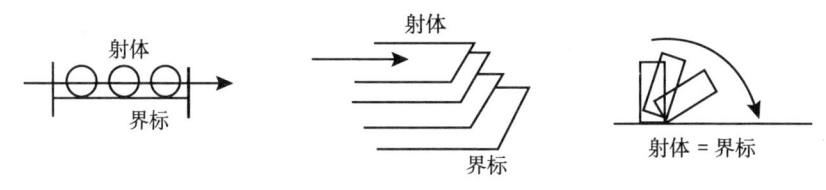

图 2　over 的中心图式的细化

的称谓，而使用"中心"（central）一词。[①] 但为了避免在讨论之前造成"alt 是拥有一个原型的单中心范畴"的印象，本文用意象图式对 alt 的基本词义进行分析时，暂不去区分哪些是"中心"，哪些是中心图式的细化。

另外，为了便于说明，我们将用到认知语言学中讨论空间位置关系时普遍使用的两个概念："射体"（TR）和"界标"（LM）。"射体"代表了主体或在结构关系中最凸显的部分，射体的参照物称为"界标"。射体和界标是相对的概念。

（一）alt 的基本义

1. 基本义 A："桌下的球"

这似乎是 alt 的最常用的意义，指物体垂直下方的空间。

两个物体在垂直空间上存在上下关系，射体在界标的垂直下方。该意义凸显的只是两者的垂直空间关系，射体和界标是否接触并不重要，更无关两个物体的相互作用。我们用"桌下的球"指代这一意义（见图 3）。

图 3　alt 的基本义 A

和这一意义相关的例句有：

1）Caminin altına ise 450 m² alanlı çok amaçlı bir kültür merkezi

---

[①] F. Ungerer & H. J. Schmid, *An Introduction to Cognitive Linguistics*, Beijing: Foreign Language Teaching and Research Press and Pearson Education Limited, 2008, p.168.

tesis edildi.

清真寺下面建了一个 450 平方米的多功能文化宫。

2）Araba bizim altımızdan geçti.

汽车从我们下边穿行而过。

3）Aşağıya yaklaştıkça Patara'nın o eşsiz kumsalı ayaklarımızın altında uzanmaya başlıyor.

朝底下走着走着，便是帕塔拉的海滩了，绝美的海滩在我们脚下延伸着。

需要说明的是，我们这里进行分类的是"意象图式"，而不是"实物图示"：图式描述的不是现实中物体的实际形态和位置关系，而是人们对该义项的认知的抽象。比如例1）中，清真寺和其下方的文化宫都是立体的建筑；例3）中，脚是立体的，脚下的海滩却近似于一个平面。比如灯下的桌子，桌下的皮球，脚下的沙滩，白云下的鸟儿……尽管射体和界标在真实生活中的具体形态千千万万，各不相同，但它们都抽象出了"垂直方向的下方"这一义项。

2. 基本义 B："树下"

除了表现射体和界标的垂直上下关系，alt 表现的另外一种空间位置如图4所示：界标是有支撑的立体结构，上端有顶棚结构，射体在支撑物底部。可以认为这种意义包含"下方""根部、底部"两个最凸显的义项和"覆盖"这个次要义项。我们用"树下"指代 alt 的这个意义。

图 4 alt 的基本义 B

这一意象图式和图3相比，有明显的差别。图3所描述 alt 一词的基本义 A，仅仅关注射体和界标在空间垂直方向的上下关系，对界标和射体在形态特征上没有特殊要求。在图4展现的基本义 B 中，两者具有鲜明的特点：界标有支撑和顶棚结构；在水平方向上，射体靠近界标支撑部分的底部，垂直方向上，射体在界标顶棚部分的下方，在界标的覆盖范围之内。以下是 alt 这一意义的例句：

4) Yağmurla birlikte şimşek çakıyordu, tek şemsiyenin altına girdik.
雷雨交加，我俩挤到一把伞下头。

5) Abasını ağacın altına yaymış, kendi de tırmanıp yemişleri silkelemiş.
他把毛毡铺在树下，然后爬到树上把果子往下摇。

3. 基本义 C："山下"

alt 还可以指示底部附近的空间。例如，图 5 所示，界标在垂直方向上具有一定的高度，射体在界标的底部附近。我们用"山下"指代这一空间关系。

在这一意象图式中，界标没有了顶棚结构，和基本义 B 相比，基本义 C 没有"下部空间"的义项，仅保留"底部"的概念。以下是 alt 这一意义的例句：

6) Tüm İzmirli gruplar sıraya girip bu bayrakların altında fotoğraf çektirdiler.
伊兹密尔的团员都排着队在这旗杆下面合影。

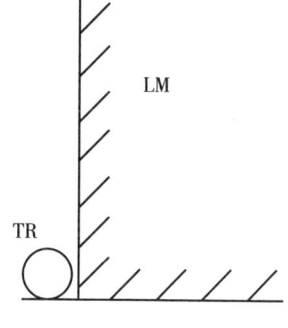

图 5 alt 的基本义 C

7) Dağın altında bir köy vardı.
山下有一个村子。

4. 基本义 D："下压"

之前我们讨论了 alt 表示垂直关系的意义。和这一意义相关，如果射体在界标下方，同时又受到界标的作用力，就形成了新的意义图式（见图 6）。我们将它称为"下压"（记作基本义 D），和基本义 A 相比，基本义 D 多了"压制"的意义。

图 6　alt 的基本义 D

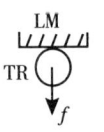

8）Deprem sonrası enkaz altındakiler günlerce yardım eli bekledi.

埋在废墟下的灾民等救援等了好几天。

9）Ostap onu başının altına almış, yattığı yerde horul horul uyuyordu.

奥斯塔普把它枕在脑袋底下，呼呼地睡了起来。

这里要再次强调的是，本文给出的意象图式，不是实物图示。各图式体现人们对 alt 不同侧面的不同认知。比如例 9）中的"物体在脑袋下面"也包含空间"下"的意义，但是与此相比，该意义中"下压"的概念更加凸显。

5. 基本义 E："雨中"

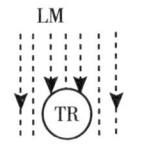

图 7　alt 的基本义 E

alt 还有一种"沉浸"的意义：界标是向下运动的均匀、无边界物质，射体处于界标内部，受到下落界标的影响，但基本义 E 中的"下压"感很弱（见图 7）。这种意义在生活中最典型的体现是 yağmur altında（"雨中""冒着雨"）。

体现 alt 这一意义的例句：

10）Buz gibi soğuk bir havada, bardaktan boşanırcasına yağan yağmurun altında dikildi...

天气冰冷冰冷的，大雨如注，他就那么杵在雨里……

11）...kızgın bir güneş altında saatlerce kazma sallamanın yorgunluğu...

他顶着烈日，挥了好几个小时的锄头，筋疲力尽……

12）Yarımadanın güney kesimi, üç yandan düşman savaş gemilerinin topçu ateşi altında bulunuyordu.

半岛的南部地区三面被围，陷入敌舰的炮火之下。

6. 基本义 F："覆盖"

alt 一词还可以表示界标对射体的"覆盖"意义（见图8）。在这一意义中，"下压"的概念并不凸显，"空间之下"的概念也不是必需的。相关例句：

13）O gün o düzenbaz bir serçe kuşu tutmuş, abasının altına saklayıp tapınağa gitmiş.

那天，骗子捉了一只麻雀藏到风衣里，去了庙里。

14）Ceketinin altında beyaz gömlek görünüyordu.

透过夹克，能看到他里边穿着件白衬衫。

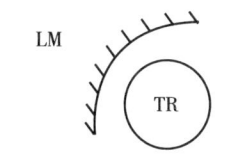

图 8　alt 的基本义 F

在以上两个例句中，alt 前后的两组界标和射体都不存在空间上的垂直关系，而是强调"覆盖""掩盖"的意义。

7. 基本义 G："下部"

至目前为止，我们讨论了 alt 表示空间、物理关系的各种意义。在这些意义中，alt 所指示的射体都在界标之外，而且射体不是客观存在的事物，而是射体之外的空间。与此不同的是，在空间域内 alt 还可以指示事物自身的一部分，即射体和界标是整体和部分的关系。

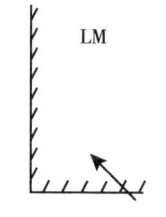

图 9　alt 的基本义 G

之前讨论过的基本义 C（"山下"）可以被认为是从基本义 G 派生而来的。alt 还可以指示物体自身的底部、下部，例如"楼下"（楼的底层），"鞋底"。相关例句：

15）Komşum binamızın alt katına bir kafe açtı.

邻居在我们楼下开了家咖啡馆。

16）Ayağkkabının altına bir sakız yapışıvermişti.

鞋底突然粘上了一块口香糖。

基于此义，alt 还可以作为委婉语专指人的下体，常见的用法是：

17）Çocuklarda alt ıslatma problemi nasıl çözülür?
孩子尿床怎么办？（alt ıslatma 的字面意思是"把下面弄湿"。）

（二）alt 的意义链

以上，我们借助意象图式分析了 alt 一词在物理空间上的不同意义：除了基本义 G 表示物体内部的位置关系外，基本义 A~F 均表示两个物体的空间、物理位置关系，我们在这里将它们总结如下。

A："下方"
B："下方""底部""覆盖"
C："底部"
D："下方""压制"
E："下方""沉浸"
F："覆盖"

我们发现，在 alt 一词的各个基本义中，我们很难找到一个共同的语义特征，但是某些成员在某个特征上相似，其他几个成员又在另外的特

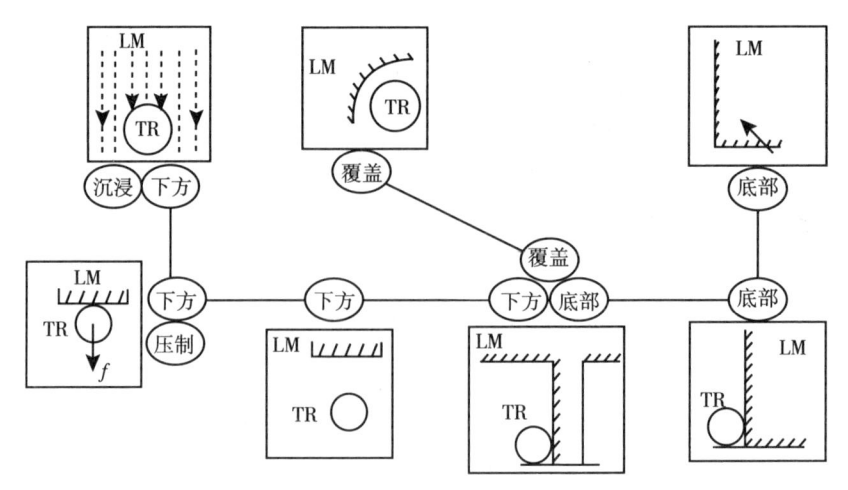

图 10　alt 的意义链

征上相似。如图10所示，这些相似之处就像一个个节点，将各个意义连在一起，形成意义链，从总体上来看呈现一种相互重叠、交叉的相似关系。这就是原型范畴观下范畴成员之间的"家族相似性"。

四　alt 的引申义

以上，我们通过意象图式分析了 alt 一词的基本意义，并以此解释了认知语言学中"原型范畴""家族相似性"等相关概念。这也是本文的主要部分。当然 alt 的意义不仅局限于空间域。以下我们简略地介绍一下 alt 在隐喻基础上形成的引申意义。

（一）隐喻

陈忠对隐喻做了这样的定义：隐喻就是把一个领域的概念投射到另一个领域，或者说，从一个认知域（来源域）投射到另一个认知域（目标域）。[①]

隐喻不仅仅是一种修辞，更是人类基本的认知手段。在认知语言学看来，隐喻就是通过具体的或熟悉的概念来描述和认知抽象的或不熟悉的概念。比如"乳制品价格上涨"中"上涨"一词，基本义是水面上升，这里通过隐喻，由空间域引申至数量域。

（二）alt 的引申义

从 alt 基本义 A"桌下的球"可以引申到数量域的"……以下"。例如：

18）Yüzde 10'un altında olan okuma yazma bilenlerin, hemen tümü crkekti.

识字率不到10%，而识字者几乎全部为男性。

从 alt 基本义 D"下压"出发，可以引申出抽象的"影响""压迫""制约"

[①] 陈忠：《认知语言学研究》，山东教育出版社，2005，第321页。

三大意义，进而派生出"控制""约束""侵犯"等更加细化的意义。例如：

19）Fransa'nın güneybatısını etkisi altına alan sel felaketinde ölenlerin sayısının 14'e çıktığı bildirildi.

据报道，影响法国西南部的洪灾已造成14人死亡。

20）Yunanistan bu baskı altında tarafsız kalacağını vaat etmek zorunda kaldı.

迫于压力希腊方面不得不承诺保持中立。

21）Osmanlı İmparatorluğu, askeri değil, siyasi ve ekonomik işgal altına alınmıştı.

奥斯曼帝国受到的不是军事侵略，而是政治和经济侵略。

22）3 yönden İsrail ablukası altında tutulan 1.5 milyonluk Gazze...

加沙地带受到以色列的三面封锁……

23）Bu yasayla gösteriler denetim altına alınıyor.

通过这条法律，游行活动受到监管。

从 alt 基本义 B 出发，可以引申出"保护、保障"及相关概念：

24）ABD'de ifade özgürlüğü anayasa ile güvence altına alınmış durumda.

在美国，言论自由通过宪法得以保障。

25）Çankaya'daki İnönü köşkü sıkı koruma altında idi.

位于蔷卡亚的伊努尼公馆曾经是受严密保护的。

从 alt 的基本义 F 出发，可以引申出"掩盖、掩饰""范围""方式"等抽象意义。常见的搭配是"... adı altında"，即"以……的名义"。

26）Çin, Tayvan'ın 'Çin Cumhuriyeti' adı altında davet edilmesi üzerine oyunlara katılmayı reddediyor.

如果台湾地区以"中华民国"的名义受邀，中国将拒绝参赛。

从 alt 的基本义 G 出发，可以引申出"根本、基础"的含义。

27）DYP lideri, cumhuriyetin altını oydurmayacağını söyledi.
正确道路党领导人表示，他们不会动摇共和国的根基。

五　结语

本文在认知路向下运用意象图式及原型范畴等概念对土耳其方位名词 alt 进行了语义分析。文章对 alt 一词基本义的分析初步展现了原型范畴成员通过家族相似性互相关联与渗透的情况。本文最后还简要地介绍了 alt 从基本空间域引申出的抽象意义。今后我们还可以将此类认知语义分析扩展至其他方位名词和其他词类，从而促进我们的土耳其语教学。

A Cognitive Semantic Analysis of the Localizer *Alt* in Turkish

Abstract　This paper makes a semantic analysis on the localizer *alt* of Turkish in cognitive approach. As the theoretical frame of the analysis, the author firstly outlines the concepts of prototype category and the family resemblances between members from a prototype category in cognitive linguistics. Then, with the help of a series of image schemas the author analyzes the meanings of the word *alt* in spatial domain which clearly shows the family resemblance in a prototype category. Lastly, the author gives a brief introduction to the abstract meanings of the word *alt*, which extend from spatial domain by metaphor.

Keywords　Turkish, Localizer, Cognitive Approach, Semantic Analysis, Prototype Category

隋《李陁及妻安氏墓志》及《李吁墓志》释读

任筱可[*]

摘 要 墓志的校勘和辑录是墓志研究的两个重要方面。李陁为北魏正光年间自罽宾来到中土的婆罗门后裔李诞之子。本文主要针对隋代将军李陁及其妻安氏和其子李吁的墓志进行录文比较与整理，梳理李陁及其妻安氏和其子李吁的生平事迹，进而从中窥见中印古代交流之印迹。

关键词 墓志 李陁 李吁 中印文化交流

一 墓志铭辑录

（一）《李陁及妻安氏墓志》

李陁及其妻安氏的墓志于1995年出土于洛阳城东吕庙。墓志材质为青石，长方形，高33.5厘米、宽32.5厘米、厚5厘米。铭文界以方格，楷书16列，满列15个字，共计228字。

《李陁及妻安氏墓志》的拓片可见于：

---

[*] 任筱可，北京外国语大学亚非学院印地语专业助教。

（1）《隋〈皇朝将军李陁墓志〉》①，第28~31页；
（2）《洛阳新获墓志续编》②，第17页。

其录文可见于：

（1）《隋代墓志校辑》③，第39页；
（2）《隋代墓志铭汇考》④，第308页；
（3）《洛阳新获墓志续编》，第317页。

通过研读《李陁及妻安氏墓志》，辨认和分析碑文俗字、异体字，同时参考以上两种录文，并进行对照比较（见表1），得出墓志铭文如下。

（第一列）大隨（隋）大業十二年歲次丙子潤（閏）五月丙
（第二列）辰？（朔）五月（日）庚申，皇朝將軍姓李諱陁，出
（第三列）墾（隴）西，河南郡雒陽縣歸淳鄉人也。春秋
（第四列）六十有九，去開皇十九年六月三日薨
（第五列）於雒陽縣常平鄉，大？（殯）於北邙山邊，南
（第六列）臨伊洛，北坎朋（盟）津，西挾迴城，東餘洛邑，
（第七列）四華之地，欝目堪延。但，陁父，甘州？（刺）使（史）
（第八列）諱娑，為人素結青梁，餘存栽宿。陁夫人
（第九列）姓安，春秋卌（卅）有九，去開皇十七年二月
（第十列）廿三日薨，今將大合。夫人？（青）結，行淳心
（第十一列）孝，意自泯然，神素超遊，智如雲絕，義染
（第十二列）九州，節充三世，故有恆？（終），千支共別，乃
（第十三列）為銘曰，其新（辭）曰：山舣（孤）嚮（響）絕，
聞水萇（長）流。
（第十四列）風聲野切，？（呼）叫不休。於今全壞，萬世千

---

① 赵君平:《隋〈皇朝将军李陁墓志〉》，《书法》1998年第2期，第41页，图版页第28~31页，该文收入《石上风采：书法文库》一书。
② 洛阳市第二文物工作队:《洛阳新获墓志续编》，科学出版社，2008。
③ 康聪斌:《隋代墓志校辑》，硕士学位论文，南京师范大学，2006。
④ 王其祎、周晓薇:《隋代墓志铭汇考》，线装书局，2007。

亚非论丛（第一辑）

（第十五列）終。春來夏往，具？（拜）？（逕）秋。【千年永世，誰能】

（第十六列）重歸，寒風切鄉（響），遊路萇（長）辭。

本文将其译作现代汉语，如下：

隋朝将军李陁，生于河南洛阳县归淳乡①。开皇②十九年（即公元599年）薨于洛阳县常平乡③，享年69岁，葬于隋朝大业④十二年（即公元616年）。

李陁葬于北邙山⑤边，南邻伊水、洛水⑥，北面是地势低洼的盟津⑦，西边为迴城⑧，东边余下洛邑⑨城。四华⑩之地，满眼皆

---

① 归淳乡：至今未知在何处，只在《隋代东都洛阳城四郊地名考补——以隋代墓志铭为基本素材》一文中出现一次，为洛阳县所辖一乡名。该文作者为周晓薇、王其祎与王灵，载《中国历史地理论丛》2009年第24卷第3辑。

② 开皇：公元581年二月至公元600年十二月，是隋文帝杨坚的年号，开皇十九年是公元599年。

③ 常平乡：位于今洛阳市东北与孟津市交界处的马沟村一带。

④ 大业：公元605年正月至公元618年三月，是隋朝隋炀帝杨广的年号，大业十二年是丙子年，公元616年。

⑤ 北邙山：位于今河南省洛阳市北，黄河南岸，是秦岭山脉的余脉。北邙山，又被称为北芒、邙山、北山等。北邙山山势雄伟，山南边即是伊水、洛水。立墓于此，即圆了古人所崇尚的"枕山蹬河"的风水之说。在北邙山地表以下5~15米的土层，渗水率低、黏结性能良好、土壤紧硬密实，因此邙山被视为殡葬安冢的风水宝地，自后汉建武十一年城阳王刘祉葬于北邙山，其后王侯公卿多选墓地于此。唐代诗人王建说"北邙山头少闲土，尽是洛阳人旧墓"；白居易则问"何事不随东洛水，谁家又葬北邙山？"。俗语道"生在苏杭，葬在北邙"皆源于此。北邙山自东汉以来就是洛阳人的墓地。现存有秦相吕不韦、南朝陈后主、南唐李后主、西晋司马氏、汉光武帝刘秀的原陵，唐朝诗人杜甫、大书法家颜真卿等历代名人之墓。

⑥ 伊水、洛水：两水汇流，多连称；亦指伊洛流域。

⑦ 盟津：位于今孟津县东北、孟县西南，古黄河渡口名。相传周武王伐纣，八百诸侯在此不期而盟会，并由此渡黄河。

⑧ 迴城：即今天的回洛城，位于河南孟津县东。

⑨ 洛邑：即今天的洛阳。

⑩ 四华：佛教用语，有两种解释。第一种解释：法华六瑞中，雨华瑞之四华，即曼陀罗华、摩诃曼陀罗华、曼殊沙华、摩诃曼殊沙华。一说四花为分陀利（白莲华）、优钵罗（青莲华）、钵特摩（红莲华）、拘物投（黄莲华）（见《翻译名义集》卷三）。第二种解释：仿大般涅盘时的娑罗双树，在棺椁四方各竖一对白莲花或白造花，称为四花。前蜀杜光庭《上元玉局化众修黄箓斋词》："备玉笾金豆之仪，陈十极四华之礼。"笔者认为铭文中所说"四华之地"的情境更接近于第二种释义。

116

是地上凸起的坟墓并蔓延开来（四华之景蔓延开来，满眼皆是）。李陁的父亲李诞，字陀婆，是甘州刺史。李陁一向结交青年才俊。李陁的夫人，姓安①，薨于开皇十七年（即公元597年），年仅49岁。今日，李陁与妻子安氏将合葬。李陁善良，为人朴实，十分孝顺，胸襟开阔，精神一向超脱求乐，智慧如云一样高耸入天，义气威染九州，节操传扬三世。人的生命皆有终结的时候，终结的境况因人而异，故作此铭。铭曰："山孤响绝，闻水长流。风声野切，呼叫不休。于今全壤，万世千终。春来夏往，具拜逯秋。千年永世，谁能重归？寒风切响，游路长辞。"

表1 《隋代墓志铭汇考》与《洛阳新获墓志续编》录文对照

	《隋代墓志铭汇考》	《洛阳新获墓志续编》
大殯于北邙山邊	？	殯
大殯于北邙山邊	茫	邙
欝目堪延	鬱	欝
但，陁父，	但	伹
夫人？結	肯	青
於今全壞	全	全
呼叫不休	不	丕
且拜遝秋	且	具

（二）《李旰墓志》

《李旰墓志》志石长33厘米、宽32.5厘米，志文13列，楷书满列17字，总计204个字，有方格界。

---

① 安氏：我国安姓氏略有三支。第一，据《新唐书·宰相世系表》所载，汉灵帝时安息国（伊朗东北部）太子安清，潜心佛学，来到当时的京都洛阳定居，其后有安氏。南北朝时又有安息世子来到中国定居，亦为安氏。第二，为鲜卑族复姓所改。据《魏书·官氏志》所载，南北朝时，北魏有代北复姓"安迟"氏，随魏孝文帝南迁洛阳后，定居中原，代为汉姓安氏。第三，唐朝节度使安禄山，本姓康，后跟继父姓而改姓安。笔者认为，李陁之妻安氏很大程度上应该是安息世子的后代，但是由于铭文中以及相关史料中有关李陁及妻安氏的记载十分匮乏，因此，不能确定安氏的身世。

· 117 ·

《李吁墓志》的拓片可见于：

（1）《隋代墓志铭汇考》，第310页；

（2）《洛阳新获墓志续编》，第18页。

其录文可见于：

（1）《隋代墓志铭汇考》，第311页；

（2）《洛阳新获墓志续编》，第318页。

两书录文对照见表2。

墓志铭文如下：

（第一列）大隨（隋）大業十二年歲次丙子潤（閏）五月丙辰？（朔）

（第二列）五月（日）庚申，皇朝將軍姓李諱？（吁），出壟（隴）西，河南

（第三列）郡錐【陽】縣歸淳鄉人也。春秋五十有九，去大業

（第四列）六年五月十三日薨於雒陽縣常平鄉，大？（殯）

（第五列）於北望（邙）山邊，南臨伊洛，北坎朋（盟）津，西挾迴城，

（第六列）東餘洛邑，四華之地，欝目堪延。但，？（吁）典祖，為

（第七列）甘州？（刺）使（史），父，皇朝將軍。？（吁）典為人存？（修）禮讓，

（第八列）抱信餘恩，裁素超遊，情？（深）遠察，慈？（悲）化民。及

（第九列）於三世，故有恆終。？（金）別遇木，千年共同此界。

（第十列）乃為銘曰，其辭月（曰）：曠幽萇（長）別，界有會？（離）。

（第十一列）如何今日，？（播）逐魂飛。千年永世，誰能重歸。寒

（第十二列）風切嚮，遊路萇（長）辭。（后空十格）

（第十三列）吾？（殯）後三千年有崖？？（胸顯）所破。

本文将其译作现代汉语如下：

118

隋《李陁及妻安氏墓志》及《李吁墓志》释读

隋朝将军李吁典，出身陇西，是河南郡洛阳县归淳乡人，于大业六年（即公元610年）薨于洛阳县常平乡，享年59岁，于大业十二年（即公元616年）下葬。

李吁品行高尚，遵守礼仪，谦逊居身；持守诚信，恩德不尽；情谊深切，明察深远；以慈悲之心教化百姓，影响波及三代。然而人固有终了之时。故作此铭。铭曰："这是一段长久的分别，世界上有相逢也有离别。今日如何赶走升天的灵魂呢？千年永世，究竟谁能够再次回来？寒风切响，游路长辞。我被埋葬后三千年，或许崔（胸显）会来毁掉这座坟墓。"

表2 《隋代墓志铭汇考》与《洛阳新获墓志续编》录文对照

	《隋代墓志铭汇考》	《洛阳新获墓志续编》
大殯于北望山邊	？	殯
西挾迴城	迴	廻
但，吁典祖，	但	但
慈悲化民	？	慈
第九行 句讀	會別遇木千年，共同此界	會別遇木，千年共同此界
其辭曰	月	曰

二 墓志相关问题

（一）李氏家族

《李陁及妻安氏墓志》《李吁墓志》的铭文中都有一处讲到"出陇西"。虽然至今仍未确定李陁的父亲李诞是不是从罽宾到达中土的李氏家族第一人，但是李诞曾担任甘州刺史，因此，可以说李诞是陇西人。陇西是指陇山以西，又称陇右，很多情况下指甘肃。公元前280年秦国在此地区设陇西郡，后为天下三十六郡之一。西晋曾设陇西国。秦汉时陇西郡设于狄道（今甘肃临洮），由李姓的郡王管理。秦代陇西郡最早

· 119 ·

的郡守是李崇，后人尊他为陇西李氏的始祖。李氏成为陇西郡的名门望族，是由李崇祖孙三代人奠定基础的：李崇之次子李瑶为南郡守，封狄道侯；其孙李信为大将军，封陇西侯。汉朝时，陇西李氏家族出了两位重要人物：李广及其从弟李蔡。后李广战败被俘降于匈奴，使陇西李氏在郡中名望下降。魏晋时期，陇西李氏家族在乱世中兴起，西凉王李暠是李氏第一位皇帝。隋朝，陇西李氏已经是权倾朝野的望族。在铭文中李陁的父亲李诞为甘州刺史，甘州即今天的甘肃省张掖市。那么，可推测李诞作为外国人来到中土以后之所以姓李可能是因为归附朝廷，与当时的权贵阶层关系密切。

根据铭文可知，李吁（551—610）是甘州刺史李诞（505—564）的孙子，皇朝将军李陁（530—599）的儿子，而且李吁下葬的时间与李陁及其妻安氏下葬时间相同，下葬地点亦同。因此，推断李吁去世后与其父李陁与李陁之妻安氏一起合葬。此外，李吁与李陁及其妻安氏的墓志铭行文风格非常相似，因此，可断定李诞、李陁、李吁为祖孙三代。根据铭文可推算出李吁生于公元551年，那时李陁之妻安氏（548—597）年仅3岁，因此，李吁并不是安氏的亲生儿子。

在李吁墓志铭文中李吁亦有名云"李吁典"。旧时，称呼他人时为表示尊敬，常会在姓名末加上一个表示德行的汉字。"典"字有道德、礼节、典范之意，而从后文对李吁的描述可以看出李吁是一个品行高尚的人。因此，笔者猜测"典"字可能是李吁的表字。

（二）谶语墓志

《李吁墓志》中最后一句"吾？（殯）後三千年有崔？？（胸顯）所破。"是一句谶语，表明《李吁墓志》是一篇刻有"谶语"的墓志。

隋唐时期刻有"谶语"的墓志，是丧葬文化史上极为特殊的现象，是古老的"谶纬"文化在不同事物上的相似表征。谶纬的流传方式有图谶、谣谶以及文谶三种。文谶多为石刻铭文。谶语墓志作为文谶的一种，虽其形制也为石刻，其文化内涵却与之大相径庭。这些谶语抑或铭刻于志盖，抑或铭刻于志文，极具震慑力，是葬家利用巫师、方士等以谶术做的隐语或预言，以其强大的因果祸福的心理影响，来保护墓葬不被盗掘的一种方式。

刘天琪所写的《隋唐"谶语"墓志及相关问题》一文列举了从目前所见最早的刻有谶语的墓志——北齐天保六年（公元555年）《元子邃墓志》到唐贞元十五年（公元799年）的《郭远墓志》共14个含有谶语的墓志。综观这14个墓志的谶语部分，不外乎若干年后谁挖掘此墓，要么以吉祥预兆告之，如"开吾墓者，改葬之，大富贵"；要么以"殃祸"相要挟，如"所发者灭门""若不好埋葬者，凶不出年"。而"谶语"所载的开掘坟墓者，有"大安""张大安""乐受""刘黄头""黄头""奇黄头""吴奴子"等。这些人中称"大安"的有两人，称"黄头"的有三人。对这一现象，金石学家瞿中溶明确指出："（此十二字）可知术家之言妄为……唐以前人，每取黄头为名，见后魏《张猛龙碑阴》及北齐董洪达、周费氏、王妙晖等造像记。而我吴近年有于城内干将坊治屋者，掘得唐贞元时龚夫人砖刻墓志，亦云'祖讳黄头'。黄头二字，以黑头公例之，犹云黄发也，乃取老年有寿耳，据贞元墓志，可知唐人尚有黄头之名，宋以后无闻矣。然则此刻题刘黄头者，必是当时流俗之语。惟所言发冢岁数，已不相符，则刘黄头亦必是随口浑造之姓名，未必今实有其人，而相传乃云掘得者果称刘黄头，盖妄信邪说，傅会不经之谈耳。"[①] 由此，笔者认为《李吁墓志》中所谓的"崔胸显"也是随口浑造之姓名，未必实有其人。

《李陁及妻安氏墓志》和《李吁墓志》的铭文中仍有个别语句无法解其深意，比如"余存裁宿""裁素超遊""夫人青结"等，有待于进一步考释与探究。然而，作为印度婆罗门后裔之子，其目前可见的生平事迹可载入中印古代交流史册。

---

① 陆增祥：《八琼室金石补正》（卷六五），文物出版社，1984，转引自刘天琪《隋唐"谶语"墓志及相关问题》，《唐都学刊》2009年第4期，第35页。

An Interpretation of the Epitaph of *Li Tuo and his wife* and *Li Yu* of Sui Dynasty

Abstract Collation and compilation are two important aspects of epitaph study. Li Tuo was the son of Brahman Li Dan, who came to China from Kapisa in Northern Wei Dynasty. This paper is focused on epitaphs of *Li Tuo and his wife* and *Li Yu*, trying to retell the life story of them and catch a glimpse of development of communication between China and India in ancient times.

Keywords Epitaph, Li Tuo, Li Yu, Cultural Communication between China and India

历史社会研究

布隆迪政情、民风及习俗特色

冯志军[*]

摘　要　布隆迪政情独特，16世纪起以放牧为主的图西人建立了第一个封建王国，王室贵族进行世袭统治。1890年布隆迪沦为"德属东非保护地"。1916年比利时人从德国手中夺取了布隆迪。1922年"国际联盟"根据《凡尔赛和约》，将布隆迪"委任"给比利时统治。1946年联合国通过决议，又将布隆迪交由比利时"托管"。1962年7月1日，布隆迪宣布独立。20世纪90年代布隆迪实行多党选举，政局动荡。2005年后，国家进入正常状态，现任总统对华友好。人民热情好客，礼仪淳朴，民风奇异，文化以歌舞闻名。

关键词　布隆迪　巴辛冈达赫　卢戈　香蕉啤酒　鼓舞

布隆迪是位于非洲大陆中东部的多山小国，国土面积27834平方公里。人口700多万，主要由胡图（84%）、图西（14%）和特瓦（1%）三个部族组成。居民主要信奉天主教、基督新教、伊斯兰教和原始土著宗教。全国地势平均海拔1500~2000米，气候湿润宜人，属高山亚赤道型，年平均气温21摄氏度。2~5月、10~12月为雨季，6~9月、12月下

---

[*] 冯志军，中国前驻布隆迪大使。

旬至 1 月为旱季。年平均降水量为 1200 毫米。布隆迪从其历史来讲，隶属中非；就其地形和气候论，则是东非的一部分。它离大西洋 2200 公里，距印度洋 1200 公里。布隆迪的风土人情就是在其特有的自然环境中形成的，在非洲别具一格。

一　政情独特

（一）"插棍子的人"

16 世纪起，以放牧为主的图西人姆瓦米在布隆迪建立了第一个封建王国。姆瓦米是臣民之父，拥有全国的土地和牲畜。姆瓦米通过王室贵族进行世袭统治，依靠巴辛冈达赫（地方长老）主持社会正义。

巴辛冈达赫是一个地区的老百姓根据他们的人品和才干拥戴而立的首领，享有很高的威望。对于要及时做出决议的重大问题，巴辛冈达赫通常采取召开群众大会的方式解决。其作风较为民主，他们先听取各方意见，然后再做定夺。此时，他们将手中的棍子往地上一插，就算做出最后定论。人们只能照此办理，不敢有任何违逆。所以在乡间，人们又将巴辛冈达赫称作"插棍子的人"。巴辛冈达赫在社会上一直起着仲裁纠纷、确保公正和维持和平安宁的作用。尽管现在国家已实行了共和制，但"插棍子的人"仍然在广大农村起着有益于社会的作用。在全国上下，巴辛冈达赫是人品的标志、权威的象征，是一般平民百姓向往和追求的荣誉地位。

（二）布隆迪独立

1890 年布隆迪沦为"德属东非保护地"。1916 年比利时人从德国手中夺取了布隆迪。1922 年"国际联盟"根据《凡尔赛和约》将布隆迪"委任"给比利时统治。1946 年联合国通过决议，又将布隆迪交由比利时"托管"。

1959 年，布隆迪民族英雄、国王姆瓦姆布扎四世的长子路易·鲁瓦加索尔领导人民进行反对殖民主义、争取民族独立的斗争。1961年9月在全国举行的立法选举中，鲁瓦加索尔获胜，出任首相。然而，前宗主国不甘失败，背后操纵一希腊人实施暗杀，鲁瓦加索尔上任月余，即于10月13日遇害身亡。布隆迪人民继续进行斗争。1962年6月27日第十六届联合国大会通过关于布隆迪独立的决议，7月1日，布隆迪宣告独立，由国王姆瓦姆布扎四世执政，实行君主立宪，称布隆迪王国。

1966年布隆迪建立共和国，先后经历了米孔贝罗、巴加扎和布约亚三个图西族政权。

（三）20世纪90年代政局动荡

1993年布隆迪举行首次多党大选。胡图族政党布隆迪民主阵线主席恩达达耶当选总统，胡图人首次获得执政地位。不久，以图西人为主体的军队发动政变，恩达达耶被害。继任的恩塔里亚米拉总统遇空难身亡。布隆迪政局陷入动荡。1996年7月，军队再度政变，布约亚复出执政。

布约亚政变上台后，即遭到周边国家制裁，一些胡图族武装派别以邻国为基地开展反政府活动。布约亚采取温和、务实的内外政策，适当照顾胡图族党派利益，推进民族和解，并先后在坦桑尼亚前总统尼雷尔和南非前总统曼德拉两位国际调解人的主持下，与境内外有关派别举行多轮会谈，促使周边国家于1999年1月中止制裁。2000年8月，参加和谈的布隆迪19个政治派别签署了《阿鲁沙和平协议》。2001年7月，布隆迪问题地区首脑会议根据曼德拉提出的三年过渡期分权方案，决定由布约亚出任过渡期前18个月的总统，胡图族"民主阵线"总书记恩达伊泽耶任副总统，并在后18个月接替布约亚。11月1日，布隆迪过渡政府正式宣告成立。随着布隆迪和平进程取得突破性进展，2003年境外最大的一支反政府武装力量——"保卫民主力量"进入政府。2005年5月，布隆迪过渡政府在国际社会的协助下组织大选，出乎大多数人的意料，"保卫民主力量"主席恩库伦齐扎异军突起，以绝对优势获胜，当选共和国总统。

（四）总统对中国友好

恩库伦齐扎曾是首都一所中学的体育教员，1993年在部分图西族军官发动政变后率领一些不愿听任图西族军人摆布的胡图族中下层人员开进山林，在艰苦的环境中和政府军打了十多年的游击战，多次负伤。他因英勇顽强而受到胡图族人民的拥戴。在布隆迪的内战时期，我路桥公司一直坚守阵地，没有撤出。当公司承建的公路项目经过战乱区时，恩库伦齐扎所领导的反政府军并未阻挠，仅收取数量不多的保护费。在布隆迪长达十多年的内战时期，中方在布隆迪各地的援外人员、中资机构均未遭到反政府武装的绑架和勒索。2004年，反政府武装进入联合政府后，笔者曾在同恩库伦齐扎交谈时问及此事，他坦诚地表示，他的军队是一支来自中下层的武装，打游击时学习的是毛主席的游击战理论，对中国有天然的亲近感，再说，中国人在布隆迪所做的一切也是为了给老百姓谋福利。2005年，他在大选前即和笔者建立了非常良好的公私关系。他在执政前和执政后多次表示要学习中国的发展经验，对华非常友好，重视发展同中国的传统友好关系。他勤于政务的形象给民众留下良好印象。2010年，恩库伦齐扎在无其他竞争者的情况下再次连任总统。

二　民风奇异

（一）别具特色的"卢戈"

布隆迪境内多山，号称"千山之国"。农户星罗棋布地分布在全国数千个山头上。农家的住宅叫作"卢戈"（rugo），类似中国的四合院，每户农家都拥有一个属于自家的院落，围墙一般用栽种的热带灌木或仙人掌之类的植物围成，院中建一座圆锥形茅屋，前院供人活动，后院饲养牛羊。

子女长大后，父母在院内一角为他们修建一些小茅屋供其居住。男孩子长大结婚后，家长在附近的山坡上为其修建新的"卢戈"，让他们另立门户生活。

（二）出生

婴儿的出生是一件大喜事，尤其是男孩出生时，一家人的欢乐喜悦从庆祝活动的气氛、规模中表现出来。第一次庆祝活动是向全家介绍新生儿。第二次是给婴儿取名。要是生了双胞胎，庆祝活动就更加热闹。庆祝的形式一般是邀请亲友来家喝酒（不吃饭）。客人为婴儿祝福，向其父母表示祝贺，但不一定要赠送礼物。

（三）子女教育

如同许多别的非洲国家一样，布隆迪农村多是贫穷落后地区，儿童的教育主要通过讲故事和谈禁忌等方式进行。每到傍晚，一家人围火而坐，爷爷或者父亲给孩子讲故事、谈禁忌。在非洲，口头传说是传承先人文化的重要方式。在布隆迪，世代进行的口头传说是保存传统文化的宝库，也是进行社会教育的一种重要手段。其内容丰富多彩，包含历史变迁、政坛风云、生产技能、宗教信仰、医药知识、风俗习惯、王朝礼仪，等等。其形式也多种多样，有诗歌、散文、格言、谜语等，体裁不一而足。

（四）婚嫁

在布隆迪传统里，儿女的婚事一般由其父母操办。但随着社会的发展，大多数人选择了自由恋爱的方式喜结连理，特别是在大小城镇，更是如此。婚嫁程序如下。

1. 聘礼

在婚事基本达成后，男方父母要去女方家里送聘礼。双方父母相聚一堂。男方家长当众宣布亲事告成。根据各自家庭经济条件，从前的聘礼一般有珠饰、黄牛、羊、锄头或其他物件等。现在法律上无聘礼规定，但在民间收取聘礼的现象依然广泛存在。

2. 婚礼

根据约定俗成，但凡男女大婚之日，一般要举行一些仪式和活动。

首先，双方要到县、市政府进行登记，履行结婚法律手续；然后再去教堂举行宗教仪式，双方的父母及亲友参加；最后，才在新郎家里举行隆重的婚礼庆祝活动。在农村，主人招待宾客喝香蕉啤酒、冷饮，新人亲友相互祝酒庆贺，接着参加婚礼的人唱歌、跳舞，热闹至深夜。其间，送嫁的姑娘们将新娘藏好，悄悄地带进洞房。在城市里，新婚夫妇首先举行婚礼酒会，邀请各方客人出席。在酒会上，双方家长有讲话的习惯，除表示庆贺外，还要宣布送给新郎和新娘的礼品的数量。按习惯，女方父亲不出席这个仪式。之后，举行晚宴，邀请少数近亲参加。餐后举行舞会，任何人均可参加，大家一直跳到次日凌晨。舞会上不供应饮料、食品。

3. 婚后的一些习俗

根据古老的传统，新婚夫妇一般在一个月内不从事体力活动，由新娘家提供吃喝。随着时代的发展，农村的这些习俗已发生很大变化。结婚后，新婚夫妇第一天不干活。从第二天起，他们要和家人一起下地干活。另外，按习惯，新娘一般要在一段时间后回娘家，时间长短不一，总的原则是视情况而定：短的有三五个月，如新娘已适应了在婆家的新生活便可回娘家探视；长的有一年多，直至女方生了头胎孩子后才回娘家。新娘首次回娘家时，其父母要送礼，农村一般送牛，城里送钱或其他贵重物品。此后，通过互送礼品，经常走访，两家亲戚关系越来越密切。

（五）丧事

1. 报丧

在布隆迪，报丧的工作一般由邻居好友承担。当某人患疾身亡或不幸遇难后，好友邻居便来帮忙，有的向死者的亲朋报丧，有的和死者家人一起安排后事，有的陪伴死者近亲守灵。

2. 安葬

一般当天安葬，实行土葬。农村因经济困难，不用棺材，通常都是在尸体上裹一布单，再外包草席下葬。在城市，有条件的人已开始实行棺殓安葬。根据习俗，在路遇灵车时，迎面来的行人须立正站立，车辆应停行,后面的也不能超越,以表示对死者的哀悼,待其过去后,再行走。

3. 居丧

居丧期一般为葬后一周,其间,由于死者家属过于悲痛,一般不干活,由众亲友送吃喝。一周后丧事部分结束,亲友前来探望,平素和死者关系好的都要给其家属送一些钱,以表示对他们生活的支持。丧事延续的时间,一般视死者的性别和年龄而定,短的三五个月,长的半年或一年。丧事结束后死者家属要安排一个大的聚会,邀请前来探望的亲友喝啤酒,以表谢意。与此同时,大家聚在一起对与死者有关的财产分配及其遗留的债务问题进行讨论和处理。如果死者是一家之主,与会者还应就其接班人问题进行商榷和确定。

(六)经济活动

农业和畜牧业是布隆迪的主要产业。农田大多分布在"卢戈"周围的山坡上,人们种植香蕉、木薯、豆类、高粱、玉米、地瓜等多种作物。农活主要由妇女承担,男人外出做工、放牧或做小买卖,有的干脆赋闲在家。布隆迪最有特色的产品是香蕉啤酒。

在布隆迪,香蕉种植非常普遍,有"一丛香蕉树下就有一户人家"的说法。香蕉分菜蕉和酒蕉两种,菜蕉是农民的主粮之一,酒蕉则用来酿造香蕉啤酒。布隆迪人没有请客吃饭的习俗,但有请人喝酒的传统。布隆迪酿造的香蕉啤酒分为三种:"英杜利雷"(inturire),浓郁而香醇,是一种"贡酒";"英松戈"(insongo),质量上乘,用来招待客人;"乌卢瓦尔瓦"(urwarwa),质量一般,家庭自用。

在布隆迪,啤酒的饮用方法与众不同,不用杯,也不用碗,而是数人围陶罐而坐,用空心的植物茎秆在陶罐中允吸。每个人喝毕将吸管翘起,以免余酒回流入罐中。

(七)与众不同的牛

布隆迪的牛共有四种:长角牛、短角牛、弯角牛和动角牛。长角牛的牛角粗壮气派,过去为王室象征;弯角牛的牛角造型美观,是很好的装饰品；动角牛的两角可以摇动，现已非常少见。

布隆迪的牛不被役使，但有重要的社会作用。牛群的大小不仅代表人们富有的程度，而且象征着社会地位的高低。有牛者受人尊敬，牛愈多愈令人羡慕。对于生活在乡下的人来说，牛还是最好的礼物，特别是一个适龄青年谈婚论嫁时，牛是男方送给女方的最受欢迎的聘礼。偷牛是一大禁忌，一旦被发现，轻者被暴打，重者被判刑。

（八）宗教信仰

布隆迪人自古以来信仰伊马纳（Imana）神，将其奉为天地万物的缔造者。伊马纳是大地上一切财富的主宰者，拥有繁衍生育之权，有驾驭一切的力量。没有伊马纳的帮助，任何事情都不能取得成功。在伊马纳的手下，有被尊称为基郎加（kihanga）的圣人，专事为人们向伊马纳求情。基郎加得到人们的崇敬，常被请到各家在一种仪式上为人畜、土地祈祷降福。

18世纪下半叶，随着传教士的进入和殖民主义的入侵，外国宗教开始传入布隆迪。目前，居民的大部分信奉天主教，15%信奉基督新教，10%信奉伊斯兰教，5%信奉原始宗教。

（九）节假日

从前，布隆迪的重要节日是播种节，一般在8月，国王举行隆重的祭奠仪式后，全国农民开始播种。王朝灭亡后，国家不再举行祭典，播种节也就名存实亡了。

三　礼仪纯朴

布隆迪人民有热情好客的特点。不论是在城镇，抑或是在乡村，只要有家庭举办喜事，即使路人和该家主人素不相识，只要有表示祝贺之意，便会受到主人的热情接待。生人问路，绝对不会被拒绝，被问者总要给出一个令人满意的回复，有时甚至会停下正在做的活计，走上几里

布隆迪政情、民风及习俗特色

地,把你引导到目的地。

布隆迪人待人诚恳,乐于助人。为了使客人愉快高兴,主人往往能献出家里的一切,甚至分享最后一根香蕉。每逢外国领导人来访,布隆迪接待方总会安排热烈的欢迎活动。有人击鼓,顿时群鼓齐鸣,响声如雷。在欢快的鼓声中,一群身着盛装的妇女便扭动身躯,载歌载舞,跳起热情奔放的舞蹈,场面顿时热闹非凡,使来访者感到亲切。

布隆迪人非常珍视邻居关系,认为"远亲不如近邻"。邻里有事,人们一般都会全力相助。逢年过节,人们首先要向邻居表示祝贺;有了好酒,首先要请邻居来一起品尝。在农村,邻居有义务和权利相互管教孩子,如一个孩子干坏事,邻居大人教训他,乃至鞭打他,也不会受到孩子父母的责怪。布隆迪人也有庆贺乔迁之喜的习惯,一旦搬进新居,至亲好友及邻居会前去祝贺并送礼,主人则给予热情友好的接待,有时也为他们准备餐饮。

布隆迪人守信用。笔者在西非和中非几个国家工作过,相比而言,布隆迪人最守信用。这可从以下几个例子中得到佐证。一是在国家最困难的时期,政府能按时给公务员和军人发放薪金,尽管数量比以前有所减少,但大家能心平气和地接受。不管谁上台执政,基本未出现拖欠薪金的问题。有时迫不得已拖欠一下,也会很快想法补发。二是布隆迪驻北京的使馆也能按时缴纳各种费用。这在驻华的非洲使团中尤为难能可贵。三是前几年,华为公司终于开辟了一直由法国人垄断的电信领域业务。在其后和布方的合作中,华为感到很满意。每年,布方都会偿还应缴纳的费用。现在,华为已在布隆迪打开了局面,甚至法国人也主动和他们进行合作。

布隆迪人很讲礼貌。一旦在公共场所发生碰撞,双方都会互道"对不起""请原谅",因此很少会发生口角。至于在街头出现的打架斗殴现象,可以说是难得一见的。布隆迪人的见面礼甚是有趣。与客相见有握手的礼节,男女无忌。但晚辈与长辈、下级与上级、百姓与官员握手时,为了表示敬意,前者向前倾身,用左手托住右胳膊肘,用右手与后者轻轻相握,显得非常谦恭礼貌。若是长久不见的熟人、至交,则相互轻轻拥抱,并轻拍对方肩背,表示亲热,不分男女,尽皆如此。

布隆迪人尊长敬老。那些定居在首都的官员，每逢年节或周末，大多要返回内地省亲，与家人共度佳节。在内地农村，乡下人见到外国人时总会友好地打招呼，并伸出三个手指（食指、中指、无名指）表示致敬，其意为"团结、劳动、进步"。对于朋友赠送的礼物，布隆迪人有当着客人的面打开的习惯，然后或立即陈设于客厅内，或在下一次见面时将礼物佩戴在身以表示礼貌和珍爱。

四　文化以歌舞而闻名

由于布隆迪是"千山之国"，囿于环境和条件，人们的文化娱乐活动不多。人们常说，布隆迪人最好的消遣莫过于喝杯啤酒。乡下人忙完活计，坐下来喝几口香蕉啤酒，即是人生一大快事；城里职工下班后，往往在街边小铺买瓶啤酒，自斟自饮，遇到朋友，则几人围坐在一起，边喝边聊，一坐就是几个小时。特别是半月或月底发薪日后，此情此景，四处可见。

若逢节假日，抑或在举行盛大庆祝活动和迎送贵宾仪式上，布隆迪人和其他非洲国家的人民一样，喜欢载歌载舞，尽情欢乐。常见的舞蹈多为集体舞，歌舞结合，一人领唱，众人相和，十多名男女青年边跳边唱，气氛甚为热烈。主要舞蹈是鼓舞，这是一种最受布隆迪人民喜爱的传统民间舞蹈。从前，鼓是王朝的象征，鼓舞遂被定为宫廷舞蹈。随着王朝的没落、时代的进步，现在该舞蹈已成民间大众娱乐方式。大凡节庆或迎宾活动，都要组织鼓舞表演。非洲人爱好击鼓，但布隆迪、卢旺达人打鼓的方式与其他非洲国家有所不同，另有其特色。表演者有老、中、少，皆为男性。表演者身着红白或绿白相间的袍式民族服装，头、臂佩戴珠带，头顶大鼓，边敲边小跑着上场，阵势甚为壮观。上场后，舞者围成半圆，放下大鼓，开始表演。随着鼓点的节奏，鼓手以各种不同的动作、姿态轮番表演亮相，时而旋转飞舞，时而凌空腾跃，有时也伴有呼喊或歌唱。鼓舞节奏强烈，犹如雷声隆隆，震天动地，表演者身手敏捷，加之欢歌阵阵，给现场增添了欢快的气氛，使观众很受感染。

布隆迪政情、民风及习俗特色

风格粗犷的鼓舞充分表现出布隆迪民族欢乐、刚毅、豪放的性格，很受民间喜爱。布隆迪的鼓舞队表演认真，舞技精湛，享誉遐迩，经常应邀出国访问，被视为民族的骄傲。

英多雷，此语系当地语"intore"的音译，是一种"战舞"，一二十名男演员头插茅草，额佩珠带，上身裸露或交叉披挂色带，下身围着兽皮或草裙，脚踝系有铃铛，一手持矛，一手握盾，随着一位长老的口哨或口令，表演舞蹈。该舞节奏明快欢乐，动作铿锵有力，表现古代英雄出征前后的英勇气概。

伊米桑比，此语亦系当地语"imisambi"的音译，是一种轻盈美妙的舞蹈。表演时，一群身着盛装的年轻姑娘和着轻快的音乐，翩翩进入舞台。她们模仿东非珍珠皇冠鹤等候鸟的动作姿态，载歌载舞，优雅动人。中国东方歌舞团曾学习过这个舞蹈，表演时将其命名为"鹤舞"。

一般来说，布隆迪人大部分能歌善舞，聚会时往往能从傍晚尽情欢乐至深夜。布隆迪人的另一文化娱乐活动是在宁静的山村夜晚，围坐在篝火旁，静听老人使用"英迪吉迪"（indigiti——一种用木条和葫芦瓢制成的弓形乐器）、"伊楠加"（inanga——一种以木板为座、牛筋为弦制成的形若琵琶的乐器）、"英多农戈"（indonongo——胡琴）、"乌姆维龙盖"（umvironge——短笛）等民族乐器，边奏边说边唱。这种艺术形式犹如我国曲艺中的"评说"或"大鼓"，既叙述古代历史、传说、神话，也讲述人生哲理，演唱人民生活、生产的情景，表现出人民群众的思想感情、愿望和要求。布隆迪人称这种艺术形式为"布隆迪的灵魂"，其是研究布隆迪社会的活材料。

The Politics, Customs and Habits of the Republic of Burundi

Abstract Burundi has unique politics. The grazing Burundi's Tutsis established the first monarchy in the early 16th century, and continued its domination by the royal succession. In 1890, it was colonized as the "German East Africa". By 1916, the Belgians took it over from Germen. In 1922, according to the Versailles, Burundi was given to the Belgian rule by the League of Nations. In 1946, the United Nations adopted a resolution allowing Belgium to "host" Burundi. On July 1, 1962, Burundi declared independence. In 1990s, Burundi carried out multi-party elections, political unrest took place. After 2005, the country returned to the normal. The president in power is friendly to China. The people are hospitable, with a simple etiquette and unique folkways. Singing and dancing as part of its culture are well-known in the country.

Keywords Burundi, Bashigantahe, Rugo, banana and beer, drum dance

中国古代文化经典在老挝的翻译与传播

陆蕴联[*]

摘 要 中国是世界文明古国之一,中国古代文化经典很早就远渡重洋,被传到了海外并对外国的文学创作及文化生活产生了重要影响。老挝与中国山水相连,在漫长的历史交往中,中国古代文化经典同样也传到老挝。本文就目前在老挝能找到的中国古代文化经典被译成老挝文的译本,如《三国演义》等,进行介绍,以分析中国古代作品在老挝的翻译及传播情况。

关键词 中国古代文化经典 老挝 翻译 传播

一 中国古代文化经典的老挝语译本及其特点

目前在老挝能找到的被译成老挝文且比较完整的中国古代文化经典有《孙子兵法》《三国演义》《西游记》等,其译本分别为《知己知彼,百战不殆——解读〈孙子兵法〉》《三国时代的政治》《三国节选》《孙悟空》等。

---

[*] 陆蕴联,北京外国语大学亚非学院老挝语教授。

(一)《知己知彼，百战不殆——解读〈孙子兵法〉》和《三国时代的政治》

1.《知己知彼，百战不殆——解读〈孙子兵法〉》

老挝对《孙子兵法》的翻译仅有《知己知彼，百战不殆——解读〈孙子兵法〉》一书。该书 1991 年由老挝国家发行出版社出版，全部为手写稿，共有 287 页。从第一篇的《计篇》一直到第十三篇的《用间篇》，每章都有译文，然后就原著的主要内容进行解释导读、评析并举例说明。译文读起来通畅，接近原文；对于老挝语学习者来说，译本是很好的学习用书。为了使读者深刻理解原著内容，该书还在导读部分将《孙子兵法》的内容与老挝的风俗做比较，或者用梵语或巴利语加以解释，或者用英语或法语做比照。为了使读者清楚理解每一篇的重点含义，译本共举了几十个案例。这些案例涉及中外著名的战争，其中中国的古代战争几乎涉及每个朝代。有的案例描写详细生动；有的案例中故事的经过不是按中国史书上记载的顺序直译的，而是编译者根据自己的理解，或打乱顺序或去掉人物对话，概括地介绍；有的案例还加上编译者的评论或看法等。

2.《三国时代的政治》

《三国时代的政治》不是完整的翻译版本，共有 45 回，主要翻译原著的重要情节，如：桃园三结义、十常侍乱政、斩黄巾、吕布戏貂蝉、三英战吕布、三顾茅庐、草船借箭、赤壁之战等。有的章回不是翻译原著的内容，例如译本的第十六回所讲的三国魏、蜀、吴的家族血统，原著中并没有；译本的内容也不是按照原著的顺序来的，例如译本的第二十回，郭嘉对曹操提出的对袁绍开战的曹方的十胜和袁方的十败，原著中出现在第二十二回。另外，译本的第四十五章的最后一段写的是"中国大地在司马懿的后裔手中完成了统一"，实际上该书仅写到曹操取得汉中之地，张鲁、刘璋覆亡，刘备占取荆州、益州及孙权讨要荆州而不得的部分。译本写到 218 年左右就结束了，实际上三国演义的原著写到了 280 年。在该书的结尾，曹操、刘备、孙权均还没有称帝，可以说真正的三国还并没有正式出现。综观全译本，译者的意图是突出"政治"，所以偏重叙事，对人物的描述偏少，人物性格塑造不到位，也没有讲述个别有特色的故事。另外，一些人名如何进、董卓、公孙瓒、卢植等的音译经常前后不一致，各大主要战役所发生的城市的地理位置也没有得到很好的标注；但是值得欣赏的一点是，对于许多原著中的话，译者不仅用大一号的字进行了凸显，还进行了推敲并较准确地翻译了。由于译本地名和人名采用老挝华侨方言的音译，所以译者在译本的开头就一些主要的人物和地名的音译与标准普通话做了比照。

3. 译者简介

以上两个译本的译者都是宋帕万·因塔冯。他1936年2月27日出生于首都万象，1941~1947年在法国殖民主义者于万象开办的学校上小学，1948~1951年在国内读中学，1954年赴法国巴黎深造。1961年，他25岁时成为获瑞士土木工程文凭的老挝第一人；1971年在法国获博士学位，精通法语、英语，自学过越南语、汉语和俄语。他1972年开始写作，曾用英语撰写 Notes on Lao History（1994）。他曾担任过老挝作家协会副主席，退休前为老挝总理府部长兼审计署审计长。

（二）《三国节选》和《孙悟空》

1.《三国节选》

《三国演义》的另一译本是《三国节选》，译者是老挝著名作家占梯·德安沙万。笔者在对《三国节选》译者的采访中得知，译者是参考越南语和泰语的译本将其译成老挝语的，也不是全文翻译，而是翻译自己感兴趣的精彩段落，曾连载于1994年9月16~30日、10月1日和7日的《新万象报》，后来在1998年4~12月和1999年全年《芦笙之声》杂志上连载。每一节段的故事结尾都有人物插图。

译文一共有20多节段，主要内容有孟德献刀、李肃说吕布、连环计、凤仪亭、除吕布、桃园三结义、张翼德怒鞭督邮、三顾茅庐、火烧博望坡、赵云截江夺阿斗、赵子龙单骑救主、张翼德大闹长坂桥、曹操割发代首、关羽约三事、辕门射戟、张飞醉酒失徐州、武侯弹琴退仲达、孔明挥泪斩马谡及见木像魏都督丧胆等。

《三国节选》选取的内容多与三国时期关键的、重要的人物，如曹操、孔明、关羽等有关。因为这些人物在老挝几乎家喻户晓，所以译本能吸引读者。虽然该书只有 20 多节段，但每一节段都基本独立，成为一个个有趣的故事。为了使故事情节完整，有时一个节段需要把原著的几个章回的内容甚至不按原著的章回先后顺序进行提炼、删减。有的节段还加上译者自己的具体描写，以增加故事的可读性和趣味性。译本翻译的段落多是有警示作用或是老挝读者感兴趣的，有的还是历史典故。例如，《三国节选》中的第十九段"吕布帮刘备"，译文内容实际上是中国历史典故"辕门射戟"里的故事。

　　2.《孙悟空》

　　老挝文版的《孙悟空》是以连环画形式出现的，出版于 2007 年，共三册。第一册 45 页，一半是画，一半是大字号的粗体字老挝语。第二、三册均为 94 页，因为是连环画的形式，每幅画的一角只有短短的一句或两句话，所以译文的内容非常有限。从故事情节上来看，三册的内容没有连续性，而是独立成册，第一册和第三册的部分内容还有重复。

　　第一册讲述孙悟空出世、拜师学艺、自封美猴王、闹龙宫夺金箍棒、出任弼马温一职、大闹天宫、被如来佛压于五指山下、拜唐僧为师、收服猪八戒和沙僧、战胜金角大王和银角大王、过火焰山、到达西天、取得真经的简要故事，文字描述非常简略。第二册讲述唐僧师徒四人在取经路上战胜红孩儿的故事。第三册讲述了孙悟空大闹龙宫夺金箍棒、出任弼马温一职、大闹天宫当上齐天大圣、被如来佛压于五指山下等故事。第三册虽然和第一册有部分内容重复，但故事情节较详细，描写比较生动，有具体的人物对话等。

　　虽然译本《孙悟空》是儿童书，但还是很有可读性，因为译者是老挝著名的作家，文字轻快易懂。遗憾的是，书的印刷质量有缺陷，有的文字不清，还有出版物不该出现的多处打印错字。书的封面是彩色图画，但正文的图画全是黑白的。

　　《孙悟空》译本的出现，正像译者自己在序言中说的："为了响应国家开展全民读书活动的号召，为了丰富出版物，国家出版社收集国外一些好的，像孙悟空的故事这样在中国以及国外都享有盛名的古老民间故事来出版……"译者之所以编译《孙悟空》，是因为他认为孙悟空的故事是"经久不衰的民间故事之最"。

当然，作者翻译孙悟空的故事还有诸多原因。孙悟空的形象如同印度史诗《罗摩衍那》中的神猴哈奴曼一样，活泼、调皮、机敏、勇敢、忠诚、疾恶如仇、神通广大。随着《罗摩衍那》在老挝的广泛传播，哈奴曼也深受人们的喜爱，在一些寺庙正门前常有哈奴曼的塑像。可以说，哈奴曼在老挝几乎家喻户晓，哈奴曼与孙悟空又有相似的特点，作者采取连环画的形式来展现，既迎合了儿童的口味，又满足了初级读者的阅读要求。

3. 译者简介

以上两书均由占梯·德安沙万翻译，他1940年10月6日出生于川圹省，1955年于越南小学四年级毕业。1961年被派到越南河内学习新闻专业。1963年担任《老挝爱国战线报》总编辑。1969~1970年被派至越南学习创作专业。1971~1972年被派到万象平原敌后方工作。1973~1975年担任巴特寮通讯社驻越南的代表。1979年担任《人民之声》和《巴特寮通讯》报社的代理社长。2002年5月22日，被选为老挝作家协会主席。现已退休。

二 中国古代文化经典在老挝翻译及流传滞后的原因分析

通常来说，中国古典小说的翻译及传播，需要具备以下三个条件："一是需要有掌握汉文和当地语文的翻译人才；二是需要有传播的媒体和渠道；三是需要有懂得当地语文的读者群。"[①] 以上三个条件，在老挝都不是很成熟。

---

① 梁立基、李谋：《世界四大文化与东南亚文学》，经济日报出版社，2000，第112页。

（一）老挝缺乏掌握汉文和当地语文的翻译人才

究其原因，笔者认为有以下三个方面。

1. 历史上的原因

纵观老挝历史，可以说它实际上是一部备受外强侵略欺凌的历史。

首先是周边国家的入侵。"1479年，越南人大举入侵老挝，但受到老挝军队的英勇抵抗，越南人败退。此后，越南人又强占了老挝盆蛮地区，并设置镇宁府，迫使老挝向越南称臣纳贡。"[1] 据老挝史书记载，1536~1540年，暹罗阿瑜陀耶（Ayuthaya）王朝的国王举兵攻入老挝直至万象；[2] 1550~1575年，老挝受到缅甸的三次入侵；[3] 1695~1893年，老挝再次被暹罗侵略并沦为暹罗的附属国。

其次是法国、日本和美国的侵略。1893年，法国入侵老挝，从此，老挝由暹罗的附属国变为法国的"保护国"。1940年9月，日本军队入侵老挝，老挝处于日法两个帝国主义的共同统治之下。1945年8月，日本宣布无条件投降，结束了对老挝的统治。但不到一年，1946年，法国第二次入侵老挝。1954年印度支那三国人民反法斗争取得胜利，迫使法国签订《日内瓦协定》，承认老挝为独立和主权国家。然而，1954年以后，美国出于全球战略的需要，乘法国撤出老挝之际取而代之。1975年老挝人民民主共和国成立以前，美国新殖民主义者对老挝的干涉长达20多年。

在屡受侵略的过程中，老挝的政治、经济、教育、文化等方面都受到牵制，尤其是在法国对老挝长达半个多世纪的殖民统治期间，由于法国统治者实行愚民政策和奴化教育，老挝的民族文化受到严重摧残，老挝的教育事业十分落后，文盲占全国人口的95%以上，学龄儿童大部分不能上学。"1945年时，老挝全国启蒙学校（寺庙学校）不到180所，

---

[1] 张良民：《万国博览》（亚洲卷），新华出版社，1998。
[2] 欧沙根·塔马铁瓦等：《老挝历史》，老挝新闻与文化部出版社，2000，第175页。
[3] 欧沙根·塔马铁瓦等：《老挝历史》，老挝新闻与文化部出版社，2000，第179页。

小学只有 5 所，中学也只有 1 所，没有大学。那时候，只有少数王族子弟才有机会到越南或法国等外国去学习深造。1949 年以前，老挝全国只有梭发那·富马和苏发努冯兄弟俩是从法国大学毕业的工程师。"① 在这种历史背景下，老挝大多数老百姓对本国语言的掌握程度都不高，更别说是精通汉语并且能翻译中国的古典文学作品了。

2. 老挝向中国大量派遣留学生的历史较短

中国古代文化经典得以在世界广泛传播，来华留学生的作用不可忽视。外国派遣的留学生到中国学习，接触中国的文学文化，并掌握了汉语，才会有把中国的文化经典译成本国语言的可能。例如，日本是国外研究《孙子兵法》最早、研究者最多、成果相对最多，也是对孙子评价最高的国家。早在公元 8 世纪唐玄宗时代（日本奈良时代），日本著名学者吉备真备被遣唐留学十八载，回国时，把《孙子兵法》等中国经典带了回去。吉备在太宰府任职期间，亲自聚徒讲授孙子的九地篇和诸葛亮八阵图。嗣后 1000 多年里，日本的将领、学者十分尊重孙子，研究不绝，有关孙子的著作有百余部。虽然有的学者认为，《孙子兵法》传入日本，约在 4 世纪和 5 世纪，最迟不晚于 6 世纪，并且认为吉备真备并非将《孙子兵法》引进日本的第一人。但是日本人士自称：《孙子兵法》自奈良时代传到日本以来，给日本历史、日本人的精神方面带来了极大的影响。不管怎样，《孙子兵法》在日本的广泛传播，吉备真备功不可没。本文提到的在老挝的中国古代经典译本的译者均有留学的经历，只是没到中国留学而已。那么，老挝派往中国的留学生或使节，或者说中老的交往情况是怎样的呢？

中老两国的官方往来可以追溯到中国的三国时代。中国史书《三国志·吴志·吕岱传》中提到，三国时吴黄武六年（公元 227 年），堂明国（即今天的老挝）国王就遣使来进贡东吴朝廷了。从那之后，在中国的唐朝、明朝、清朝，老挝曾分别遣使四次、三十多次和九次。在各个朝代的来往中，双方都有礼品互赠。中国历代朝廷回赠老挝使

---

① 张良民：《万国博览》（亚洲卷），新华出版社，1998。

节的礼品大致分为五类：纺织品、生活用品、服装用品、文化用品、工艺用品。

1893年老挝沦为法国的殖民地，中老两国关系中断。1952年，寮国抗战政府代表团团长诺哈·冯沙万出席在北京举行的亚洲及太平洋区域和平会议时，向毛泽东主席献旗表示致敬。这是新中国成立之后，寮方领导人首次访问中国。1961年4月25日，中老两国正式建立外交关系后，中国与老挝王国以及老挝爱国战线在各方面的合作和交往日益增多，老挝的文化、艺术、新闻、工会、青年、妇女、体育、佛教等代表团陆续来华访问。从20世纪60年代末至70年代中，中国政府帮助老挝培养国家男女乒乓球运动员。这些体育运动员在多年的训练中学会了汉语。在老挝抗美救国斗争的年代里，中国政府在广西南宁无偿援助老挝建立了一所"老挝爱国战线干部子弟学校"（以下简称"子弟学校"）。在办学10多年的时间里，每年有500名左右的学生在该校读书，但主要学的是老挝语课程。这些曾在"子弟学校"学习过的会点中文的老挝人，现在几乎不大会说汉语了。1978~1985年，老挝在越南的影响下，采取一系列步骤恶化同中国的关系，给两国关系蒙上了一层阴影，外交关系甚至被迫中断，直至1989年两国外交关系才正常化。1999年老挝总理西沙瓦·乔本潘应邀访华时，中老双方在1994~1996年教育合作协议的基础上签署了《中老两国教育部1999~2001年教育合作计划》，计划规定每学年中方向老方提供50名本科生、研究生、进修生赴中国各大学学习进修的奖学金。此外，每学年中方向老方额外提供5个名额的奖学金，让已经获得学士学位或获得更高一级学位的学生在中国某一所大学深造或进修。在之后的中老两国教育部签署的教育合作计划中，中方提供给老方的政府奖学金名额不断增加。

从以上中老两国的交往中，我们知道，官方的来往在历史上如唐朝、明朝曾很频繁，中国的明朝时期正是老挝历史上最繁荣的时期，两国这一时期是否有文化上的交流，如互派留学生等，由于史料不全，无从知晓。而关于泰国就有记载："明洪武四年（1371年），泰国的阿瑜陀耶王朝就派出人员到中国的国子监学习汉语和文化典籍，是泰国向中国派遣留学生之始。明朝廷曾派出学者去暹罗担任宫廷的翻译工作。"[1]

后来老挝沦为法国殖民地,直至中老两国恢复邦交的这段时间里,虽然有老挝人到中国学习,但都不是真正意义上的来中国学习研究中国文化的学者或留学生。老挝政府真正有规模地派遣学生到中国学习是在20世纪90年代之后。目前老挝在华留学人员已达几百名,他们在中国高等院校学习中文、历史、中医、经贸、农林、机械、水利等专业。

3. 老挝华侨的作用有限,老挝的汉语教育起步较晚

在中国古代文化经典的外传中,华侨往往扮演重要的角色。例如,泰国在1802年把《三国演义》译成泰文时,就是与华人合作来完成的。而在这方面,移居老挝的华侨的作用就非常有限。最初移居老挝的华侨主要有两个来源:一是来自中国的云南和广西,分布在老挝的北部;二是来自中国的沿海省份如广东、福建、浙江等,"其中广东籍人占华侨的90%",[2] 以潮州人居多,主要分布在老挝的中部和南部。他们大多数是出于避难或被迫出洋谋生的贫苦百姓,没有受过教育,以文盲居多。他们在当地结婚生子,孩子也没有条件接受中国的教育。华侨学校开办得也比较晚,如老挝著名的中老双语教学的寮都公学1937年才创办。老挝国内最著名的大学——老挝国立大学,2003年才开设汉语专业。

综上所述,老挝国内自古就缺乏高层次的精通汉语并对中国有所研究的翻译人才。

(二)新闻报纸等媒体手段发展缓慢,读者群少

把外国的文学作品译成本国语言并进行传播,必须通过媒体或出版物,并且有喜爱阅读的读者。老挝的出版业起步很晚,主要的报刊,如老挝全国规模最大、最有权威性的报纸——老挝人民革命党中央机关报的前身《自由老挝报》,创刊于1950年;老挝全国第二大报纸——老

---

[1] 武斌:《中华文化海外传播史》,陕西人民出版社,1998。
[2] 郭保刚:《老挝华侨概述》,《印支研究》1984年第3期,第40页。

挝人民革命党万象市委和万象市政府机关报的前身《万象邮报》,创刊于1975年;老挝人民革命党中央机关理论刊物——《新曙光》杂志,创刊于1984年;老挝全国综合性文化艺术刊物——《文艺》杂志,创刊于1979年。老挝最早的广播电台是由原老挝爱国战线中央于1960年创办的"巴特寮广播电台"、原老挝爱国中立力量于1960年创办的"老挝之声广播电台"以及原老挝王国政府于1952年创办的"老挝王国国家广播电台"三家广播电台合并组成的。现在的国家广播电台创建于1975年。国家电视台于1983年才建立。老挝官方出版社——国家发行出版社,创建于1975年底。而老挝相邻国家如泰国、越南,"19世纪末就开始发展新闻业,发行本国报纸了"。① 另外,老挝的人民群众的文化水平较低,对图书报刊需求量不大。例如20世纪70年代中至80年代中,在苏联的援助下,老挝大量出版发行了翻译成老挝文的苏联作品,但由于读者群少,一大批图书积压、滞销,造成极大浪费。

(三)泰国文化对老挝的影响

泰语和老挝语相近,现在老挝的婴儿呱呱落地就会听着泰语长大。老挝电视台除了新闻和少有的几套节目外,几乎播出的都是泰国的电视剧或其他有趣的节目。

因为老挝人能听得懂泰语且能用其交流,难免形成"拿来主义"的懒惰思想,这对直接翻译中国文学作品也产生影响。另外,中国古典作品难懂、深奥,从别国语言翻译比直接从汉语翻译过来要容易得多。

本文中提到的中国文学作品老挝语译本,都不是直接从中文译成老挝文的,因为译者不通晓汉语。他们或是参考越南语、法语、英语、泰语的译本再将其译成老挝语的。

除了以上所述的原因外,还有其他原因致使中国文学作品在老挝没有被大量翻译或传播。例如:领导层或媒体不够重视。与世界上一些国家相比,这种情况更加明显。在日本,日本天皇曾带头学习中国的兵书;

---

① 梁立基、李谋:《世界四大文化与东南亚文学》,经济日报出版社,2000,第118页。

20世纪70年代,时任韩国总统朴正熙下达命令,重印韩文版《孙子兵法》;马来西亚前首相马哈迪一生最重视两本书,其中一本就是《孙子兵法》;新加坡资政李光耀说,不学《孙子兵法》,就当不好新加坡总理;在越南各大电视台常年热播中国影视剧,其中就有十集的动画片《孙子兵法》;在泰国,《三国演义》的影响非常深广,"其中的一个重要原因是,它上得到王室和官方的重视和鼓励,下得到作家和百姓的喜闻和乐见"。①

三 结语

尽管中国古代著名文学作品被译成老挝文的屈指可数,但中国古代四大名著除了《水浒传》《红楼梦》目前没有老挝文的译本外,其他都有编译本了。其实,据作家占梯·德安沙万自己介绍说,他曾译过《红楼梦》,遗憾的是,战争时期,文稿被敌机炸毁了。这的确是令人感到惋惜的。但令人惊喜的是在世界广泛流传的《孙子兵法》终于有了老挝文译本。译文虽然有个别句子漏译,但基本上是完整的,而且译文流畅,有导读,还有丰富的案例,是老挝国人了解中国的很好的读物。《三国演义》有两个译本,这说明《三国演义》在老挝流传比较广泛。的确,在老挝,一提到《三国演义》,上点年纪的老挝人几乎都知道。从《三国演义》的两个译本来看,尽管译者不同,但人名的翻译如曹操、孙权、孔明、关羽等都一样,而且是用华侨的方言音译的。这说明,最初让本土老挝人知道《三国演义》故事的应该是华侨,尽管到目前还没看到由华侨翻译的《三国演义》的译本,但最初迁到老挝的华侨肯定给自己的子女们讲述过三国的故事。在老挝,在民间尤其是华侨之间有"孔明缸""孔明鱼"这样的说法。笔者的老挝语启蒙老师是在老挝长大的华侨。她说,小时候就常听大人讲,位于老挝川圹省的石缸是孔明的酒缸,是孔明打胜仗犒劳士兵喝酒用的。关于"孔明鱼"的传说是这样的:据

---

① 梁立基、李谋:《世界四大文化与东南亚文学》,经济日报出版社,2000,第121页。

说孔明带兵打仗时，到了一条河边，河水很清澈，却看不到鱼，孔明手一挥，鱼儿就出现了，士兵就有鱼吃了。这些传说把诸葛亮神化了，但也说明《三国演义》的人物形象已深深扎根在老挝人心中了。

The Ancient Chinese Culture Classics in Laos

Abstract China is one of the ancient civilizations of the world. The classics of the ancient Chinese culture have spread to all the parts of the world long ago, and played an important role in the foreign literary creation and enriched the cultural life abroad. Laos and China are close neighbors. In the long history of exchanges, the ancient Chinese culture classics also spread to Laos. This article introduces some Lao language versions of the ancient Chinese culture classics which can be found in Laos such as *Romance of the Three Kingdoms* and analyzes the translation and the spread of the Chinese ancient works in Laos.

Keywords Ancient China; Culture Classic; Laos; Translation; Spread

荷兰殖民与斯里兰卡的社会经济变化

佟加蒙[*]

摘　要　从1640年攻占高尔到18世纪末期逐步被英国人取而代之，荷兰人在斯里兰卡殖民活动的主旋律就是通过东印度公司开展商业和贸易活动。这段时间可以说是斯里兰卡整个殖民时期中最为平和的历史时期。本文从荷兰在斯里兰卡的贩运及贸易活动等角度讨论荷兰殖民时期斯里兰卡的社会经济变迁。

关键词　荷兰　斯里兰卡　贸易

17世纪初，荷兰东印度公司成立，并以巴达维亚为据点拓展亚洲殖民版图。最早成立东印度公司的是葡萄牙人。然而葡萄牙国内的动荡以及荷兰和英国的挑战使得葡萄牙东印度公司的商业活动相较于荷兰东印度公司并没有取得很高的利润。荷兰东印度公司虽然名为公司，但其可以有雇佣兵，可以与其他国家签订条约，甚至可以发行货币和建立殖民统治，实际上已经与独立王国相差不多，并且被认为是世界上的第一家现代意义上的跨国公司。为了打破葡萄牙人在斯里兰卡沿海地区建立的贸易垄断，荷兰人与斯里兰卡高地王国拉贾辛诃二世达成协议，共同驱赶葡萄牙人。到17世纪中期，荷兰相继占领斯里兰卡沿海的高尔、科伦

---

[*]　佟加蒙，北京外国语大学僧伽罗语专业副教授。

坡和贾夫纳等地区，并开始修建城堡、派遣官员和传教士，逐步建立殖民统治。荷兰东印度公司的"VOC"徽标被镌刻在各个城堡的入口处。公司的旗帜也开始在城堡上空飘扬。

17世纪中期的荷兰东印度公司在资产规模和军事力量等方面都在世界范围内领先。在荷兰打败葡萄牙人并面对封闭自守的斯里兰卡高地王国的时候，双方力量的不对等可想而知。更由于荷兰人的到来是拉贾辛诃主动邀请所致，所以在长达一个半世纪的时间里，荷兰人和斯里兰卡高地王国基本上做到了和平相处。从1640年攻占高尔到18世纪末期逐步被英国人取而代之，荷兰人在斯里兰卡殖民活动的主旋律就是通过东印度公司开展商业和贸易活动。这段时间可以说是斯里兰卡整个殖民时期中最为平和的历史时期。

一　荷兰东印度公司在斯里兰卡的奴隶贩运

1658年之后，荷兰东印度公司在斯里兰卡的第一要务就是恢复这里战乱之后的经济生活。公司首先从南印度运来数千泰米尔劳工，或者说是奴隶。[①] 这些劳工被用火烙上"VOC"标记，然后就被带到稻田里工作。输入奴隶的原因很简单，其中一个是战乱之后当地人口本已经减少，又有很多人举家逃到高地，沿海地区的人口匮乏。为了维持公司的运营，荷兰东印度公司必须让这块土地在农业和经济作物等方面都有较大发展，而贩运来的奴隶能以最低成本完成各种体力劳动，又几乎不需要任何报酬。于是，荷兰东印度公司在17~18世纪从南印度及非洲贩运大量奴隶到斯里兰卡。这种人口贩运从18世纪开始一直持续到英国殖民时期，改变了斯里兰卡的农业经济模式甚至是人口构成，直到今天，斯里兰卡泰米尔人中有相当大的比例都是荷兰及英国在殖民时期从南印度纳德邦带来的印度泰米尔人。经过几代人的定居和繁衍生息，他们自身已经在文化归属和身份认同等各方面成为地地道道的斯里兰卡人。然而当年殖民

[①] P. E. Pieris, *Ceylon and the Hollanders*, American Ceylon Mission Press, 1918, p.3.

荷兰殖民与斯里兰卡的社会经济变化

时期其祖辈被贩运的精神伤痛以及对南印度的寻根情节，使得这部分人和其他泰米尔人以及僧伽罗等其他民族之间总或多或少存在心理隔阂。这也是斯里兰卡北部泰米尔聚居区分离势力总是阴霾不散的原因之一。

奴隶贸易是大航海时代殖民活动的一个主题。一般研究多关注从非洲到美洲的大规模黑奴贩运，而忽略印度洋沿岸及东南亚地区。冯克曼提到"和大西洋上的贸易活动相比，印度洋上的各种人口贩运没有被很好地研究过，也没有一个关于被贩运人口的准确数量"。① 实际上巴达维亚和斯里兰卡在荷兰殖民时期都是奴隶贩运的人口流入地区。例如在1659~1661年，荷兰东印度公司从南印度纳德邦等地购买了8000~10000名奴隶，并主要贩运到斯里兰卡。在17世纪六七十年代，共有2000多名东印度公司的奴隶在科伦坡、高尔等地劳作，种植稻米、烟草、土豆、棉花和其他作物。1685年，科伦坡城堡中有500多名奴隶，包括妇女和小孩，做各种苦力，包括搬砖、修补城墙等。在1694~1696年，由于南印度战事不息，又有将近4000名流民被贩运到斯里兰卡成为奴隶。②

对于从非洲或者亚洲到美洲的奴隶和劳工的状况和命运的研究很多。而从南印度到斯里兰卡的这种人口贩运活动，由于其规模较小和路途较近等，受到的关注较少。比如从非洲到美洲长途海上贩运过程中的奴隶人数折损，在这里就没有发生。但这并不意味着奴隶贸易的残酷程度会有减弱。由于水旱灾害、饥荒和战争冲突以及疫病等，从南印度贩运到斯里兰卡的奴隶也有大批死亡的时候。例如1661年，900名奴隶死亡；1669年，800名奴隶被送到科伦坡医院。鉴于送到医院的奴隶实际上已经丧失劳动能力以及医院条件恶劣，他们存活下来的概率极小。③ 侥幸生存下来的奴隶在漫长的殖民过程中，几乎没有返回故国的可能性，只

---

① P. Finkelman and J.C. Miller, eds., *MacMillan Encyclopedia of World Slavery*, New York, 1998, p.851.

② Markus Vink, "The World's Oldest Trade: Dutch Slavery and Slave Trade in the Indian Ocean in the Seventeenth Century," *Journal of World History*, June 2003, pp.142–145.

③ S. Arasaratnam, *Dutch Power in Ceylon, 1658–1687*, Amsterdam, 1958, pp.132–134.

能作为整个殖民社会中最底层的人群过着最困苦的生活。

作为奴隶被贩运到斯里兰卡的泰米尔人在殖民时期没有任何社会地位和人身保障。直到20世纪中期斯里兰卡独立之后，他们才作为少数民族泰米尔人的一部分在国家的政治和经济生活中有一席之地。但是总的看来，本地泰米尔人和印度泰米尔人[①]都很难避免在社会生活中被边缘化。无论在语言或文化方面，还是在政治经济等各个社会领域中，僧伽罗民族由于人口数量和历史传统等都占据主流地位。肇始于20世纪80年代的斯里兰卡北部分离运动，表面上看是僧泰民族冲突，实则有着深刻的历史原因。从殖民时期的历史背景来看，荷兰人往斯里兰卡贩运南印度泰米尔奴隶和劳工，就为冲突埋下了种子。

二　荷兰东印度公司的贸易活动

荷兰东印度公司在斯里兰卡的贸易活动从一开始就很顺利。在巴达维亚积累了丰富殖民经验的荷兰人很快恢复了当地的生产生活秩序，并开始从香料和珍珠之中获利丰厚。1670年，东印度公司宣布在斯里兰卡建立贸易垄断，内容包括肉桂、槟榔、象牙、珍珠，以及其他多种产品。1679年总督范·科恩的任期结束的时候，东印度公司在斯里兰卡运转良好，仅槟榔贸易的垄断收入就可以维持整家公司3400名驻军的所有开支。[②]公司从印度等地进口棉布，交给伯格人在当地出售或者换取香料或大象等。肉桂的产量也非常大，继续成为重要的利润来源。高地王国对东印度公司的态度基本友好，还允许荷兰人深入山区采集肉桂皮。所以范·科恩在离任的时候可以宣布，斯里兰卡已经成为巴达维亚之外荷兰在亚洲最重要的据点之一。

与葡萄牙殖民时期一样，肉桂依然是最重要的经济作物和利润来源。由于产量很大又有专门的低种姓人群负责采集，所以肉桂的成本非常低。

[①] 殖民时期作为奴隶和劳工从南印度贩入的泰米尔人及其后裔被称为斯里兰卡的印度泰米尔人。

[②] P. E. Pieris, *Ceylon and the Hollanders*, American Ceylon Mission Press, 1918, p.26.

荷兰殖民与斯里兰卡的社会经济变化

大部分斯里兰卡肉桂都被运往巴达维亚，然后再转运到欧洲。从航线上看，这样绕道运输有些不合情理，但是巴达维亚是无可争议的中心市场，在100多年的荷兰殖民时期，斯里兰卡肉桂就这样日复一日地被劳工们剥下晒干，然后在科伦坡装船运到巴达维亚，之后转运到欧洲高价卖出。相比于斯里兰卡的本地市场价格，肉桂在欧洲市场的终端价格在200%以上。而在斯里兰卡，肉桂给荷兰人带来的收入是其他所有产品总和的三四倍之多。肉桂也成了荷兰人"取之不尽的财富来源"。[①] 利润如此丰厚的香料贸易成为各个殖民国家争夺的目标。荷兰人与高地王国达成协议，进攻葡萄牙人，主要的目的就是夺取香料尤其是肉桂的贸易垄断。而到了18世纪下半叶，英国人在亚洲的殖民范围越来越大，不可避免地要挑战荷兰的殖民利益。而最初吸引英国人到斯里兰卡的主要还是肉桂。整个18世纪末期的殖民轮回犹如17世纪中期的历史重演，只不过角色又有轮换。肉桂这样一种普通的香料，继续在斯里兰卡的近代历史上发挥重要作用。斯里兰卡在16~18世纪大约300年的时间中遭受殖民者如蛆附骨一般的侵扰和掠夺，肉桂一直是这种命运中最大的诅咒，直到英国殖民时期开始之后，它才被茶叶和咖啡等其他经济作物所取代。

荷兰殖民时期，斯里兰卡与南印度以及孟加拉湾港口城市的贸易往来也十分密切。实际上在殖民时期之前，孟加拉国摩尔人和斯里兰卡之间早有商业联系。摩尔人的商船满载棉布以及稻米、糖、奶酪等食品，在贾夫纳或者高尔向斯里兰卡人换取大象、槟榔和珍珠。直到荷兰人建立贸易垄断，留给摩尔人的利润空间越来越少，斯里兰卡与孟加拉湾方向的贸易一度衰落。东印度公司于是决定放宽垄断范围，允许摩尔人在缴纳一定比例的税赋的前提下到斯里兰卡自由买卖一些特定商品，于是贸易活动再次活跃起来。

总体而言，尽管荷兰在17~18世纪是主导斯里兰卡对外贸易的最大

[①] Vijaya Samaraweera, "The Cinnamon Trade of Ceylon," *Indian Economic Social History Review*, 1971, p.415.

力量，但是除了肉桂，他们对其他商品的交易都不能实现绝对垄断。肉桂贸易垄断的成功是因为桂皮的剥去和运输由专门的种姓完成，整个过程都被严密监控，连肉桂树丛都有专人看护。至于其他商品，"垄断"慢慢就变得徒有其名。比如，垄断之下孟加拉国棉布的价格高涨，本地人就开始尝试更大规模地纺棉织布，从而使得进口棉布更没有竞争力。斯里兰卡在印度洋贸易航路上的重要位置，以及其在传统上与南亚次大陆的贸易关联，都使得荷兰人在维护贸易垄断方面所付出的成本十分高昂。实际上到了18世纪下半叶，农业生产和土地税赋所带来的收益远远超过贸易利润。在重商主义之下的全球贸易活动中称霸的荷兰失去对贸易活动的依赖意味着帝国末路的开始。斯里兰卡只是这种命运的一个缩影。

三　斯里兰卡的社会经济变化

除了输入人口和输出各种商品，荷兰还给斯里兰卡在社会经济生活方面带来了诸多变化。在社会生活方面，最大的变化体现在沿海殖民地区人们的宗教信仰由葡萄牙时期的罗马天主教改为新教的加尔文改革宗。相比于天主教取代原有的本地宗教，荷兰殖民时期的宗教信仰变化显得平和，没有受到民间较多的抵触。原先已经从佛教或者印度教改信天主教的当地僧伽罗人或泰米尔人，在接受新教的时候几乎不需要费什么周折。因为很多归正教堂就是由原来葡萄牙时期的天主教堂改建的。在当地人眼中，核心教义的变化似乎并不大。这种比较平和的转变也使得荷兰殖民当局对于本地僧伽罗或泰米尔人的宗教信仰持较宽容的态度。所以，很多名义上改信新教的斯里兰卡人很可能在内心深处仍然保留着对佛教或者印度教的虔诚。改变信仰可以带来经济生活上的便利，比如取得一些经营性特权，但是外来宗教并不一定能替代本地宗教的精神慰藉，尤其是泰米尔人，印度教对于他们来说是与生俱来、代代相传的精神世界，其内涵与西方意义上的宗教截然不同。白天去新教教堂而同时又在家里早晚膜拜毗湿奴或湿婆像对于殖民时期的泰米尔人来讲是正常的事情。荷兰东印度公司驻贾夫纳官员在回忆录中就提道，改信新教的泰米

荷兰殖民与斯里兰卡的社会经济变化

尔人遇到神庙,只要有机会就会忍不住跑进去跪拜。[①] 很多记载都显示,即使在荷兰占领的沿海地区,很多僧伽罗或者泰米尔家庭都保留了举行佛教或者印度教仪式的习惯。

在种姓的层面,高地王国继续以种姓制度为基础维系社会的运行。高维种姓仍然是在社会经济生活中占主导地位的人群。而在沿海地区,荷兰人关注的是社会稳定和商业利益,所以种姓并不被认为是至关重要的制度基础。分别于1659~1663年和1665~1675年担任驻斯里兰卡总督的范·高恩就提道:"中间种姓的人来担任各种官职是最适当的,因为他们总能提供最好的服务。"[②] 这也是荷兰在殖民时期的统治策略之一,即任用中低种姓的人来担任殖民官职,以此来对抗社会力量更加强大的一些高种姓人群,例如高维种姓。像卡拉瓦种姓(Karavas,渔民)在沿海地区得到任用的机会就比较多。他们对于原有封建制度的留恋也较少,在改变宗教信仰和融入殖民社会方面也比高维种姓更容易。在北部贾夫纳地区,荷兰人推行了同样的政策,即利用中低种姓来分化本地人群。这种对原有种姓社会地位的触动,是殖民时期斯里兰卡社会变化的一个重要方面。

土地所有权也是殖民时期社会经济生活变化的一个主题。葡萄牙殖民时期,很多沿海地区的农民选择迁往中部高地。荷兰人面对的是大片荒芜无人耕作的土地。为了鼓励人们从事农业生产从而保证粮食供应,很多土地被无偿提供给低种姓人群。到了18世纪,在新的土地所有制度和种姓格局之下,沿海地区的人口有了显著增长。至少对于原来的中低种姓人群,殖民过程反倒提供了在一定程度上更好的生活保障。原来那种只有个别种姓可以拥有土地并且在社会中占主导地位的现象被削弱了。由于殖民经济的外生性,对外贸易成为经济生活的重要组成部分。斯里兰卡借由以巴达维亚为中心的亚欧贸易网络成为世界经济体系中的一个环节。农业之外的各行各业也得到发展机会,例如造船及船只修理和维

---

① *Memoir of Hendrick Zwaardecroon, Commander of Jaffnapatnam*, 1697, p.52.
② R. Van. Goens, *Memoir of R. Van. Goens 1663–1675*, Colombo, 1932, p.20.

护、香料运输储藏及贩卖，以及繁忙港口所必需的各种物流保障等，给本地人提供了更多的职业选择。东印度公司的几千名驻军也需要铁匠、石匠等工种来加固城堡和修理枪械等。尽管这些工作在东印度公司的殖民统治之下要受到相当大的剥削，但整体来看社会经济生活变得更加具有多样性，原来处于社会底层的人们有了更大的生存空间。

Dutch Colonization and the Social Change of Sri Lanka

Abstract The Dutch colonization in Sri Lanka resulted in significant social and economic changes in the island country. Starting from the 1640s to the end of the 18th century, there had been extensive Dutch impact on the different aspects of Sri Lanka. This paper discusses the slave trading, the development of VOC as well as the relevant social changes in Sri Lanka.

Keywords Dutch, Sri Lanka, Trade

中老谚语的文化内涵比较

陆蕴联　靳浩玥[*]

摘　要　谚语被喻为语言的精粹，是宝贵的文化遗产。它作为一种重要的文学形式，是劳动人民在生产与生活中创造出来的，其语言精练、寓意深刻、应用广泛，能生动地反映出一个国家丰富的文化内涵。笔者认为，对谚语的分析与研究，尤其是对于不同国家谚语的比较研究，具有十分重要的意义。借助谚语与文化的密切联系，透析谚语所蕴含的文化内涵，有助于深入理解不同国家之间文化的共性与差异。本文通过对中国与老挝这两个国家的谚语比较，剖析其在宗教信仰、社会价值观以及生活方式方面的文化内涵，旨在深入理解两国文化的异同，并提高两国人民学习和使用谚语的兴趣，增强中老谚语的生机和活力。

关键词　谚语　中国　老挝　文化

一　相关概念阐述

（一）文化的定义

文化是人类群体创造并共同享有的物质实体、价值观念、意义体系

---

[*] 陆蕴联，北京外国语大学老挝语专业教授；靳浩玥，北京外国语大学老挝语专业 2013 级研究生。

和行为方式。① 英国人类学家爱德华·泰勒在《原始文化》中提出，文化是包括全部的知识、信仰、艺术、道德、法律、风俗以及作为社会成员的人所掌握和接受的任何其他的才能和习惯复合体。② 文化作为一种重要的精神力量，对社会发展所起的作用是不言而喻的，倘若一个国家完全丧失了自己的文化，就会沦为他国的傀儡。根据上述的定义，文化的范畴是十分宽泛的。每个国家都有其独特的文化，中国和老挝也不例外，本文将在这个大文化范畴中着重就中老两国的宗教信仰、社会价值观和人民生活方式这三个方面进行分析研究。

（二）谚语的定义

中国学者朱介凡在《中国谚语论》中称：谚语是风土民性的常识、社会公道的议论，深具众人的经验和智慧，精辟简明，喻说讽劝，雅俗共赏，流言纵横。③ 老挝学者也对谚语给出了类似的定义：谚语是劳动人民自古以来在生产生活中所创造出的优美、准确、精练、寓意深刻的语言。④

（三）文化与谚语之间的联系

根据上述文化和谚语的定义可以看出，文化和谚语二者之间是相互联系、相互依存的。语言是文化的载体，文化发展离不开语言，因此，谚语作为语言的精粹，被归结为文化的重要组成部分，并能够深刻、清楚地反映文化。

---

① 肖云衷主编《社会学概论》，清华大学出版社，2012，第50页。
② 〔英〕爱德华·泰勒：《原始文化》，连树生译，广西师范大学出版社，2005，第1页。
③ 朱介凡：《中国谚语论》，台湾新兴书局，1964，第62页。
④ 《大学基础老挝文学》，老挝国立大学语言文学学院，2001，第43页。

二 中老谚语的文化内涵比较

（一）宗教信仰

宗教是一种超自然的力量，它作为人们神圣的信仰，调整并支撑着人们的行为，并渗透在社会历史发展之中。因此，中老两国的很多谚语都带有宗教色彩。

1. 原始信仰——鬼神崇拜

不论是中国谚语，还是老挝谚语，反映鬼神观念的比比皆是。例如，中国谚语"远怕水，近怕鬼""越怕越有鬼""神衰鬼弄人""糊涂庙里糊涂仙"等。除此之外，还有很多中国谚语借"鬼"喻义。例如，"神不知鬼不觉""贪婪鬼没个饱，吝啬鬼不知富"等。

涉及鬼神的老挝谚语也多得数不胜数。例如，"khon di phi khum"（好人鬼神护）、"lai khon di，lai phi peuang kai"（人多好办事，鬼多多杀鸡；多一个菩萨多烧一炷香）、"phi heuan bo di，phi pa saek khao"（家神若不好，野鬼进门扰）、"phi phet pho khao sak，kam pha sak chuab nom"（饿鬼遇祭食，孤儿逢乳汁，比喻雪中得炭，饥时得食）等。老挝语也有借"鬼"喻义的，例如，"mi le phi kon phet"（诡计多端）等。

中国的鬼神崇拜源远流长。何为鬼神？鬼即人死后的灵魂，而神则指日月、星辰、山川、林谷等自然物的灵性。自然之神与人鬼，这是鬼神的基本构成。鬼中有一部分可以升入神的行列，而另一部分可能被分离出去，变得低贱邪恶，为人们所憎恨。所以中国谚语中的鬼神既含有褒义，也有贬义。

按照老挝语字典上的解释，老挝语中的"鬼神"（phi），指人的尸体或人死后的灵魂或者神仙，与中国的鬼神十分相似。由此可以看出，"鬼神"都是中老两国人民原始信仰的体现。在古代社会，由于社会生产力低下，解释自然、改造自然的能力十分有限。因此，人们对于自然力量的恐惧和崇拜，导致其原始信仰的产生。中国人相信灵魂，崇拜鬼神。

老挝人也是如此,他们信仰鬼神,诸如父母的亡灵、稻田守护神、森林守护神、家神、坟地鬼等。直至今日,在中国和老挝的偏远地区,还有很多人保留着祭鬼神、供奉神灵和驱赶附身鬼的风俗。

2. 佛教信仰

佛教起源于公元前6世纪的印度,后通过多条路径传入中国、老挝等国家。佛教自汉唐时期传入中国以来,对中国社会产生了一定的影响。中国有"不到西天,不知佛大小""临时抱佛脚""不经磨难不成佛""放下屠刀,立地成佛""跑得了和尚,跑不了庙""泥胎变不成活佛""善有善报,恶有恶报"等诸多以佛喻事或宣扬佛教思想的谚语。

老挝谚语中更是有大量反映佛教信仰的谚语,这是因为14世纪中叶澜沧王国法昂王从柬埔寨引入了上座部佛教,使其在老挝逐渐盛行起来,于是在以后的各个历史时期,佛教对老挝社会的各个方面都产生了深刻的影响,时至今日,佛教仍是老挝最重要的宗教。涉及佛教的老挝谚语有"chai hai pen phi, chai di pen pha"(心恶成鬼,心善成佛)、"yu nai sin, kin nai tham"(持戒修道)、"meu theu sak, pak theu sin"(手持杵,口念经)、"bo hen kae si, ko tong hen kae pha leuang"(不看僧尼看僧衣)等。这些谚语中提到的佛、戒律、僧尼、僧衣等都直接或间接地展现了佛教文化。

3. 中老谚语体现的宗教文化差异

透过中老两国的谚语,可以看出两国宗教文化的差异。中国谚语中有很多是以道教为核心的,例如"佛家重练心,道家重养生""治大国,若烹小鲜""上善若水""大直若屈,大巧若拙,大辩若讷,大赢若绌"等。道教产生于汉朝,是中国的本土宗教。在中国的56个民族中,有约20个民族信奉道教。[①] 可见,道教在中国地位之重要。除此之外,儒家思想也在中国社会中占据重要的地位,这在谚语中也有所体现。例如,"否极泰来""天行健,君子以自强不息"等。

而老挝社会除了受到佛教的影响,婆罗门教也曾占据重要的地位。

---

① 刘守华:《道教和谚语》,道教论坛,http://www.chinataoism.org/showtopic.php?id=9025。

婆罗门教起源于古代印度，信奉梵天、毗湿奴和湿婆三大神，主张祭祀万能，强调善恶有报，人生轮回。虽然至今还没有确凿的证据证明婆罗门教传入老挝的确切时间，但婆罗门教曾对老挝社会的很多方面产生重要影响，这一点是不容置疑的，这可以从老挝国内的碑铭和文物得到充分印证，其中位于老挝南部的瓦普寺就是最好的证据。据老挝国内一些学者的研究，瓦普寺是信奉湿婆的占族人于公元5~6世纪修建的，寺中曾有印度教三大神的坐骑以及湿婆林加的供奉厅等。此外，老挝的雕刻艺术也反映出许多婆罗门教的原型。例如，老挝许多圣祠入口处的门神表现的是婆罗门教的主题；高大建筑物的设计同婆罗门教建筑一样，常常呈十字形，其窗户结构明显受到过婆罗门教的影响。婆罗门教自从传入老挝后就深深扎根于这块土地之中，充斥着老挝人的头脑，婆罗门教主神的名字因陀罗、毗湿奴、湿婆等成为老挝人日常生活的口头禅，因此老挝谚语带有婆罗门教色彩就不足为怪了，例如谚语"sua sang si, di sang pham"（不管尼姑的坏事，也不管婆罗门的好事，比喻事不关己，高高挂起）直接提到了婆罗门。此外，还有"khao mai pa man"（新米肥鱼，比喻新婚宴尔）。该则谚语源自婆罗门教的故事，故事中提到人们要把鱼肚上的脂肪供奉给婆罗门教的创世神大梵天，因此老挝人认为，鱼的脂肪是其最好的部分，与此同时，新蒸好的米饭又是最香甜可口的，于是就用"新米肥鱼"来形容新婚的夫妇，映衬两人甜蜜的爱情。

（二）社会价值观

价值观是一种观念，是人们对客观事物的总体评价和看法。中国和老挝山水相连，两国人民自古就相互往来，联系密切，因此，中老两国展现价值观的谚语，其主旨是大体相近的。举例如下。

1. 崇尚勤劳，摒弃懒惰

中国谚语如："一年之计在于春，一生之计在于勤""人勤肚饱""刀快锄草细，人勤喂马肥""不怕吃饭拣大碗，就怕干活爱偷懒"等。类似的老挝谚语如："pai yiap ma, ma yiap khiat"（走时踩着狗，归时踩着蛙，比喻早出晚归）、"teun kon ka, ha kin kheu kai"（比鸦起早，鸡般谋生）、"du laeo di，su si laeo dai"（勤奋有收获，坚持会成功）、"na di gnon khan，mu man gnon chao khong du man"（梗牢田沃，人勤猪肥）等。

2. 崇尚诚实，弘扬诚信

中国谚语如："牛马羊群肥壮的好，品质性格诚实的好""巧欺骗不如笨诚实""人之交往在于诚，世之安宁要靠信"。类似的老挝谚语如："sia sip ya sia sat"（宁可舍身，不可失信）、"chai seu，meu sa at"（心直手净）、"sia sat cha ni，tay di kua"（丢失诚信，不如死去）。

3. 知恩图报，饮水思源

中国谚语如："滴水之恩，当涌泉相报""乌鸦反哺，羔羊跪乳""知遇之恩，永生不忘""父母之恩，山高水长"等。类似的老挝谚语如："khun pho tho phu khao ka，khun mae tho fa kup din"（父恩重如山，母恩如天地）、"khan dai kin ton sin，ya leum bun khun ma"（吃肉勿忘犬恩）、"dai kin khao khit theung khun na，dai kin pa khit theung khun nam"（吃饭念及田之恩，吃鱼念及水之情）等。

4. 心胸宽广，慷慨大方

中国谚语如："得饶人处且饶人""宰相肚里能撑船""海纳百川，有容乃大"。类似的老挝谚语如："khap thi yu dai，khap chai yu gnak"（屋窄尚可住，心窄实难留）、"pheun sang to，ya gno sang top"（他人恨我，勿回恨于人）。

5. 团结一心，友爱互助

中国谚语如："众人拾柴火焰高""三个臭皮匠，赛过诸葛亮""一根木头难成排，一根稻草难捆柴""一个好汉三个帮"等。类似的老挝谚语如："phai bo phom，ban meuang bo hung heuang"（民不齐心国不盛）、"nak soy kan hap，gnap soy kan deung"（重活帮着挑，粗活帮着干）、"kin khao huam pha，kin pa huam thuay，kin kuay huam wi，kin pi huam ton"（共用一个饭桌吃饭，共用一个碗吃鱼，共吃一把香蕉，共吃一株蕉蕾）、"sam pak di kua mo"（三张普通嘴，胜过一个巫师口）等。

谚语是在一定社会价值观基础之上创造产生的，其易于传播、朗朗上口的特点更有利于人们树立正确、积极的价值观。通过上述的中老谚语实例可以看出，中老两国人民所秉持和倡导的社会价值观非常相似，谚语在社会中发挥着启迪、指导、教育以及警戒人民的作用。

（三）生活方式

从广义上讲，生活方式是指整个人类生存的活动方式，从狭义上讲，是指在一定社会客观条件的制约下，社会中的个人、群体或全体成员为一定的价值观所指导的、满足自身生存和发展需要的全部生活活动的稳定形势和行为特征。[①] 简单来说，其涉及人类衣、食、住、行、劳作等各个方面。下面主要从农业劳作、衣着穿戴和饮食习惯三个方面进行阐述。

1. 农业劳作

农业是为人民供给粮食的部门，为人民的生活提供最基本的保障，与人们的联系非常密切。因此，在中老谚语中，均有很多谚语涉及农业因素。

中国作为一个历史悠久的传统农业大国，人们在农业生产中积累了大量的经验，这些宝贵的经验被融入谚语。这种谚语精练押韵，而且便于记忆，因此被一代又一代的人传诵下来。例如，"梨花白，种大豆""清水下种，浑水插秧""六月不热，五谷不结""稗草不拔，水稻不发""春不种，秋无收""立夏勿下雨，犁耙倒挂起"等。

老挝也是农业国，虽然老挝语中阐述农业生产经验的谚语不如中国的丰富，但涉及农田、稻谷等与农业相关的谚语也相当多。例如，"nai nam mi pa，nai na mi khao"（水中有鱼，田中有稻，比喻鱼米丰产）、"sip ton la，bo tho ton hua pi"（十株晚播稻不如一株早播稻，比喻遵守农时，赶早不赶晚）、"mot ka laeo na"（用完秧苗插好田，比喻正合适）、"kham tho hua ma，bo tho na tin ban"（狗头大的一块金，不如村边一块地）、"chong hai hai sut sua ta，chong na hai sut sua siang hong"（占据旱田就占到视线尽头，占据水田就占到喊声听不到的地方，比喻多占地，多收益）。

---

① 肖云衷主编《社会学概论》，清华大学出版社，2012，第185页。

2. 衣着穿戴

衣着穿戴的重要性在中老谚语中都有展现，中国谚语如："佛靠金装，人靠衣装""无衣不成人，无水不成田""宁让肚子饿，不要衣服破"。老挝谚语中也有"kai ngam gnon khon，khon ngam gnon taeng"（鸡因羽而美，人因装而俊）等。从中可以看出，不论是中国人还是老挝人，都把衣着穿戴放在一个十分重要的位置上。

此外，谚语还反映出中老两国服饰的不同特点。中国的服饰文化非常丰富，尤其体现在中国古代服饰上。例如中国谚语"头戴乌纱帽，心怀十把刀"中提到的乌纱帽是中国古时候官吏戴的一种帽子，在别的国家是没有的；又如"人靠衣裳马靠鞍"中提到的衣裳，是古代汉族服饰中的经典款式，即上面为衣，下面为裳，裳类似裙子。除此之外，衣服的颜色、花纹图案等也均有讲究。

老挝方面，筒裙一直作为老挝服饰文化的重要标志之一，颇具民族气息。不论是平日里上班还是节日里参加庆典，老挝妇女都要穿着筒裙。老挝式筒裙必须有裙头和裙脚，裙头要求与肚脐齐平，裙脚要盖过小腿肚。在很多老挝谚语中都能轻易找到筒裙的影子。例如，"tin phom hai dam kiang，tin sin hai man phian"（头发要乌黑光滑，筒裙脚要平整）、"sin ngam tham ha huk，phuk ngam tham theung phu nung"（筒裙美看织机，穿得漂亮要看人）等。

3. 饮食习惯

中老两国谚语可以折射出中老饮食文化的一些特点。

中国人在饮食偏好方面，除了把米饭作为主食，还喜食馒头、面条、饺子等面食。中国谚语如："冬至饺子夏至面""今冬麦盖三层被，来年枕着馒头睡""送行饺子，迎客面"等，都直接或间接地反映出中国人对面食的偏好。该偏好的产生主要归因于中国华北一带的气候更适宜种植小麦，因此华北人长久以来就养成了吃面食的习惯。中国人喜欢喝粥，认为喝粥有利于身体健康，因此有诸如"若要不失眠，煮粥添白莲""一天三顿粥，郎中朝我哭""心慌吃不成热粥，骑马看不好三国"等谚语。在烹饪调料中，醋是不得不提的中国特色传统调味品。中国谚语讲"有醋可吃糠，无醋肉不香"，可见中国人对醋的偏爱。涉及醋的中国谚语还有很多。例如，"好吃甜的，找卖糖的；好吃酸的，找卖醋的""姜是老的辣，醋是陈的酸"等。中国人喜欢喝热水，因而常以喝凉水来形容凄惨的处境，如谚语"今日有酒今日醉，明日倒灶喝凉水""饮凉水，吃苦饭"等。中国人还喜欢饮热茶，和茶有关的中国谚语数量非常多，例如，"茶好客常来"，反映出中国人有以茶待客的习俗，而"茶水喝足，百病可除"则反映出中国人认为茶有利于身体健康的观念。

老挝人在饮食偏好方面，首先喜欢吃鱼，因此老挝有很多涉及鱼的谚语。例如，"sip sin bo pan pa, sip phi nong lung ta bo tho pho kup mae"（十块肉不如一条鱼，十位亲戚不如父母）、"bua bo sam, nam bo khun, tae hak chap pa dai"（既不伤荷花，也不搅浑水，但能抓到鱼，比喻两全其美）、"nai nam mi pa, nai na mi khao"（水中有鱼，田中有稻，比喻鱼米丰产）、"kin khao huam pha, kin pa huam thuay"（共用一个饭桌吃饭，共用一个碗吃鱼，比喻同甘共苦）。此外，老挝人在吃糯米饭、蔬菜等食物的时候，喜欢蘸酱，因此有很多老挝谚语提到了酱料，例如"khao bai khao, chaeo bai chaeo"（饭和饭捏在一起，酱和酱拌在一起，比喻不相上下）、"ya the nam chaeo pai kin kaeng"（纵然桌上有鲜汤，也莫倒掉辣酱汤，比喻切勿喜新厌旧），等等。老挝人在烹调食物时喜欢加入柠檬汁，而不像中国人那样用醋，因此，柠檬便成了老挝菜肴中的重要调味品。有很多老挝谚语都提到了柠檬，例如"kiang tae nok, thang nai pen mak deua, wan nok neua nai som dang mak nao"（外表光滑，里面是无花果，外部甜津津，里面酸如柠檬，比喻金玉其外，败絮其中）。

不仅如此，透过老挝谚语，还可以了解到一些老挝的特色菜品，例如"khao pheun khaw, luk sao pheun haeng, kaeng pheun saep, pa daek pheun nua"（别人的米饭白，别人的女儿俊，别人的羹汤鲜美，别人的糟鱼美味）、"mot pa daek tong mi khu, chi pu tong mi vat"（煟糟鱼要有师傅，烤螃蟹要有诀窍，比喻行行有学问，事事有门道）、"khan dai kin lap koy, ya leum chaeo phaeo phak, khan mi pha ngeun pha kham, ya leum ka bian hang"（吃了凉拌肉末，莫忘辣椒香蓼，有了金盘银托，莫忘破烂簸

箕，比喻苟富贵，勿相忘）。上述谚语中的"pa daek"实际上是腌糟鱼，即把刚捕来的小鱼，去头去鳞，挤出内脏，洗净滤干水分，然后装入坛子，码一层鱼，撒一层盐，再撒上一些米糠，轻轻按压，把坛子装满，并用泥将坛口密封，置于高脚屋下的阴凉干燥处，储存一个月左右，便可启封食用。这样做成的"pa daek"，鱼香浓郁，味道独特。"lap"（音译为"辣帕"）是老挝式凉拌肉末，类似中国傣族菜肴"剁生"，即用肉类或鱼剁碎后再拌上柠檬汁、香茅草、薄荷、辣椒、花椒、葱、姜、蒜、鱼露等作料做成，味道浓郁鲜美，可以拌生肉，也可以拌熟肉。"lap"可以说是老挝的一道国菜，是宴会或节日大餐中必不可少的一道菜，当然，也是日常生活中的家常菜。

综上所述，谚语在一定程度上直接或间接地表现出中老两国不同的饮食习惯。具体来说，中国人喜食大米饭和面食，而老挝人的主食是糯米饭，吃糯米饭成了老挝民族最显著、最重要的特征，老挝有"老挝人一生一世生活在糯米之中"的说法。老挝人还爱吃糟鱼。腌糟鱼和糯米饭，可以说是老挝的代名词。在调味品上中老两国也有差别，中国人喜欢用醋、酱油，而老挝人则习惯用柠檬汁和鱼露。此外，中国人喜欢喝热水，钟爱热茶，而老挝人喜欢喝凉水，比起喝茶，更喜欢喝咖啡。

三　结语

谚语流传于民间，是广大劳动人民代代相传的宝贵财富，它在一定的文化和时代背景下被劳动人民创造出来，涵盖宗教信仰、价值取向、衣食住行、文化生活等方方面面，凝聚了广大劳动人民的经验与智慧。不仅如此，谚语也是从群众中来到群众中去的典型，与那些长篇大论相比，谚语以其简单明快、朗朗上口、贴近生活、不落俗套的特点更容易被广大劳动人民所理解和接受。因此，谚语可谓国家智慧的结晶，是了解一个国家的明亮窗户和便捷的桥梁之一。通过谚语，人们可以了解文化，通过文化可以解读一个国家、一个民族，这是一个便捷而有效的途径。

中老谚语的文化内涵比较

对比中老两国谚语，通过分析其各自的特点，并比较其所包含的深层的文化内涵，可以看到，中老两国人民在宗教信仰、社会价值观以及生活方式上，既存在诸多共性，也有各自不同的特点。当然，谚语所涵盖的方面并不仅仅体现在这些地方，谚语的数量也远远超出文中所举的例子，谚语所包含的文化内涵也远比文中提到的多得多。历史是条漫漫长河，所有的东西都要经过这条历史长河的洗涤与冲刷，这本身就是一个去粗取精、去伪存真的过程。在这个过程中，很多东西存在过，最终又消失了，被历史所淘汰，而谚语却在历史长河慢慢流淌的过程中被不断冲刷、不断打磨，变得越发光鲜亮丽，光彩照人。任何事物，最难能可贵的就是能经历历史洗礼、经历时间雕琢。谚语随着人类文明一起产生，一起发展，保留至今，应该说，是难能可贵的巨大财富。究其原因，是因为谚语本身最能贴近生活、最能反映生活、最能表达生活，是由人类中的广大群体创造出来的，又被这个广大的群体所接受，还被这个广大群体不断完善，并被这个广大群体世代传播，无论时间如何推移，都不会被淹没在滚滚的历史长河中。

谚语有着这样巨大的价值，研究谚语的意义不言而喻。对于中老谚语的研究，不仅有利于深入理解和把握中老两国文化，同时，对于发展两国间的睦邻友好关系，也是富有重要意义的。在中老两国间的交流中，大到国家政府层面，小到民间交往，地道地使用几个对方国家的谚语，可以拉近两个国家以及两个人之间的距离，消弭许多的隔阂，给人以亲近感。因此，谚语倘若被用在外交上，能够切实地起到以小见大的作用，相比于一些外交辞令，谚语显得更现实、更亲切、更真实、更温暖。

A Comparison on the Connotation of Chinese and Lao Proverbs

Abstract The proverb is regarded as the essence of languages and precious cultural heritages. It is an important form of literature created by common people in their daily life and it has the advantage of being succinct, profound and widely applicable. Meanwhile, it could vividly reflect the rich cultural connotations of one country. The author believes that the research and analysis especially comparative studies on proverbs of different countries are of fairly high importance and meaning. With the close connections between proverbs and cultural background, thoroughly analyzing the cultural connotation contained in proverb is helpful to comprehend the similarities and differences of different countries. By comparing the proverbs of China and Laos, analyzing the connotations on religious belief, social values and lifestyle, this article aims at comprehending the culture of both China and Laos, inspiring the people of two countries to learn and use proverbs and strengthening vitality of proverbs in these two countries.

Keywords Proverbs, China, Laos, Culture

20世纪"缅甸的华文报刊和华文教育"

李 健[*]

摘 要 缅甸是中国的近邻，两国之间有着2000多年友好交往的历史，建立了传统的"胞波"情谊。自古以来，中国文化在缅甸广泛传播，产生了深远的影响。本文主要对华文报刊、华文教育在缅甸的发展情况进行简要的分析和论述。

关键词 缅甸 华文报刊 华文教育

缅甸是中国山水相连的近邻，中缅两国之间有着2000多年友好交往的历史。从民族、语言等方面看，两国之间也是近亲。自古以来，中缅两国人民友好相处，建立了传统的"瑞苗胞波"情谊。

根据相关中国古籍的记载，13世纪以前，中缅两国就在政治、经济、文化等多方面有着密切的交往。作为亚洲两大文明古国的中国和印度之间很早就有了陆海交通联系。值得注意的是，古代中印两国之间的重要陆海交通线都经由缅甸，因此缅甸成了中印两国之间陆海交通联系的桥梁。早在汉代，中缅两国之间就有了官方交往。公元69年，汉武帝下诏开通了从中国四川经由云南、缅甸北部到达印度的国际通道——蜀

---

[*] 李健，北京外国语大学缅甸语教研室教师。

身毒道，[①] 中缅两国的商贾便相互来往，从事农业、手工业以及商贸活动。此外，公元前140年～公元87年，中国商人经由海道从中国广东永昌远航缅甸德林达依、卑谬、蒲甘等地从事贸易活动。[②] 陆海丝绸之路的开通，促进了中缅两国之间的贸易往来，也增加了移居缅甸的中国人的数量，极大地促进了中国人侨居缅甸的进程。中缅两国之间贸易的扩大，进一步促进了两国人员的流动。为了方便贸易，部分中国人就滞留在缅甸，与当地人通婚并定居缅甸，成为华侨。旅缅华侨与缅甸人的通婚，促进了中国文化与缅甸文化的融合。

除了商贸活动以外，战争也是中国人移居到缅甸的另一个重要原因。1659年初永历帝入缅和清代乾隆年间的清缅战争（1762~1769年），导致旅缅华侨数量急剧增加。

此外，一些丧失生产或生活条件的中国人也通过各种渠道迁徙到缅甸，如云赣川大批农民前往缅甸北部开矿等。[③] 1885年英国占领缅甸以后开发下缅甸，又有大批中国人从福建、广东等地去下缅甸参与开发。

由于上述各种原因，中国人不断移居缅甸。清代末年，缅甸的华人华侨社会已经基本形成。旅缅华人华侨在婚姻、饮食、服饰、生活习俗和文化教育等多个层面上全面地融入缅甸社会。这一过程一方面有助于缅甸的安定团结，另一方面有助于华人华侨自身的发展，中国文化得以在缅甸广泛传播，并产生深远的影响。本文就华文报刊、华文教育在缅甸的发展情况进行简要的分析和论述。

一 华文报刊的创办与发展

1826年第一次英缅战争结束之后，英国侵占了缅甸德林达依和若开，缅甸最早的近代报刊就是由英国人于1836年在德林达依地区创办的

---

① 旅缅安溪会馆：《旅缅安溪会馆四十二周年纪念特刊》，仰光，1963，第6页。
② 林锡星：《中缅友好关系》，暨南大学出版社，2000。
③ 贺圣达：《缅甸史》，人民出版社，1992。

英文报《毛淡棉新闻》。1841 年,浸礼教会用传教士们创制的克伦文出版了《晨星报》,1842 年出版缅文报纸《道义新闻》。这些报纸刊登的内容大部分为宗教事务,也刊登少量国内和国际新闻。1852 年第二次英缅战争结束之后,整个下缅甸落入英国人之手,报业也从毛淡棉转移至仰光。

缅甸的华文报刊相对于上述报刊则晚了半个多世纪。在光绪二十八年(1902 年)立于仰光庆福宫的《重修仰光庆福宫碑记》中记载有"中华日报局"的捐款提名。但因无其他文献资料可以佐证,笔者未能了解中华日报局的详细情况。因此一般认为,《仰江日报》是缅甸最早发行的华文报刊。该报于 1903 年创办,主办人为谢启恩,翌年改名为《仰江新报》。《仰江新报》创办初期,由于人员复杂,报刊毫无宗旨可言。1905 年春康有为赴缅,秦立山著文《革命篇言》驳斥,对缅甸的华侨社会影响甚大。华文报刊初期在宣传革命、传播民主思想、开阔侨胞政治眼界等方面做出了积极的贡献。1903~1966 年,有文字记载的先后出现的华文报刊为《仰江新报》《光华日报》《商务报》《进化报》《缅甸公报》《觉民日报》《仰光日报》《缅甸晨报》《缅甸新报》《兴商日报》《新芽小日报》《中国新报》《侨商报》《中国日报》《新仰光报》《先声报》《国民日报》《青霜日报》《人民报》《中华商报》《生活周报》《自由报》《自由报》《时代报》《伊江周报》等。就刊龄而言,存在 15~30 年的有 6 家,其中《觉民日报》存在了 28 年,刊龄最长;刊龄短的,则只有 3 个月至 1 年。各报刊发行量一般都是数百份至数千份不等。

缅甸华文报刊的发展大致经历了四个阶段:第一阶段为草创时期,从 1903 年《仰江新报》创刊至 1911 年辛亥革命的八年里,先后有 5 份报刊问世。第二阶段为发展时期,从 1913 年《觉民日报》创刊至 1942 年日军侵略缅甸为止,29 年里先后有 8 份报刊问世。第三阶段为消失时期,1942~1945 年日军占领缅甸的三年里,华文报刊事业被彻底摧毁。第四阶段为繁荣时期,1945~1966 年,21 年里先后有 12 份报刊问世。

截至 1961 年,缅华社会仍然保留有 6 份华文报刊,其中主要有《新仰光报》《中国日报》《中华商报》《人民报》等。1966 年,缅甸政府在下令取消华文学校的同时，也禁止了华文报刊的出版，曾经在历史上繁荣一时的华文报刊就此终结。

1988年11月4日，在旅缅华侨的积极争取下，经缅甸政府批准，中文《缅甸华报》正式出版发行。这是1962年以来缅甸首次出版发行的中文报刊，也是缅甸目前唯一的一份华文报刊。该报为周刊，周三出版；小报版面，每期16版，一般有4面彩版；除了缅甸新闻、国际新闻、经济信息栏目以外，还有名胜古迹、大众园地、周末茶座、华人动态、青年园地、学生园地、体育文艺等副刊。发行量开始为6000份，后来略有下降，但能保持在4500份左右。订户70%在以曼德勒为中心的上缅甸，30%在以仰光为中心的下缅甸。

过去缅甸历史上有华文报刊《属侨民报》，其显著特点为在政治、经济、思想上都与中国国内保持密切的联系。《缅甸华报》的创办并非历史的简单重复。由于缅甸绝大多数华侨已加入了缅甸国籍，实现了由华侨变华人、他乡变故乡的历史性转折，因而其办报人员、方针、内容都与过去有着本质区别。《缅甸华报》不仅加强了缅华社会的互相了解，促进了中缅友谊的发展，更重要的是，保留了缅华社会的中华传统文化渊源。

二　华文教育

缅甸最早的华文教育开始于19世纪。最初的形式是定居在缅甸的华侨为了给子女提供华文教育，自行筹资在民间筹办的私塾教育。1872年旅缅华侨在仰光广东观音庙开设了以教授《三字经》《千字文》为主的私塾。[①]　在缅甸北部的八莫，滇侨在关帝庙内设立蒙馆，而缅甸南部各地凡是有寺庙宗祠的地方初期也都设有私塾。此外有的学堂还同时教授缅语或英语，因为当时缅甸是英国殖民地，学习英语是生活工作和提高自己价值的需要，这就是当时华人华侨开办华文教育的特色。当时，清政

---

① 郝志刚：《缅甸华人华侨华文教育》，《东南亚研究》1997年第4期。

府在美洲和东南亚地区均设立有领事馆，在当地建立许多私塾和学堂。清政府不仅出资资助这些学堂，还鼓励华侨子弟回国参加科举考试。

到19世纪末期，仰光的华人祠庙和会馆相继开设私塾。中华民国建立之后，由于民族意识的增强和国内教育部门的督导，缅甸的华文教育有了长足的发展。缅甸第一所由华侨开办的正规学校是1904年在仰光由闽侨富商创办的中华义校。之后，又有益商夜学、林振宗中西学校、福建女子师范学校、中国女子公学、乾坤学校（开办初期为振乾、振坤、乾坤幼稚园三校，之后合并）① 等华文教育学校相继成立。辛亥革命以后，旅缅华人华侨学校发展迅速。和其他东南亚国家一样，缅甸华侨也因籍贯不同而形成不同的帮，缅甸南部的仰光以及沿海地区以闽帮、粤帮居多，而缅甸北部则为滇帮。较大的学校一般均由各帮分办，学校虽多，但人力、物力、财力分散，影响学校质量的提高，即便如此，华侨自己办学为中国传统文化在当地的传承起了重要作用。太平洋战争爆发前夕，缅甸华文学校有300余所。

1942年，日军占领缅甸，缅甸华文教育惨遭"洗劫"，损失巨大，仅有伪组织"华侨联合会"在日军的许可下尽可能地开办华文学校，② 而正常的华文教育被迫完全中断。战争结束之后的1945年，仰光华侨公学开办，此后两三年间，大多旧有的华文学校得以恢复，还有一些新的学校创办。1948年缅甸独立时，缅甸华文学校已经具有相当规模，共计220多所，教职工700多人，学生约18000人，③ 学校主要集中在仰光及其近郊，共有47所，包括中学13所、小学22所、师范学校1所、教会学校2所、夜校9所。④ 其他各地共有华侨中学4所、小学173所，可见华文教育的普及程度。其中，享有盛名并影响至今的有1921年创办的缅甸华侨中学和1948年创办的缅甸南洋中学。缅甸华侨中学是缅甸华侨创办的第一所中学，长期以来一直被视为缅华社会的教育标杆。缅甸南

---

① 《黄绰清诗文选》，中国华侨出版社，1990，第338页。
② 西汀穆：《濒于灭绝的缅华教育——谈缅甸华教状况及其他》，《人月刊》1990年第7期。
③ 贺圣达：《当代缅甸》，人民出版社，1993，第346页。
④ 赵维扬：《缅甸华侨之今昔》，第三届东南亚年会，1983。

洋中学除了具有浓厚的民主和进步色彩之外，在其存在的17年间先后招收附小学生4届、初中生33届、高中生20届、师范班和师资班3届、外文班4届，学生共计六七千人。

缅甸独立后，缅甸政府从民族主义立场出发，对外侨（包括华侨）采取了一些限制性措施。尽管如此，1962年以前缅甸华侨仍是比较自由的，华侨华文教育和华文学校比较兴盛，根据相关资料，在鼎盛时期缅甸约有300所以上的华侨华文学校。[①] 1955年周恩来总理访问缅甸时，鼓励旅缅华侨积极学习缅甸语，鼓励华侨加入缅甸国籍，与缅甸人通婚。在周总理的号召下，华人学习缅甸语的兴趣大增，华侨华文学校几乎都开设了缅甸语课程。1962年3月2日以奈温将军为首的缅甸国防军成立了"缅甸联邦革命委员会"，发动政变接管了政权，公布"缅甸社会主义道路"纲领，在全国实行"国有化"，严格管制华文学校以及其他私立学校，规定华文学校学生必须接受缅文课程，华文学校教授华文只能利用课余时间。1965年4月，缅甸政府下令将全国所有中小学收归国有，1966年又颁布了《私立学校登记条例修改草案》，规定除了单科补习学校以外，不准开办其他一切形式的私立学校。1967年6月26日反华事件发生后连家庭补习班也在被禁之列。从此，缅甸华侨子女唯有就读于政府开办的缅甸学校，具有百年历史的缅甸华文学校、华文教育受到致命打击。

综上所述，缅甸的华文学校最初均由华侨捐赠或集资创办，属私立学校。课程设置与当时中国国内的学校大致相同。20世纪60年代中期以后，华文学校被收归国有，并按照缅甸的教学大纲进行教学。这样，传统意义上的华文教育不复存在。由于正规华文学校停办了40余年，许多地方四五十岁以下的华人大多不识华文、不懂华语。尽管如此，华文教育从未绝迹，而是以其他形式延续下来，而且近年又出现复苏和发展。1988年以后，特别是丹瑞大将上台以后，开始出现了在寺庙里采用佛学教科书教授中文的情况。这种现象在缅甸全国较为普遍，缅甸北部更加突出。

---

① 《黄绰清诗文选》，中国华侨出版社，1990，第350页。

其后，缅甸的华文教育主要有以下两种类型。

（1）佛经学校。缅甸全国80%以上的人信奉佛教。在缅甸政府停办华文学校以后，华人开办佛经或孔教学校，既符合缅甸国情，又能在佛经与华文之间找到一个契合点，这体现了华人的智慧。1981年，缅甸华侨西汀穆无意中发现仰光的印度人、巴基斯坦人在用自己本国的语言教授《可兰经》。于是受到启发，将新加坡佛教总会捐赠给缅华僧伽会的《佛学科教书》编撰成中缅文对照本，并经缅甸宗教部批准，得以翻印出版发行。因为该书是缅甸图书审查处和宗教部正式批准的，可以公开教授，所以曼德勒以北的上缅甸华人华侨纷纷把其作为课本，在讲授佛经的旗号下，让华文学校以一种特殊的形式恢复起来。此举无异于挽救了濒于灭绝的缅甸华文教育。至1990年，曼德勒、腊戍、密支那等地都纷纷以《佛学教科书》为幌子办起了华文学校。腊戍有大小八所佛经学校，在校学生7000多名。曼德勒、密支那、皎漂、眉苗等地各有学生百名至千名不等。曼德勒的"孔圣"、眉苗的"五戒"、腊戍的"果敢"和"暹猛龙"都开设了高中课程。①

这类学校在缅甸北部的东枝、望濑地区也较为普遍，其中以曼德勒的瓦城福庆佛经学校和瓦城孔教学校最为有名。瓦城福庆佛经学校由瓦城福建同乡会主办，1993年底开学。这是一所面向当地，以补习华文为主的专科学校。学生来源不分民族、宗教、性别、年龄。班次有幼儿园、小学正规班、初中班、高中班、速成班和电脑班。在校学生由开办初期的百余人增加至1999年的千余人。瓦城孔教学校由瓦城云南同乡会主办，分五个分校，大多分校都有五层教学楼，从幼儿园到高中班均有设立。1999年，在校学生约有5000人。②

（2）华文补习班。华文补习班形式多样灵活。有的有固定地点，有的临时租借；有的按钟点收费，有的义务教学。在教学理念上本着需要什么补什么的原则，有的偏重会话，有的兼顾文字。这种非正规的华文

---

① 西汀穆：《濒于灭绝的缅华教育——谈缅甸华教状况及其他》，《人月刊》1990年第7期。
② 《中国海外交流协会缅北之行》，《缅甸华报》1999年8月4日。

教育遍布缅甸全国各地，以仰光城区、郊区较多。仰光九龙堂、舜帝庙、晋江公会等社团均办有华文补习班。其中仰光九龙堂的天后宫佛教华文补习班在1999年时有9个班次、8名教师，就读学生近300人。甘马育观音庙法华宫开办的华语会话班在1993年至1999年底的7年中，共计19期，有2000多名学生结业。

另外，缅甸北部果敢地区的果敢文（华文）教育值得一提。明末清初，随着永历帝入缅，部分明朝将领以及逃难百姓流落滇缅边界的果敢地区，成为缅甸果敢一族。所谓的果敢文就是中文。1960年中缅划界时，双方同意将江心坡、片马等三地划归中国，果敢则划归缅甸，果敢族成为缅甸的少数民族之一。由于果敢住民一贯的母语是汉语，所以汉语也相应成为缅甸少数民族文字的一种，但仅限于果敢地区的果敢族。因此，腊戌的果敢中学是缅甸境内唯一获得缅甸政府认可的汉语学校，但政府不称其为"华文"而称"果敢文"。这样华文在缅甸以果敢文的别名取得了少数民族语言的合法地位。目前缅甸北部果敢文学校约有100所，在校生约4万人，这些学校以中文为主，同时教授缅文和英文。腊戌市每所果敢文学校平均都有上千名学生。

20世纪90年代以来，随着缅甸华人经济的蓬勃发展，加上缅甸政府的改革开放步伐加快，缅甸华人的社会地位相对提高。因此缅甸政府放松了对华文教育的管制。

Chinese Press and Chinese Education in Myanmar in the 20th Century

Abstract Myanmar, as the neighbor country of China, has a traditional "paukphaw" friendship with China in the past two thousand years. Since ancient times, Chinese culture spread widely in Myanmar and made a far-reaching effect. This article mainly analyzed and discussed briefly in the development of the Chinese newspapers and Chinese education in Myanmar.

Keywords Myanmar, Chinese Newspaper, Chinese Education

中非人文交流的认识误区及对策

赵 磊[*]

摘 要 随着中国"走出去"战略的深入实施和中非关系的快速发展，中非双方人员往来日益密切。由于中非国情、文化的差异，中国人和非洲人交往中的矛盾也日益增多，如何同非洲人打交道成为一个亟待解决的新课题。笔者根据多年同非洲人交往的经验和对生活的观察，总结出非洲人热情、直爽、乐观、现实、拖拉、自尊心强等典型的性格特点，客观阐述了中国人和非洲人之间的若干认识误区，并建议广大在非的中国同胞遵纪守法，入乡随俗，加强沟通，团结协作，建议有关部门和企业加强出国人员的管理和培训，重视人文交流和公共外交，为增进中非友好、提升中国形象做出切实的贡献。

关键词 非洲人 中国人 性格特点 认识误区 交往技巧

随着中国改革开放步伐的加快和中非关系的深入发展，中非双方人员往来日益密切。据不完全统计，目前在非洲各国工作和生活的中国人数量已超过150万。在中国的非洲人也有30万~50万，其中大多数都

---

[*] 赵磊，北京外国语大学斯瓦希里语讲师。

是从事中非贸易的商人，仅广州市就有非洲人 20 万之多，号称"巧克力城"。由于中非国情、文化的差异，中国人与非洲人交往中的矛盾日益凸显，如何同非洲人打交道成为令许多中国人头疼的问题。笔者学习非洲语言——斯瓦希里语（Kiswahili），曾在坦桑尼亚学习和生活了两年，在工作中也时常接触非洲人，因此笔者通过自己的观察和思考，谈谈对非洲人的认识，介绍一些同非洲人打交道的经验。本文所谈到的"非洲人"，主要是指撒哈拉沙漠以南的非洲人，也就是俗称的"黑人"。

一　非洲人的特点

尼格罗人，世界三大人种之一，因皮肤黝黑，通常被称作"黑人"，主要生活在撒哈拉沙漠以南的非洲地区以及中北美洲，总人口超过 15 亿。

尼格罗人有显著的体貌特征：皮肤黝黑，头发卷曲，鼻扁唇厚，颌骨突出，体毛较少，具有极强的耐力和爆发力。

尼格罗人分为两大民族集团，分别是苏丹-尼格罗人和班图-尼格罗人。两者基本以西起比夫拉湾，东至朱巴河下游的"班图线"为界，北面主要是苏丹-尼格罗人，南面主要是班图-尼格罗人。两者在肤色、体型、语言、生产、习俗等方面存在诸多差异。

尽管非洲人内部存在千差万别，但与世界其他民族相比，非洲人具有典型的性格特征，主要表现如下。

（一）热情

非洲人的热情举世公认。见面尤其是遇到外国人时，无论认识与否他们都会热情地打招呼，中国人在非洲到处都能听到"China"、"Nihao"、"Rafiki"（斯瓦希里语，意为"朋友"）。他们问候起来更是热情，内容从早上、中午、晚上到工作、学习、家庭，不一而足。中国人刚开始很不适应，总以为他们如此热情必有所图。有时跟非洲人问路，他会直接把你带到目的地再离开，这在当下的中国是无法想象的。热情是非洲人的天性，是感情的自然流露，中国人也要入乡随俗才好。

（二）直爽

非洲人习惯直线思维，表达方式非常直接，性格十分直爽。他们会直接表达自己的情感、想法和意见，很少拐弯抹角。中国人委婉、含蓄、爱面子，但普遍感觉跟非洲人打交道比较轻松，省去了很多虚与委蛇、钩心斗角的烦恼。但有的时候非洲人也难免缺乏深思熟虑，特别是在一些重大、复杂的问题上，他们往往答应得很爽快，但实际操作起来可能并不容易。因此，我们同非洲人打交道，既要"听其言"，也要"观其行"。

（三）乐观

非洲人的乐观精神也是中国人非常羡慕的。尽管很多非洲人日子并不富裕，甚至非常艰难，但他们依然每天欢声笑语，载歌载舞，好不自在。在遭遇不幸的时候，他们也表现出异乎寻常的乐观和坚强，令很多中国人不解。其实，乐观的天性与他们的自然条件和宗教信仰不无关系。非洲拥有良好的气候、广袤的土地、充足的阳光、丰富的资源，却少有自然灾害，各种作物生长良好，传统意义上"吃饭一棵树、穿衣两块布"的非洲人着实不必太焦虑。

（四）现实

非洲人相对比较现实，看重眼前的利益。毕竟他们的生活中存在太多的不确定性，"活在当下"是他们普遍的心态，"及时行乐"是他们生活的常态。许多非洲人领到工资，第一件事就是去酒吧喝酒、跳舞，尽情享受、挥霍，全然不顾家中的妻儿老小。在国家层面，政府制定发展政策往往注重短期效益，喜欢搞"短、平、快"的政绩工程。在外交方面，非洲国家对"民主、人权"之类的充满理想主义的口号并不感兴趣，而是看重实实在在的利益。因此，西方国家附加政治条件的援助注定得不到欢迎。

（五）拖拉

非洲人没有时间观念，做事非常拖拉，迟到、违约是家常便饭。非洲人习惯按部就班地做事，统筹的概念完全不存在于他们的脑海中。在非洲办事听到最多的一个词就是"Tomorrow"，明日复明日，这着实让习惯了高效率、快节奏、守信用的中国人颇感无奈。所以跟非洲人约定时间，要充分预估提前量，不厌其烦地督促和提醒，另外还要做好两手准备。当然，随着现代化和全球化的发展，很多非洲人也开始重视效率和契约，变得越来越守时。

（六）自尊心强

非洲是人类文明的发源地，创造了灿烂的文化，为人类文明和进步做出了巨大的贡献。但由于近代西方数百年的殖民统治、罪恶的奴隶贸易以及现代不公平的国际秩序，非洲文明的发展进程被阻断，非洲人的尊严受到了严重践踏，他们内心渴望被尊重、被理解，极度反对歧视和不公。当然由于长期的殖民统治，他们内心也会有自卑甚至奴性的一面。作为与非洲人民有着相同历史遭遇的中国人，我们应该将心比心，特别注意保护他们的自尊心，尊重他们的民族和文化，公正对待他们，切忌高高在上、颐指气使。

二　中国人对非洲人的认识误区

由于文化和国情的差异，中国人对非洲人还存在许多错误的认识。中国人对非洲和非洲人缺乏足够的了解，又不懂他们的语言文化、风俗习惯和思维方式，总是习惯以中国人的思维去看待非洲人，难免引起误会甚至矛盾。下面就列举一些笔者了解到的中国人对非洲人的认识误区。

（一）"非洲人很懒"

中国人的勤劳闻名于世，这大概与中国人口多、资源稀缺的国情和传统文化的理念有关。如前所述，非洲自然禀赋优越，自然灾害较少，耕种劳作着实不需要太辛苦，加之"活在当下"的心态，非洲人很少为明天发愁、为下一代甚至第三代操心。这点同"人生不满百，常怀千岁忧"的中国人迥然不同。因此，他们不像中国人工作那么拼命，活得那么辛苦，他们更多的时间都在尽情享受生活的乐趣。所以，他们非常抵制加班，即使给付高额薪酬，他们也绝少愿意加班。他们认为工作外的时间是他们法定的休息时间，不能被随意占用。

（二）"非洲人对中国人都很友好"

在大部分中国人的传统认识里，非洲人是中国人的好兄弟、好朋友，因此对中国人都应该十分友好。初到非洲的中国人也如亲兄弟一般对待非洲人，但久而久之发现事与愿违，甚至有点一厢情愿，逐渐由爱生恨，甚至反目成仇。其实，在非洲人眼里来者都是客，他们对西方人同样友好甚至更好，尤其是接受过西方高等教育的年青一代对中国人并没有老一辈人那样深厚的感情。而且，近些年前往非洲的中国人鱼龙混杂，违法乱纪、销售假冒伪劣产品等行为严重损害了中国人的形象，部分非洲人对中国人的防范、反感甚至敌视情绪在上升。

（三）"非洲人很傻很天真"

部分中国人总以为非洲人受教育程度低，其法律不健全，因此就可以坑蒙拐骗，肆无忌惮。诚然，非洲人总体受教育程度低，但非洲国家承袭了殖民时期的教育体制和法律体系，格外重视社会教育和法制教育。随着全球化的发展，非洲人前往西方国家接受高等教育比中国人容易得多。因此，非洲人的法律意识并不淡薄。虽然部分法条陈旧过时，操作性不强，但非洲人对法律和制度的敬畏之心比中国人更强。中国人应该意识到，人在非洲就是客人，必须遵守主人家的规矩，不能喧宾夺主，为所欲为。比如，非洲人骨子里的环保意识很强，他们极其重视资源的合理利用、生态的平衡和环境的可持续发展。中国人在开矿建厂时需要特别注意保护环境、有序开发。

(四)"非洲人越穷越生"

非洲人口自然增长率很高,以坦桑尼亚为例,人口自然增长率为 2.7%,平均家庭规模为 4.8 人。① 总体上,城市户均人口少于农村,基督徒户均人口少于穆斯林家庭。中国人往往戏谑非洲人越穷越生,越生越穷。其实中国过去也长期处于这一"传统型"增长模式阶段。非洲国家以农业社会为主,很多部族还处于刀耕火种的状态,劳动力是重要的生产要素。加之非洲医疗卫生条件较差,节育技术比较落后,婴幼儿死亡率较高,诸多不确定因素决定了非洲人要多生孩子。近些年,非洲国家也大力提倡计划生育,提高人口质量。同时我们也应看到,非洲国家人口结构非常年轻,青壮年将为非洲国家带来长期的人口红利和庞大的消费市场。

(五)"非洲人不懂感恩"

很多中国人出于友好或同情非常善待非洲人,经常在财物上接济他们,但反过来向非洲人提出请求的时候,非洲人好像并不知恩图报。这一现象与他们的宗教信仰有很大关系。非洲人大多信仰基督教、天主教和伊斯兰教。他们相信一切都是上帝或真主的安排,包括人生中的得与失、幸与不幸。因此,他们往往感谢的是上帝和真主,而非施以恩惠的人。此外,笔者也发现,非洲人不感恩,但也不记仇。今天批评了他,明天他还会非常热情地向你问候。所以,我们在跟非洲人打交道时,公私分明最好,该批评的时候批评,该帮助的时候帮助,不要过分自作多情,感情用事。

(六)"非洲人很邋遢"

没有到过非洲的中国人会觉得,非洲人那么穷,穿着肯定很破烂,不讲究。其实不然,非洲人很爱美,非常注重仪表。哪怕收入很低,非洲女人也喜欢买些布料做几套好看的衣服,时常到美发店换一些新潮的

---

① 数据来自坦桑尼亚 2012 年最新人口普查结果。

发型；即使天气炎热，工作的甚至大学里的男士都是西装革履的。这些与他们接受的西式教育也是有关系的。出席任何场合他们都尽量穿着得体。相比之下，我们在非洲的同胞因为天气炎热，经常身着背心短裤出入公共场所，不仅穿着打扮不修边幅，言谈举止亦有伤大雅。

三　非洲人眼中的中国人

中国人在非洲再多也毕竟是少数，非洲人看我们难免会"一叶障目，不见泰山""只见树木，不见森林"。那么，非洲人眼中的中国人又是什么样子的呢？

（一）"中国人都是工作狂"

中国人素以勤劳著称，"时间就是金钱，效率就是生命"的观念已深深印在中国人的脑海里。所以中国人工作起来可以用"拼命"来形容，为了按时甚至提前完成某项工作，加班加点、不计报酬似乎是家常便饭，中国人对工作亦是精益求精，因此给非洲人留下了"工作狂"的印象。

（二）"中国人什么都吃"

几乎所有在非中国人都会被问到一个问题："你吃蛇吗？"有时只能尴尬地回应："只是一部分中国人吃。"中华饮食文化博大精深，天上飞的、地上跑的、水里游的，几乎都可以被做成美味佳肴。笼统地说，中国人确实什么都吃，但每个地方饮食习惯很不一样，有的喜欢吃山珍，有的喜欢吃海味，不能一概而论，而非洲人除了平常的牛肉、羊肉、鸡肉、鱼等，几乎不吃其他动物，尤其是野生动物，以至于非洲人打死了蛇都会送到中国工人的驻地。

（三）"中国人都没有性欲"

常年驻非洲工作的中国人以男性居多，他们除了在家打扑克、偶尔去赌场之外几乎没有什么娱乐活动，更不要说光顾当地的色情服务场所。

非洲人感到很不可思议,甚至还谣传"中国人出国前都要打'灭欲针'"的说法。其实中国男人很少接近黑人女孩儿,一是因为出于传统审美观尚难接受黑皮肤的女性;二是担心染上非洲肆虐的艾滋病等性病;更重要的是,中国人骨子里的家庭观念和责任意识很强,虽身在千里之外,心中仍惦念家中的妻儿老小。与家庭的幸福和睦相比,自身的生理和情感需求已然微不足道。

(四)"中国商品都是假冒伪劣"

近些年,随着非洲政局的稳定和经济的发展,非洲市场迅速崛起且潜力巨大,大批中国商人蜂拥而至,销售大量物美价廉的商品。但泥沙俱下,其中也掺杂了不少假冒伪劣的商品。由于这些商品多为日用品,因此在非洲民众中产生了非常恶劣的影响,甚至"Made in China"成了"假冒伪劣"的代名词。

笔者在非洲期间也经常碰到黑人抱怨此事,一般会引用两则斯瓦希里谚语做解释。①"Samaki mmoja akioza huoza wote"(意为"一条臭鱼烂一筐")。2013年中非双边贸易额达到2102亿美元。绝大部分中国商品质量可靠,否则不可能在非洲拥有如此巨大的市场,但正是一小部分假冒伪劣产品坏了整个中国商品的声誉。②"Rahisi haihalisi"(意为"便宜无好货")。现在从事中非贸易的非洲商人数量远远超过中国人,他们为了追求利益最大化,选择进口的都是价格低廉、质量堪忧的商品,而非洲海关和质检部门把关不严也给这些假冒伪劣产品的流入提供了机会。非洲朋友听后深表赞同。由此,我们也得到一个启发:要学会用非洲式的语言和思维解释中非之间的问题。

(五)"中国人都没有宗教信仰"

受西方舆论的影响,非洲人认为中国政府不允许人们信仰宗教,而他们见到的大部分中国人也是没有宗教信仰的。中国政府奉行"宗教信仰自由"的政策,既有信仰宗教的自由,也有不信仰宗教的自由。在中国,有十个民族信仰伊斯兰教,信仰宗教的人口超过1亿人,但占人口绝大多数的汉族人没有宗教信仰的传统，因此造成了中国人普遍没有宗教信仰的错觉。而汉族更加信仰儒家思想（亦称"儒教"），并非毫无信仰的民族。

（六）"中国人只能生育一个孩子"

计划生育问题也是非洲人非常关心的问题。同样受西方舆论的影响，他们认为中国政府强制堕胎，每个中国家庭只允许生育一个孩子。其实中国的"计划生育"政策的推出有具体的历史背景和现实国情，而且也不是"一刀切"。在农村和少数民族地区，计划生育政策就比较灵活。而现在计划生育的政策也在调整，独生子女亦可生育两个孩子。

四　关于中非人文交流的建议

以上仅是笔者了解到的中国人和非洲人之间的一些认识误区。针对这些误区，笔者向在非洲工作和生活的中国同胞并就今后的中非人文交流工作提出几点建议。

（一）遵纪守法

在非中国人不要销售假冒伪劣产品、违反劳动法规、破坏生态环境，更重要的是，不要随便给黑人小费。中国人在非洲不愿意按照规章制度办事，总觉得时间成本太高，喜欢抄近道、走后门，遇事给黑人塞点钱解决问题，久而久之，让黑人养成了敲诈勒索中国人的恶习，不仅后来的中国人遭殃，连同我们的邻居日本人、韩国人也跟着倒霉。

（二）知彼知己

中国人在非洲工作生活要尊重当地风俗、文化，时刻注意自己的言行举止，主动学习当地语言，平时多与身边的黑人沟通交流，及时了解他们的想法和周边环境的变化，非洲人还是比较重感情的，关键时刻也许会助你一臂之力。

(三) 加强教育培训

在中国企业和人员"走出去"的过程中，有关部门要加强出国人员的管理和教育培训，包括语言文化培训、国情政策培训、礼仪习俗培训、法律法规培训、安全防范培训等，强化对在非中国人的管理。

(四) 不要搞窝里斗

中国企业在非洲的竞争日趋激烈，尤其是一些工程承包企业在项目招投标等环节难免出现恶性竞争，利用各种手段互相拆台，最后"鹬蚌相争，渔人得利"，让外人看笑话。这样损人不利己的事例不胜枚举。中国企业要摆脱"零和思维"，抱团发展，优势互补，互利双赢。

(五) 重视非政府组织的作用

非洲国家的非政府组织比较独立，在国家政治经济事务中发挥着不可忽视的作用，尤其是工会和行业协会的力量十分强大，能够直接影响企业和政府间的合作。中国企业平时要特别注意维护与工会和行业协会等非政府组织的关系，使其在关键时刻能够为我所用。

(六) 加强民间交往和公共外交

中国过去的对非外交主要在"官方"层面，民间交往十分有限。今后我们的外交部门应更重视对非公共外交，尤其是做好舆论宣传工作，注意了解非洲民众特别是年青一代对中国的反应。中国企业在营利的同时要注意回馈社会，造福当地百姓，为自身的长远发展谋求安全、稳定、可持续的环境。

五 结语

国之交在于民相亲，民相亲在于心相通。中非人文交流大有可为。中国人大规模进入非洲还是近十年的事，由于语言和文化的差异，中非人民之间有些误解很正常。中非人民是兄弟，有着相同的历史遭遇和相似的文化特征。"兄弟虽有小忿，不废懿亲"，只要双方坚持平等沟通，互信互惠，中非人民一定能够紧密团结，成为世界舞台上的重要力量。

非洲也许缺少现代城市的水泥森林、高速便捷的交通通信、琳琅满目的电子产品，但是习惯了快节奏、高效率的中国人，不妨抛开那些无谓的烦恼和压力，走近非洲，回归纯粹的自然，享受悠然的生活，思考人生的意义，体味生活的本质。你会发现，人会变得淡定、平和，能够乐观、从容面对一切，生活原来可以更美的。这也许就是非洲"Hakuna Matata"（斯瓦希里语，意为"没有问题、无忧无虑"）的奥秘！

Cross-cultural Misunderstanding and Strategies between Chinese and Africans

Abstract With the in–depth implementation of China's Go Out policy and the rapid development of Sino–African relations, personnel exchanges between two sides become increasingly closer. In the meantime, contradictions among Chinese and Africans are also increasing due to the differences of national conditions and culture, making it an urgent task for Chinese to find appropriate ways of dealing with African people. According to years of interactions with Africans and observations of their lives, the author summed up the typical character traits of Africans such as enthusiastic, candid, optimistic, self–respecting, realistic and dilatory, objectively elaborated some misunderstandings between Chinese and Africans, and suggested that Chinese compatriots should be law–abiding, do as the Romans do, strengthen communication, solidarity and collaboration while they are in Africa. He also proposed relevant departments and enterprises to enhance the management and training of overseas personnel, to attach great importance to cultural exchanges and public diplomacy, making tangible contribution to promoting China-Africa friendship and improving China's image.

Keywords Africans, Chinese, Characters, Misunderstandings, Interpersonal Skills

论公元 14 世纪前高棉文化对老挝文化的影响

李小元[*]

摘 要 公元 14 世纪前,古代柬埔寨的社会经济发展水平较高,孕育了丰富的物质文化和精神文化,对东南亚周边国家产生了不同程度的影响。由于两国历史渊源较深,老挝受到高棉文化的影响较大,本文试图从宗教信仰、宗教建筑和艺术、语言文字、民间文学和艺术等方面对这一论题进行探讨。

关键词 高棉文化 老挝 柬埔寨 影响

一 导言

据中国史书记载,老挝地区最早出现的国家是越裳,公元 1~2 世纪,在老挝北部还出现了一个叫堂明的国家,唐代文献中称其为道明国。公元 1 世纪左右,古代柬埔寨人在东南亚地区建立了第一个初期国家扶南。公元 2 世纪以后,在今老挝下寮和柬埔寨的北部地区出现了一个由吉蔑人建立的国家——真腊,而此时,扶南国称雄中南半岛,真腊也归属于扶南国。5 世纪以后,真腊的势力逐渐强大,兼并了扶南。8 世纪初,真

---

[*] 李小元,北京大学外国语学院东南亚系博士生,北京外国语大学亚非学院教师。

腊国分裂成水真腊和陆真腊两个国家。水真腊的领土基本上是扶南领地，在今柬埔寨地区；陆真腊又称文单国，在今老挝地区。9世纪以后，老挝地区的泰老先民的势力强大起来，建立了非吉蔑人的国家，开始摆脱吉蔑势力的影响。但是，直到1353年澜沧王国建立以前的大部分时间内，老挝大部分地区是在真腊的统辖之下。12世纪末，吉蔑帝国开始衰落。14世纪中叶，法昂王在柬埔寨国王的帮助下，统一老挝，建立了老挝历史上的第一个中央集权制的国家。在古代柬埔寨长达数世纪的辉煌历史中，老挝与其建立了千丝万缕的联系，14世纪以前直至澜沧王国建立之后的一段时期，老挝文化受到了柬埔寨文化较为深远的影响。

二 公元14世纪前高棉文化对老挝文化的影响

古代高棉文化对老挝的影响是多层次和多方面的，就广义的文化概念而言，物质文化方面，由于古代柬埔寨在社会经济发展水平上长期高于老挝，大量的物质文化流向老挝，并被老挝广泛接受和吸收；精神文化方面，古代柬埔寨灿烂的文化艺术在整个东南亚散发着耀眼的光辉，不仅对老挝，可以说对东南亚各国精神文化的发展，都做出了巨大的贡献。本文试图从狭义的文化，即精神文化的角度，阐释14世纪以前高棉文化对老挝文化的影响，主要从宗教信仰、宗教建筑和艺术、语言文字、民间文学和艺术方面进行探讨。

（一）宗教信仰

高棉宗教文化对老挝文化的影响是最为人们熟知的，主要原因大概是它与老挝的一件重要史实联系紧密，即法昂王于14世纪统一老挝国土，建立老挝历史上的第一个封建集权制国家以后，从柬埔寨引进了小乘佛教，从此，小乘佛教一直处于老挝国教地位。但是，高棉文化对老挝的影响远不止于此。我们尝试从婆罗门教、大乘佛教、小乘佛教三个方面进行分析。

公元7世纪以前，老挝人持原始信仰，认为万物皆有神灵，因而祭祖、祭山、祭河、祭树、祭屋等。从公元 7 世纪到公元 14 世纪是婆罗门教在老挝最兴盛的时期，其在宫廷内尤其占优势。据说婆罗门教是在吴哥王朝时期由柬埔寨传到老挝的。申旭在他摘译的《老挝的婆罗门教》中讲道："公元 6 世纪扶南为其北部的属国真腊所征服，后来真腊又分为两个部分，即上真腊（安南西部的老挝）和下真腊，因而婆罗门教在老挝广为传播，为大多数民众所信奉。公元 8 或 9 世纪，老挝成为柬埔寨帝国的一个组成部分，所以老挝尤其是万象和琅勃拉邦，间接地接受了印度婆罗门教的宗教思想。结果婆罗门教（湿婆教、毗湿奴教）在这些地区得到了繁荣。"[①] 直到 14 世纪小乘佛教传入以后，婆罗门教的主导地位才渐渐被小乘佛教所取代，但它仍在老挝社会生活中有着重要影响。过去王宫各种宫廷仪式均采用婆罗门教的仪式，现今大多传统节日和宗教仪式也都直接源自婆罗门教，民间的"巴西"（祝福）仪式等都保留了婆罗门教的仪式。

在婆罗门教传入老挝的同时，大乘佛教开始传入老挝。大乘佛教分南北两路传入，南路由柬埔寨传入，北路由我国云南的傣族地区及缅甸的掸族地区传入。在老挝北部琅勃拉邦和南部占巴塞出土的文物中发现有用贝叶刻写的大乘佛教经典。[②]

1353 年，法昂王在柬埔寨国王的帮助下，统一了老挝，建立起老挝历史上第一个统一的国家澜沧王国，定都琅勃拉邦。据老挝史书记载，法昂的王后乔京雅是真腊吴哥王朝国王的公主，是一位虔诚的佛教徒，当她目睹老挝人民信奉鬼神，用牲畜祭祀时，感到十分痛苦，于是请求法昂王从柬埔寨引进小乘佛教。为了满足王后的要求，建立一个更加强大的中央政权，以佛教作为统一国家思想的支柱，法昂王请求岳父将小乘佛教传入老挝。从此，法昂王将小乘佛教定为国教，直到今天，虽然婆罗门教、大乘佛教等各种宗教在民间犹存，但小乘佛教始终占主导地位，对老挝文化产生了深远的影响。

---

① 申旭：《老挝的婆罗门教》，《印度支那》1989 年 3 月。
② 张良民：《老挝佛教》，《法音》1989 年第 3 期。

论公元14世纪前高棉文化对老挝文化的影响

目前，老挝社会呈现婆罗门教、大乘佛教和小乘佛教多种宗教信仰同时并存的局面，而14世纪前高棉文化对老挝文化的影响则主要体现在婆罗门教和大乘佛教等文化方面。

（二）宗教建筑和艺术

宗教建筑和艺术是宗教的外在呈现形式，老挝古代宗教建筑和艺术也留下了明显的柬埔寨宗教的影响痕迹。老挝学者康占芭·盖玛尼根据现存艺术珍品的时代特色，将14世纪法昂王建立澜沧王国之前的古代宗教建筑和艺术分为两个时期，即公元6~10世纪的西科达蒙时期和公元11~13世纪的赛丰时期（又称高棉艺术时期）。西科达蒙时期指的是老挝古籍中记载的西科达蒙王国时期。该王国位于老挝中部甘蒙省他曲市，建国后不断扩充疆域到湄公河西岸，北部扩到老挝中部万象省地区。该时期的艺术所涵盖的地区大致包括扶南、真腊，一直到老挝南部和中部等地区。赛丰时期指高棉沿湄公河扩张，并于1001年前后在万象以南15公里处的赛丰地区建立了统治中心的11~13世纪。这两个时期的老挝宗教建筑和艺术都与高棉文化联系紧密。

1. 宗教建筑艺术

"高棉人在建筑方面的优越性，具体表现为由砖结构发展为石结构，这就可以使用更加大胆的建筑工艺和发展精细的浮雕设计。"[1] 高棉建筑对老挝的影响主要体现为石宫和古塔。

瓦普石宫是老挝早期婆罗门教艺术最具代表性的建筑，建筑样式、浮雕、造像等方面都体现了典型的婆罗门教艺术特色。历史学家们认为，真腊国王于公元5世纪建造了这座石宫。12世纪以前，该石宫在高棉王国时代不断得到修缮和扩建。瓦普石宫建于半山腰上，石宫南面有一东西长300米、南北宽200米的圣湖，圣湖西侧可见三座殿的遗迹，一条甬道通往石宫主体建筑，甬道两旁间隔排列着四方石柱，柱头有近似棱

[1] 约翰·卡迪：《东南亚的历史发展》，麦克劳-希尔图书出版公司，1964，第96~97页，转引自贺圣达《东南亚文化发展史》，云南人民出版社，2011，第224页。

形的莲苞花纹，主体建筑平面呈长方形，反映了真腊和高棉的山崇拜传统及婆罗门教的宇宙观。瓦普石宫的老挝语名字直译应为"山寺"，这一方面体现了婆罗门教对宇宙中心众神的聚居地"须弥山"的崇拜；另一方面，也继承了山之于古高棉的神圣意义。"山在扶南具有比东南亚的其他古王国更多的意义。扶南一词，就取自当地语言'山'的发音，范蔓自号'扶南大王'，实际上就是'山王'，也就是把神权与当地信奉的山神结合在一起。"① 石宫内部的浮雕和绘画精美细致，内容多为印度两大古代史诗《罗摩衍那》《摩诃婆罗多》中的形象，如骑坐金翅鸟的守护神毗湿奴、手持火把的门神、奋战魔王罗刹的猴王哈奴曼等。造像包括湿婆和毗湿奴站、坐、卧等各种姿势像。此外，石宫内还发现多处林伽遗迹，可作为湿婆崇拜的象征。

三塔位于占巴塞省苏库马县，三座古塔呈南北向排列，中间一座较高大。每座塔平面均为四方形，石结构。中间塔的底层石室内有一神台，中央安放着湿婆神像。塔区东边有一石碑，其上刻有古吉蔑文字，但内容已辨识不清。整个三塔的建筑风格近似吴哥时代的建筑，"即主体建筑基本上呈锥形塔状，有单塔、三塔或多塔，一层层台基上有一道道回廊环绕，不仅烘托着位于中央的大塔，而且可以勾画出建筑物的轮廓，而角塔的作用则使建筑群呈现对称均衡、协调完美"。②

英航塔位于今老挝中部沙湾拿吉市以南。关于英航塔的修建，有两种佛教式的说法。一说建于佛陀涅槃后约200年，即古印度阿育王派僧团向当时被称为"金地国"的中南半岛传播佛教之时。同时代建造的佛塔还有西科达蒙塔（位于今甘蒙省他曲）和帕侬塔（位于今泰国那空帕侬府）。二说相传佛陀曾来到这里，在一棵婆罗双树下倚树安坐，当时的国王苏民萨抱着僧钵来到婆罗双树下敬佛，之后下令在那里建造佛堂。到了12世纪末，古吉蔑族统治了该地区，英航塔也被改造为婆罗门教信仰的圣地，加高了一层，变成了高棉式的石宫。英航塔底座呈方形，四

---

① 梁志明：《东南亚古代史》，北京大学出版社，2013，第219页。
② 邓淑碧：《柬埔寨古代建筑和雕刻艺术》，北京外国语学院《亚非》1993年第1期。

方形塔身，三层重叠，是一座佛堂佛塔混合式建筑，但同时又融合了婆罗门教的元素，如塔顶的莲花蓓蕾和塔底的石室。最值得关注的是正面门扉上的雕刻画，其具有较高的艺术研究价值。雕刻画绘于门扉的小空隙中，每侧四幅，表现的是媾欢情状，据推测，这很可能是受到古印度佛教中密宗的影响。密宗于7~8世纪兴起于印度，9~10世纪传入老挝，但由于某些义理与老挝民间信仰相冲突，并未得到广泛流传。因此，与密宗相关的宗教艺术在老挝极为罕见。另外，门扉图画上人物的容貌和体格形态清晰地展示了老挝特点。可见，这些艺术源于老挝工匠的手艺。

2. 宗教塑像艺术

宗教塑像艺术是老挝古代造型艺术的重要组成部分，但该时期遗存的造像不多。保存于万象市玉佛寺博物馆内的无畏式石制佛像，相传为6~7世纪西科达蒙时期的孟－高棉雕刻艺术；另有一尊阇耶跋摩七世王的石制坐像，现安放于塔銮的围廊，该造像应为公元12世纪时赛丰地区的作品，是高棉神王合一思想的典型，其高棉风格突出，方脸、阔嘴、发卷细小，头顶发髻较小，面带微笑，神情安详，结跏趺坐，双手施禅定印，额头与发髻间有一条清晰的分界线。根据柬埔寨史书记载，阇耶跋摩七世王在其统治范围内塑造了大量的石像，现老挝境内从万象省到占巴塞省已发现多处，最负盛名的是发掘于赛丰地区的梵文石碑以及大量石制和铜质佛像。梵文石碑详细记录了阇耶跋摩七世王在该地区修建医院的情况。这与大卫·钱德勒在《柬埔寨史》中的记载一致，"阇耶跋摩七世的建设项目不同于过去。根据塔布茏寺（Ta Prohm）的碑文记载，修建医院是一次重要革新。其中4个位于吴哥城入口附近。其他的建在吴哥西边，一直到现在的泰国东北处，向北远至老挝中部"。[①]

14世纪前高棉文化对老挝宗教建筑和艺术的影响，显著地体现在婆罗门教和大乘佛教艺术上，建筑主要为石宫和佛塔，浮雕和绘画的内容

---

① K. 273, "Ta Prohm Inscription," BEFEO, Vol. 6, No. 2（1906）, pp. 44–81, 转引自大卫·钱德勒《柬埔寨史》，许亮译，中国出版集团，2013，第72页。

主要为印度两大史诗，造像则着力突出了湿婆崇拜和毗湿奴崇拜，同时蕴含了高棉神王合一的思想。

（三）语言文字

老挝语属于汉藏语系壮侗语族壮傣语支，是一种孤立型语言。原始老挝语以单音节的单纯词为主，如风、火、屋、稻、行等，之后受到了梵语、巴利语、古高棉语、泰语、法语、英语等语言的影响，词汇不断丰富，语言文化得到发展。在这些影响老挝语的外来语言中，除了记载佛经的梵语和巴利语外，"在老挝所有的邻国中，（老挝语）受高棉语的影响最大"。①

文字方面，根据老挝语言学家本约·蓬马布、布黎·巴帕潘的《文字史》②中"老挝文字史"一章，老挝文字起源于公元1世纪中叶的婆罗米字母和梵文的天城体字母，由生活在老挝境内的印度人创制；公元8世纪，昆布罗王派遣七个王子统治黄金大地的七个城邦，其中昆罗统治川铜城，创建了澜沧王国。自此，老族人开始与当地土著居民如吉蔑人、孟人等杂居，当时较为发达的吉蔑文化和孟人文化逐渐影响了老族文化，吉蔑文字和孟文字促进了老族文字的变化和发展。14世纪，法昂王统一老挝，从柬埔寨引进小乘佛教，同时也引进了用梵文记载的佛教经典，尽管经书用吉蔑文和梵文记载，但老挝学者和老族人同时也沿用原来的老族文字，于是出现了将吉蔑文字用于宗教而老族文字用于世俗的情形。还有一种说法认为，老挝文字源于泰文。由于两个国家相同的民族渊源和相似的文化，我们很难对此进行考证，但是，泰文也是对婆罗米文字和高棉文字进行改造而创制的。因此，老挝文字的创制和发展受到高棉文字的影响这一点当是可信的。另外，根据中国学者的观点，老挝最早的国家是堂明国，建于公元1~2世纪或3世纪初，曾于公元227年与扶南等国一同派使节到中国献礼。公元3世纪初至3世纪末，扶南第二王

---

① 张良民：《老挝语实用语法》，外语教学与研究出版社，2001。
② 本约·蓬马布、布黎·巴帕潘：《文字史》，老挝教育部教师开发中心，1998。

朝——范氏王朝开始大规模领土扩张，疆土曾到今越南南部、老挝南部和泰国东南部，势力到达马来半岛。① 伴随领土扩张而来的民族迁徙可能带来了文化同化与融合，从这种意义上讲，老挝文字在历史上受到高棉文字的影响也是有可能的。

语言方面，老挝语中还有不少高棉语借词。如老挝语的十二属相仍按高棉语来称呼，尽管十二生肖中的动物名称在老挝语中都有自己的说法，但用于属相时却沿用了高棉语。老挝语中的高棉语借词主要包括以下几种形式：当两种语言中的辅音或元音相同时，直接借用；高棉语有但老挝语没有时，以相似辅音或元音替代；老挝语借用高棉语的某些词，将其词意扩大或缩小；老挝语还借用高棉语从别的语言中借来的词。② 老挝语借用高棉语词，一方面是民族交流和融合的产物，另一方面也进一步促进了两国之间的交往。

（四）民间文学和艺术

印度史诗《罗摩衍那》在老挝被称为《帕拉帕拉姆》，流传广泛，对老挝的戏剧、舞蹈、壁画、民间文学等产生了深刻的影响。例如，古典舞剧《娘悉达》表现的就是国王帕拉姆在神仙和猴王的帮助下，救出王后悉达并消灭了魔王的故事（在舞剧中，"哈帕那算"以魔王的形象出现）；在老挝的寺庙里，如古都琅勃拉邦的香通寺、万象省的乌蒙寺等，经常能发现《罗摩衍那》的故事内容以壁画的形式出现。民间文学方面，《帕拉帕拉姆》除了其文本本身丰富了老挝民间文学以外，由于罗摩故事在老挝民间的广泛流传，它的内容也成为老挝民间文学创作的素材。例如，民间故事《泪水河》就取材于《罗摩衍那》内容中的《牛王托拉毗》。③ 目前，在老挝，《帕拉帕拉姆》的呈现形式主要有五种：①传本；②绘画和雕刻；③舞蹈；④节日期间在寺庙里念诵；⑤歌曲。

---

① 陆蕴联:《浅析老挝文字的历史渊源》,《东南亚纵横》2007 年 3 月。
② 颂盛·赛雅冯:《老挝语借词研究》,曼塔杜拉出版社, 2005, 第 89~109 页。
③ 陆蕴联:《印度史诗〈罗摩衍那〉在老挝的流传和变异》,《东南亚》2006 年第 3 期。

《罗摩衍那》对老挝的影响如此广泛，然而，根据老挝学者的观点，它并非从印度直接传入老挝的，而是通过高棉传入。根据老挝文化研究所副所长本天·苏沙瓦的观点，"《罗摩衍那》不是直接从印度传到老挝的，而是通过高棉的简易舞蹈形式传入。传入时间大约在13世纪中期法昂王统一国家之时"。"当时法昂王从高棉引进了大量的文化艺术资源，在当时的首都琅勃拉邦广泛传播，以巩固老挝的文化艺术基础。后来，公元15世纪的婆提萨拉王时，《罗摩衍那》完整的文学文本才传入老挝，并在同一时期被翻译并改编成具有老挝特色的老挝语文本，名为《帕拉帕拉姆》。从那以后，《罗摩衍那》开始以两种形式在老挝传播：舞蹈和文本（贝叶经文）。舞蹈形式沿袭了最初的简易内容，集舞蹈、道白、歌词于一体，最初只在宫廷内表演，普通民众无缘欣赏，传播的范围很有限；相比而言，文本形式则有着更多的受众，全国范围内，凡是有寺庙的地方，几乎都有《罗摩衍那》贝叶经文的踪迹，也有民众摘抄部分内容流传于民间。文本的传播主要有两种形式。一是在寺庙中，通过僧侣向佛教徒讲经的方式传播，因为老挝80%以上的人都是佛教徒，所以这种方式使《罗摩衍那》传播甚广；二是通过普通百姓的口口相传。"①

　　由此，我们可以得出结论，高棉文化通过《罗摩衍那》对老挝民间文学和艺术产生的影响体现在两个方面。其一，老挝从高棉获得《罗摩衍那》，这部作品本身为老挝民间文学和艺术各个方面的创作提供了丰富的素材；其二，《罗摩衍那》先于老挝传入高棉后，必然带上了高棉本土文化的浓重色彩，当它再传入老挝时，实际影响老挝文化的已不仅仅是印度文化，也掺杂了许多高棉文化的成分。

三　结语

　　在14世纪之前漫长的历史中，高棉文化对老挝文化产生了深远的影响。老挝在吸收高棉文化精华的基础上，糅合本民族元素，形成了富有

---

① 本天·苏沙瓦:《帕拉帕拉姆——罗摩衍那在老挝》，*Visiting Muong Lao* 2006年1~2月。

特色的老挝文化样式。14世纪以后，古代柬埔寨由于大兴土木，民不聊生，加之遭遇占婆国和新兴的泰人王国的双重攻击，国势日益衰落。而老挝在建立了统一的封建制国家后，国力开始强盛，逐渐形成了具有自身特色的澜沧时期文化，之后与外部文化的交流则更多的是与西北部的泰人王国暹罗的交流了。

On the Impact of Khmer Culture on Laos Culture before 14 Century B. C.

Abstract By fourteenth Century B. C., the high level of economic development of society in ancient Cambodia gave birth to rich material culture and spiritual culture, which had different influences on the surrounding countries in Southeast Asia. Because of the deep history relation between the two countries Cambodia and Laos, Khmer culture had a great effort on Laos. This paper tries to discuss this topic from the aspects of religious belief, religious architecture and art, language, folk literature and art.

Keywords　Khmer Culture, Lao Culture, Impact

论黑非洲传统文化

秦鹏举[*]

摘　要　黑非洲的传统文化,主要包括无所不在的宗教信仰和代代相传的口述传统。对神灵与祖先的虔敬、代代相传的民间口述传统的耳濡目染,都深深地契入黑人的血液和集体无意识之中,从而成为他们自觉不自觉的行为规范和向导。黑非洲传统文化是多样性与一致性的统一体,它以其鲜明的个性成为人类多姿多彩的文明成果的一部分。

关键词　黑非洲　传统文化　宗教信仰　口述传统

长期以来,黑非洲由于缺乏文字信史的传统,它的历史大都湮没无闻。由于殖民者的种种歪曲,黑非洲的历史更加成了一个扑朔迷离的课题。就连著名的大学者黑格尔也讽刺黑非洲没有自己的历史和文化。他说:"(非洲)谈不上成为世界历史的一个组成部分;它没有什么行动或者发展可向世人展示。"[①] 对于非洲人,黑格尔认为"我们观察到的非

---

[*] 秦鹏举,玉林师范学院讲师。
[①] 埃里克·吉尔伯特、乔纳森·T. 雷诺兹:《非洲史》,黄磷译,海南出版社,2007,"译序"第5页。

洲人就处在野蛮的、未开化的状态之中，并且时至今日依然如故"。[1]
黑格尔的观点贬低了非洲黑人，同时将非洲完全排除在人类历史之外。
此说长久波及后世学者，充斥着西方主流学术界。但是学者马丁·贝尔
纳（Martin Bernal）在他的巨作《黑色雅典娜》中指出，作为西方文明源
头的希腊文明，其形成并不在希腊，而是来自非洲文明。这一论断建立
在贝尔纳严密的逻辑论证和丰富的资料佐证基础之上，在西方学术界引
起了极大的震动，对西方文明来说，这无疑是一个极大的讽刺。

事实上，黑非洲在古代创造了辉煌的历史文明：古埃及文明、努比亚
文明、库施文明、阿克苏姆文明、诺克文明、班图文明，曾经烜赫一时的
加纳帝国、马里帝国和桑海帝国。黑非洲以其别具一格的宗教、音乐、舞
蹈、建筑、雕刻，深深地吸引着世界上的人们，尼日利亚作家钦努阿·阿
契贝说："非洲人民并不是从欧洲人那里第一次听说有'文化'这种东西的，
非洲的社会并不是没有思想的，它经常具有一种深奥的、价值丰富而又优
美的哲学。"[2] 英国著名学者巴西尔·戴维森认为："非洲绝不是一个因其居
民的天生缺陷或低劣而一直处在人类发展进步法则之外的某种野蛮落后的
博物馆；现在已经证明，非洲与任何其他大陆一样，拥有需要对之进行严
肃研究的历史。"[3] 恩格斯指出，由野蛮社会转入文明社会是从铁器的冶
炼开始的。[4] 而金属的冶炼、文字的使用、城市的出现——这些都出现在
历史上的黑非洲大陆，尤其是铁器的冶炼很早就出现在西非，并由黑人自
己发明。黑非洲作为人类历史上创造了丰富多彩的文化的文明地域之一，有
其独特的文化魅力。尽管黑非洲的社会发展历程有着各种各样的缺陷，其传
统文化在现代化进程中也并非显得那么美好，但不能因此而否定黑非洲文化。
黑非洲文化以其鲜明的个性而成为人类多姿多彩的文明成果的一部分。

---

[1] 艾周昌、舒运国主编《非洲黑人文明》，福建教育出版社，2008，第229页。
[2] 埃伦纳德·S.克莱因：《20世纪非洲文学》，李永彩译，北京语言大学出版社，1990，"译序"第5页。
[3] 埃里克·吉尔伯特、乔纳森·T.雷诺兹：《非洲史》，黄磷译，海南出版社，2007，"译序"第5页。
[4] 《马克思恩格斯选集》（第四卷），人民出版社，1995，第20页。

一 无所不在的宗教信仰

非洲人聪明好学，擅长交谈，崇拜祖先和神灵，喜爱音乐，体力充沛，精神饱满，有着天生的运动因子。这种特有的民族性格深深地扎根于他们自身的传统，而其中最重要的就是对精神世界的信仰和追求。"对非洲人来说，精神世界是如此真实和亲近，它的各种力量相互交错，鼓舞着看得见的世界。"[①] 在黑非洲人的思想里，信仰对象、祭司、祭祀仪式占据了重要的地位，它们的影响甚至能贯穿人的一生。撒哈拉沙漠以南的非洲人抽象思维能力发达，感性直观能力强，这种能力超过了人们的一般想象，他们相信万事万物背后都有一股神力在操控。黑非洲人的这种思维能力实际上是一种宗教上的信仰。恩格斯指出，"一切宗教都不过是支配着人们日常生活的外部力量在人们头脑中的幻想的反映，在这种反映中，人间的力量采取了超人间的力量的形式"。[②] 在黑非洲传统宗教中，人们采取祖先崇拜和至高神崇拜的形式，来反映这种虚幻的力量。对黑非洲人民来说，宗教信仰是他们生命中最重要的，甚至是唯一的事情，我们难以想象如果没有宗教信仰，他们的生活会变成什么样子。马林诺夫斯基认为，"在文化上有价值的信念，使人相信永生，相信灵魂的单独存在，相信死后脱离肉体的生命。宗教给人这样解救的信仰"。[③] 黑非洲人之所以相信灵魂不死，是为了最终的解脱，而对已逝的祖先的崇拜就为他们提供了一条很好的途径。在黑非洲人的世界里，活人与死人生活在一起，当代人与祖先生活在一起，死者与祖先在某种意义上就是同义语。他们认为，祖先就生活在离他们不远的地方，就在山川万物之中。这是一种浑圆整一的感性，是一种对生命的深切关照和渴望。

祖先崇拜既是黑非洲族群团结内聚的需要，又是社会长期延续稳定

---

① E.帕林德：《非洲传统宗教》，张治强译，商务印书馆，1992，第6页。
② 《马克思恩格斯选集》（第三卷），人民出版社，1995，第666~667页。
③ B.马林诺夫斯基：《巫术、科学、宗教与神话》，李安宅译，中国民间文艺出版社，1986，第33页。

论黑非洲传统文化

的重要纽带，它在某种程度上是黑非洲社会结构的反映。黑非洲人对祖先的崇拜首先来自心灵的恐惧，他们以为，只有尊敬祖先，按照祖先的意志行事，才会得到祖先的保护，否则就会遭到报应和惩罚。对祖先的尊敬表现在祭祀上，"宗教的整个本质表现并集中在献祭之中。献祭的根源就是依赖感——恐惧、怀疑、对后果对未来的无把握、对于所犯罪错的良心上的咎责，而献祭的结果、目的则是自我感——自信、满意、对后果的有把握、自由和幸福。去献祭时，是自然的女仆，但是献祭归来时，却是自然的主人"。① 黑非洲人对祖先的遵奉并不是天性使然，而有着强烈的现实目的。人类的本性是趋利避害，这样就可以理解他们在生活中由于种种的喜悦或不幸而导致的对祖先的既爱又恨的心理。为了实现灵魂不死、人格永生，结婚生育是最好的办法。除了祖先崇拜外，黑非洲人的心灵世界里还有其他的神灵崇拜，乃至至高神崇拜。黑人学者 J. 姆比蒂曾这样概括至高神的特点：卓越超群、全知全能、超越时空、无所不在、无时不在。② 基于至高神的高渺，一般情况下，至高神不会被定期公祷，但在紧急情况下，当其他办法都失效时，至高神就成了绝望者的救星。我们用图 1 来描述黑非洲人的宗教信仰。

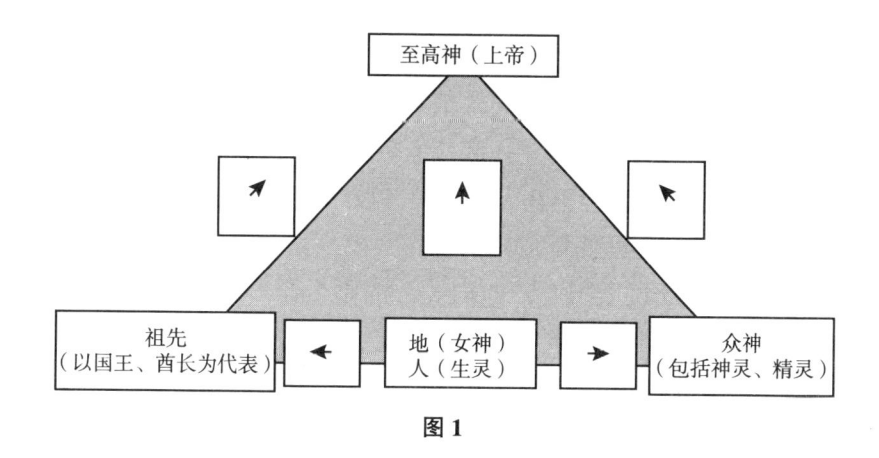

图 1

---

① 路德维希·费尔巴哈：《费尔巴哈哲学著作选集》（下卷），人民出版社，1984，第 462 页。
② John S. Mbiti, *African Religions and Philosophy*, New York Praeger Press, 1969, p.67.

从图1可以得知：黑非洲人信仰的至高神高高在上，主宰天地万物，包括人、众神、亡灵等。亡灵、精灵是"人类将死者人格不朽化的产物"。它们"并非上帝的创造物"，而"在理论上是人类的延伸，在实践中是一种精神实体"。[1] 与至高神相对应的是大地女神，人作为生存在大地上的生灵，对女神有着深深的依赖。各民族有不同的地神名称。例如，尼日利亚的伊博族十分崇拜地神，他们把地神叫作"阿腊"。伊博人甚至把阿腊上升为至高神，主宰人间的生灵和非人间的亡灵、精灵。对阿腊神的崇拜已经成为当地人们的一种习俗，无论播种还是收割，都要以献祭的形式向阿腊神请示或祷告，并由专职的老祭司代表人们向阿腊神祷告。人的幸福在很大程度上是由众神支配的，人的福祸由神控制。人死后，因其生前的英雄业绩而成为祖先、被后人敬仰，这其中的代表人物是国王以及部落的酋长。在世的人们，既可以求助于自己的祖先，也可以求助于众神（由神灵以及半人半兽的精灵组成）。当这两者都不奏效时，他们便直接求助于至高神。其实，求助于祖先和众神，实际上也是对至高神的呼吁，因为，这一切都是归于至高神的。至高神无所不在、全知全能，堪与西方的上帝和中国民间传说中的玉皇大帝相媲美，所以它成为人间、神界、灵界的最高统治者。这种信仰也曲折地反映了现实，其实质是人间国王和酋长的统治模式的再现。

对于欧洲人来说，他们也同样信奉神，但他们心中的神是有严格归属的，每一个神都有自己的责任和应有的位置。虽然神人同形同性，但他们能明显地感觉到：神不在人世，神在彼岸。不论是取道肉身的基督、圣明的真主安拉，还是修炼成佛的佛陀，都是如此。而对于黑非洲人来说，他们不会为此过度担心，他们关心的是生命。"他们知道，祖先超越了坟墓也就'飞出了夜晚的黑阴'。祖先得到了新的能力，这些能力可以帮助世人，这样他们便在危难之时向祖先发出各种能得到救助的呼求。"[2] 黑非洲人活在自己的祖先和神的包围之中，而祖先实际上存在与

---

[1] 宁骚主编《非洲黑人文化》，浙江人民出版社，1993，第217页。
[2] E. 帕林德：《非洲传统宗教》，张治强译，商务印书馆，1992，第67页。

否，黑非洲人是不会去理会的，他们相信神就在自己身边，陪伴一代又一代人。神赋予他们种种能力，他们凭借这种能力行善或作恶。对黑非洲人来讲，从来没有未来可言，拥有的是过去和现在，时间是已经发生、正在发生、就要发生的事件的一部分。他们的时间是从"'现在'向'过去'方向运动，而不是投向'未来'"。[①] 这种时间观有利于巩固建立在血缘关系基础之上的族群，但是容易凝化在一个封闭的个人天地和圈子里，没有开拓性，流于保守，这也是黑非洲社会长期保守落后的一个重要原因。

二 代代相传的口述文化传统

黑非洲自古以来就是一个拥有口述传统的大陆，生活在这片土地上的人们通过口耳相传、口授心记来传播社会文化信息并分享文化成果，这是黑非洲传统文化得以延传的最主要方式。一位黑非洲本土的格里奥（行吟诗人）也这样讲道："别的民族用文字记下过去的历史，可是有了这种方法以后，记忆就不再存在，他们对往事失去了知觉，因为文字缺乏人的声音的魅力。先知是不用文字的，他的语言却更加生动。不会说话的书中的文字一钱不值。"[②] 对于黑非洲人来说，他们正是通过聆听故事，将过去与现在联系在一起，使得祖先的智慧不断延传，从而传统得以延续。他们以部落史和家族史为其口述主题，以故事的形式一代代地传承下来。正是由于缺乏可靠的文字记载，非洲传统社会的老人更加显示了自己的博闻强记，加上许多宗教的或社会的因素，保证了口头传说的可靠性。

作为黑非洲口述传统之一的口头文学包括神话、谚语、史诗、戏剧等不同的文学类型。就神话而言，它是黑非洲人民集体智慧的结晶。黑非洲的神话以其极富原始性和质朴性的特点，揭示着人们的心灵世界，

---

① 艾周昌、舒运国主编《非洲黑人文明》，福建教育出版社，2008，第232页。
② 李保平：《非洲传统文化与现代化》，北京大学出版社，1997，第86页。

反映了他们对世界的独特认知，起到了强化、巩固部族的作用，有着重要的社会意义。神话中可能会隐含一些特别的历史信息，对于考证民族历史和起源有很大的启发。黑非洲人在对神话的追求中，往往抬高、美化自己的祖先或部落英雄，从而唤起人们对部落的认同感。可以说，"每一个国家的历史起源都有神话式的解释。每一部历史都是以宗教的历史开始的"。① 对于黑非洲人来说，他们以自己特有的审美感受和感性直观，以及极富夸张的浪漫情怀，将种种不可思议的事物紧密地联系在一起，从而形成了一幅幅色彩绚烂的历史画卷，带给人无尽的遐想，具有独特的艺术魅力和审美价值。黑非洲口头文学中，还有一种独特的样式，那就是黑非洲人民千古流传的口头谚语。黑非洲谚语一般分为自然谚语（与人类生产和自然现象有关）和社会谚语（人们对社会的认识、揭示社会规律）。在历史的发展中，它积累了世代黑非洲人民的集体智慧，凝聚了黑非洲人民的思想感情和人生信念以及行为处事的基本原则。它是黑非洲人民精神文化的浓缩，集中体现在以部落酋长、国王、长者为代表的智者的一代代的传承中。"没有谚语的语言，就像是没有血肉的骨骼，没有灵魂的躯体。"② 人们依靠谚语来增强语言的表达魅力，使用更多的谚语被认为是智慧和真理的象征，从而在言谈中也能占据主动地位。黑非洲人民对谚语的喜爱和依赖之深，甚至在裁断案件、调解部落纠纷时，将谚语作为最主要、最重要的依据，在一些部落中谚语相当于其他国家的法律法规。比如尼日利亚东南部的伊博族人有句谚语是"如果演讲不用谚语就像是没有绳索却要爬上棕榈树"。谚语具有广泛的群众参与性，是人们在生产、生活的实践当中创造的，流传在部落民之间。经历了时间的淘洗，能流传下来的基本上都是能被人们接受并大量运用的谚语。这些谚语既具有实用性，同时也饱含智慧和深刻的哲理。因此，要了解黑人社会和黑人的思想，就必须首先了解黑非洲人的谚语，他们的谚语比其他一切都要更接近黑人的智慧本质。

---

① J. 基-泽博：《非洲通史》（第一卷），中国对外翻译出版公司，1984，第34页。
② Ruth Finnegan, *Oral Literature in Africa*, Oxford University Press, 1976, p.415.

三 黑非洲传统文化的特征

黑非洲传统文化是多样性与一致性的统一体。其相同的种族、大体一致的生存环境与历史发展进程，决定了这种文化特征上的一致性，而非洲有多少个黑人部族就有多少个传统社会，每个传统社会都有自己的传统文化。这种差异性是由其迥然有别的"自然条件、生态环境、政治经济状况与社会组织结构"以及"文化一体化程度低"[①]造成的。黑非洲的语言、民族是一个十分庞大的综合体，黑非洲可以算得上是世界上语言最多样化的地区，大约有1650种。[②] 不仅如此，黑非洲文化实际上是由约800个独立的社会共同体或文化单位构成的。[③] 各个独立的部族群体形成了差异明显的语言、宗教和文化心理。殖民者采取的分化政策使部族之间的矛盾与仇恨加深，不仅造成了种族之间的冲突不断，而且使得黑人内部各部族之间的纠纷也时有发生。这给本来就处于发展低位的黑非洲社会的发展带来了重重阻碍，使得黑非洲的社会进程长期停滞不前。

黑非洲的传统文化不仅有其差异性，还有其一致性。对于文化上的一致性，黑人知识分子桑戈尔提出了"黑人性"的概念，他认为，在黑人的世界里，他们是与自然合一的，他们有着敏锐的直觉思维，身上散发出旺盛的生命活力；他们崇拜祖先，表现出对传统的深深眷恋与皈依。[④] 正是这些因素导致了黑人与众不同的生活习俗、思维方式与价值观。在传统文化上，黑人表现出了某种普遍性的一致倾向，即对神灵与祖先的虔敬、代代相传的民间口述文化传统的耳濡目染，它们都深深地契入黑人的血液和无意识的集体观念之中，成为黑人自觉不自觉的行为规范和向导。正是由于黑非洲传统文化的一致性，广大的差异明显的

[①] 刘鸿武：《黑非洲文化研究》，华东师范大学出版社，1997，第30~31页。

[②] D. Dalby, *Language and History in Africa*, New York Press, 1970, p.80.

[③] J. Herskovits, *The Human Factor in Changing Africa*, New York Press, 1962, p.51.

[④] 刘鸿武：《黑非洲文化研究》，华东师范大学出版社，1997，第29页。

黑人群体才能在文化归属上体现出共性，在殖民统治期间表现出反抗的共同心声，并且为非洲统一运动、黑人文化复兴和泛非主义运动提供了可能。当代的黑非洲，像其他发展中国家一样，依然挣扎在帝国主义新经济政策和全球化霸权的阴影里，但由于黑非洲特殊的历史境遇，他们遭受的剥削程度特别深，社会发展进程特别慢。正是有了这种文化上的一致性，当代的黑非洲人民才有可能实现从部族向国家、民族的过渡，并为建立一个现代化的民主国家而努力。

在黑非洲传统文化中，人们感受到的是来自黑人的独具特色的艺术张力和一脉相承的文化传统的律动。文化上的一致感，不仅为黑人提供了反抗殖民统治、种族歧视的重要依凭，同时也为独立后民族国家发展所需的凝聚力、黑人寻求的文化认同与归属感提供了强大的精神动力和支持。对黑非洲传统文化的深层把握和理解，有助于"在人类文化一般原则与黑非洲文化个性特征之间找到一个汇通的衔接点，使黑非洲文化及其价值在得到世界尊重的同时，汇入人类文化的主流之中，从而成为人类共同的文化财富"。[①]

A Research on the Traditional Culture of Black Africa

Abstract Traditional culture of Black Arica, including the omnipresent religious beliefs and the oral tradition which is handed down from age to age. Black people's devotion to the gods and ancestors, folk oral traditional monasteries from generation to generation, are deeply in their blood and collective unconsciousness, thus become their consciously or unconsciously behavior norm. Traditional culture of Black Arica is the unity of diversity and

---

① A. A. 马兹鲁伊:《非洲通史》(第八卷)，中国对外翻译出版公司，1984，"序言"。

consistency. It is a part of the human's colorful civilization with its distinctive personality.

Keywords　Black African Traditional Culture, Religious Belief, Oral Tradition

论普列姆昌德艺术创作的质朴美学

姚小翠[*]

摘　要　风格是作家内心生活和艺术才华的准确标志,是他的作品内容和形式相结合的表现,是思想性与艺术性相统一的个性特征。一般评论家均认为普列姆昌德小说的风格是质朴。无论从选材、情节构成,还是从人物形象、语言诸方面来看,这个特点都是突出的。质朴的小说风格也是普列姆昌德一生对质朴的人性之美的追求的证实。本文选取人物形象、诗意农村、语言风格三个方面来分析普列姆昌德艺术创作的质朴美学。

关键字　普列姆昌德　自然质朴　美学风格　现实主义中的理想主义

在印度印地语文学史上,普列姆昌德(1880—1936)是一位令人瞩目的作家。他一生创作了15部中、长篇小说(包括两部未完成稿),300多篇短篇小说,此外还写有700~800篇评论和文章。他的小说不仅是印地语小说文学的里程碑,也是印度文学的里程碑。在印度,他被认为是印度现代印地语文学的奠基人之一,有"印地语小说之王"

---

[*] 姚小翠,西安外国语大学印度语言文学专业2013级硕士研究生。

之称。论及普列姆昌德小说的风格时,一般评论家均认为其特点是质朴。[1] 普列姆昌德简明平实的小说风格正是艺术形式服从艺术内容的典范,质朴的小说风格也是普列姆昌德一生对质朴的人性之美的追求的证实。

一 普列姆昌德的美学观

普列姆昌德在论述文学时,不是单纯地讨论文学的形式、结构、体裁、手法等问题,而是联系社会背景、文学的目的、文学在社会上的作用以及文学家对生活和文学创作的态度等各个方面进行讨论,也就是说,正如他自己的小说创作那样,不是脱离社会生活的,而是紧紧联系生活实际的。[2] 他倡导的"美""真"不是抽象的,而是表明社会生活的具体的"美"和"真"。

普列姆昌德认为,美不像其他物品一样有形,它的处境也是相对的。一件东西对于富翁来说,是获得幸福的手段,而对别人来说,可能是痛苦的根源。当一个富翁坐在自己芬芳美丽的花园里听小鸟歌唱的时候,他享受着天堂般的乐趣,但一个觉醒了的人对这种享乐的东西却厌恶至极。涂口红的嘴唇和抹胭脂的脸上隐藏的是高傲和冷酷无情,而干裂的嘴唇和干瘪的面颊上的眼泪里却有着牺牲精神、真诚的感情和刻苦耐劳的本性。普列姆昌德认为美的准则的立足点是在农民和普通群众一边,他为农民的思想感情和他们的生活不为文艺家所重视而鸣不平,这是对传统的宫廷贵族上层的艺术发出的抗议,也是对上层的美学提出的挑战。他明确地指出穷苦人和富人欣赏的标准不同、美的观点不同,这是阶级对立的社会中不同阶级思想感情上的差异。民主的和进步的作家的审美观点和广大人民群众是一致的。正因为如此,普列姆昌德同情农民,热爱农民,他是"农民作家",是"写农村生活的作家"。在他的笔下,农

---

[1] 刘登东:《论普列姆昌德小说创作的特色》,《重庆师范大学学报》2013年第1期,第4页。
[2] 刘安武:《普列姆昌德的文艺观》,《国外文学》1989年第2期,第2页。

民和其他下层人民不仅是受压迫、受剥削的形象，而且也是心地善良、真诚朴实的人物。

二 普列姆昌德艺术创作的质朴美学

法国布封有句名言，风格即人。风格是作家内心生活和艺术才华的准确标志，是他的作品内容和形式相结合的表现，是思想性与艺术性相统一的个性特征，从而给读者以综合性和总体性的印象和观感，以区别于其他作家和作品。一般评论家均认为，普列姆昌德小说的风格是质朴。无论从选材、情节构成，还是从人物形象、语言诸方面来看，这个特点都是突出的。

（一）人物形象的质朴美

以现实主义中的理想主义为指导，在揭露残酷生活现实的同时，也对人性的光辉进行了高度赞扬，普列姆昌德表现出对弱势群体的关心和同情。普列姆昌德刻画了一系列栩栩如生的小人物形象，这些小人物的内心闪光点吸引着我们，激励着我们并且感染着我们。在他的笔下，农民和其他下层人民不仅是受压迫、受剥削的形象，而且也是心地善良、真诚朴实的人物。短篇小说中的奈乌尔（《奈乌尔》）、伯纠（《尊重舆论》）、疢札基（《疢札基》）、摩哈德沃（《鹤鹑》）、帕格特（《咒语》）、德赫达·森赫（《高尚》）等底层人物都有一颗美好的心灵。普列姆昌德选取淳朴善良、安分守命的小人物作为自己的描写对象，充分体现了他那现实主义美学精神的实质。

《咒语》中的主人公帕格特在最后一个儿子生命垂危时找到了贾达大夫，然而贾达大夫为了出去打高尔夫球而拒绝给他儿子看病，当天晚上帕格特的儿子就死了，帕格特和老伴悲痛欲绝。几年后贾达大夫唯一的儿子被毒蛇咬伤，恰巧帕格特是一名专门治疗蛇伤的巫师，曾用咒语救了许多被蛇咬伤的人。几十年来他把这项工作当作一个神圣的使命，春夏秋冬风雨无阻、任劳任怨、不计报酬。然而，当他在深夜听到贾达大夫儿子的情况时，却没有像往常一样立刻动身赶着去救人。作者在这里刻画了帕格特矛盾的心理状态，既表现出人性真实的一面，又折射出他高贵的品格。实际上，连他自己都不知道，究竟为何要去贾达大夫家。他对老伴说绝不会去给贾达大夫的儿子治病，可又不由自主地在半夜三更出了门，还不好意思让老伴知道，以至于最后治好病后分文未取，就拄着拐杖要在老伴醒来之前赶回去。他在半路上走着还告诉自己他不是去治病的，而是去看贾达大夫的笑话的，可听到路人说"贾达大夫这次要断子绝孙"的闲语时，又忍不住加快了脚步。这里体现帕格特这个人物形象的真实质朴。作者将人物心理和内心矛盾进行了深刻的刻画，而且将人物的精神境界升华到了人性的完美高度。帕格特以德报怨，折射出人性光辉的一面，他善良的本性以及孩子般简单淳朴的品格让人动容。作品以一句仿佛具有高度思想性的"他教育了我，我要把他作为我毕生的楷模"结尾，富有深意，正是帕格特这个"小人物"孩子般的质朴和善良，折射出的人性的最高光辉，让我们感受到了人性的质朴美。

《奈乌尔》中的主人公奈乌尔是一个雇工，50多岁的年纪，没有子女，只有老妻。他颇为满足他的生活处境，干起活来比年轻人更卖力。有一天奈乌尔的村子里突然来了一个云游和尚，这位圣僧很快获得了村民的信任，也获得了奈乌尔的信仟。奈乌尔想，如果圣僧能给他点石成金，他就可以得到意外之财，他也可以和老妻安度晚年。圣僧也垂青于他，许诺将他的银器一夜之间变成黄金。于是他拿出积攒多年的全部25个银币卢比，又借了25个，加上妻子的几件银首饰，一起给了圣僧，圣僧连夜携财而去。这个打击对可怜的奈乌尔来说太大了，社会对他太不公正，太残酷了。他上当受骗的原因是他有了非分之想或说一念之差。为了挽回损失，他装扮成云游和尚，找到了"猎物"。正当"猎物"要把首饰盒子给他时，他颤抖了。他哭着说："孩子，把匣子拿回去，我本来只不过想试一试你。"在奈乌尔的内心世界里所掀起的一场善与恶、美与丑的微妙的冲突，以善和美的胜利而告结，他的天良、他的高尚的本性在迷失一段时间之后终于苏醒了，这昭示了人性本真的质朴美。

（二）诗意农村的质朴美

普列姆昌德的创作植根于印度农村，他被公认为农民的代言人，是灾难深重的印度穷苦大众的作家，他的作品是全体被压迫人民的精神食粮。[①] 普列姆昌德的许多作品都以农村生活为题材，以农民为主人公，描写他们的苦难、挣扎与反抗。他对农民怀有诚挚深厚的感情，他的作品几乎都以印度的广大农村为背景，把农村当作实现理想的天堂，他笔下的农村常常是充满诗意的。[②] 普列姆昌德笔下的农村生活虽然充满了苦难，但其作品中浓浓的自然美富有诗意，具有印度民族的乡土气息，他用质朴的语言唤起读者对朴实自然的美的向往与认同。以他的作品《戈丹》为例，我们来分析普列姆昌德笔下农村田园风光的质朴美。

"八月的银白的月光，像一支甜蜜的歌曲似的抚慰着大地。""迷人的春天慷慨地散布着芳香的气息，带来了生活的欢乐和幸福。杜鹃隐藏在芒果树的枝头，用它那圆润、甜蜜、动人心弦的鸣啭来唤醒人们的希望。"[③] 看！有声有色还芳香四溢，多么富有诗情画意！普列姆昌德用质朴的语言唤起读者对朴实自然的美的向往与认同。

"他回过头去，看见那条花牛在甩动尾巴赶苍蝇，摇晃着脑袋，好像醉了一样，懒洋洋地迈开步子走着，那神态仿佛是女奴群中的一位皇后似的。有一天，当这条'如意牛'拴在他家门口的时候，那将会多么幸运！"[④] 何力毕生的心愿就是拥有一头母牛，他们全家尊牛为圣物，对牛是如此虔诚，如此热爱！印度人民与牛的和谐相处，以及他们对牛的虔诚与热爱始终贯穿《戈丹》，通过这一点，作者将人与自然的和谐展现得淋漓尽致，让整幅农村画卷充满了诗情画意与和谐之美。

变得冷清的家使何力夫妇再次争吵起来，然后，我们可以看到何力"走到芒果园里，看见芒果花开得像满天繁星一样。他那忧郁失望的心灵

---

① 王春景：《论普列姆昌德与鲁迅笔下的农民形象》，《南亚研究》2005年增刊，第1页。
② 夏爱元：《恒河岸边的"理想天堂"》，《湘潭大学学报》2005年第2期，第1页。
③ 普列姆昌德：《戈丹》，严绍端译，人民文学出版社，1958，第352页。
④ 普列姆昌德：《戈丹》，严绍端译，人民文学出版社，1958，第12页。

也受到了这种浸透一切的瑰丽景色和旺盛的生命力的感染,情不自禁地唱起歌来……"① 何力的生活经历了一次又一次的劫难,然而,他并没有放弃生活的希望。他被美丽的大自然感染,在大自然的怀抱中忘却了忧愁,他是多么喜爱大自然并懂得珍惜生活! 作者将人与大自然的和谐相处,以及他们对大自然的热爱、感恩的态度和敏锐的感悟力描写得出神入化,让我们在一幅幅美丽的田园画卷中感受到了大自然的质朴美以及农民的质朴美。

"在他的眼前,群山绵绵不断地展开去,好像玄学哲理似的奥妙莫测,他的灵魂仿佛是在从群山巍峨的形态中,鉴证着大自然不可思议的创造。远处一个高耸入云的顶峰上,有一座小小的庙宇,在那不可思议的空气里,隐隐约约屹立着,仿佛一只孤独的鸟儿想要寻找一个栖息的处所。"② 久居城市的梅达先生在来到美丽的农村之后,也被这广阔的大自然的美丽景象所震撼,被这淳朴的自然气息所感染,他的灵魂与自然交融,见证着大自然不可思议的美。

(三)语言风格的质朴美

在语言方面,普列姆昌德用准确鲜明、朴实无华的语言来描绘人情世态和社会风俗,不用华丽的辞藻或过多的修饰,但常注意抓住典型细节和人物个性特征,将人物写得活灵活现。普列姆昌德笔下的人物形象饱满、个性鲜明,他在描绘人物形象时,或通过某些细节描写,或通过细腻的心理刻画,使人物形象鲜明生动。不管是记叙语言,还是人物的口头语言,都十分生动形象,而且富有泥土气息,灌注着激情。③ 他始终坚持自己的语言风格,用最简单的语言塑造恒久的美,让最简单的技巧焕发恒久的生命力。

《戈丹》中普列姆昌德以形象化的比喻和抒情诗一样的语句,抒写

---

① 普列姆昌德:《戈丹》,严绍端译,人民文学出版社,1958,第352页。
② 普列姆昌德:《戈丹》,严绍端译,人民文学出版社,1958,第117页。
③ 夏爱元:《恒河岸边的"理想天堂"》,《湘潭大学学报》2005年第2期,第2页。

了像何力这样的患难夫妻感情生活的变化:"在结婚生活的黎明时分,爱恋的感情带着玫瑰的色彩和沉醉的姿态涌上来,以它那绚丽的金光渲染着心的天庭。接着,响午的酷热来到,转眼间卷起一阵飓风,大地都给吹得颤抖起来,爱恋的金色帷幕消失了,呈现在眼前的是赤裸裸的现实。那以后,是憩息的黄昏,凉爽而又宁静,我们就像闲倦的旅人一样,互相诉说着一天旅程中种种际遇……"① 这样诗情画意的语句让我们感受到的是一幅夫妻间患难与共的质朴温馨的画卷,现实使爱情的颜色慢慢褪去,面对生活的苦难,两人患难与共,风雨同舟,爱恋的激情在历经风雨之后蜕变为温暖的亲情,在丑恶的现实面前,两人的感情显得更加质朴,更加弥足珍贵。

普列姆昌德还善于运用比喻的手法来展示人物的内心世界。当何力在辛勤劳动收获粮食之后,作者这样写道:"家里的生活像一度停下来的车子,现在又往前开动了。本来因为受到阻塞而产生的漩涡、泡沫,并且喧嚷奔腾的流水,在阻塞的东西清除以后,又发出了柔和、甜蜜的声音,平静而悠缓地、像一滋油汁似的流去。"② 形象贴切的比喻,生动地展现了何力一家丰收之后内心的欢乐。

普列姆昌德运用了大量的来自生活的非常贴切的比喻,这种手法充满了生活的情趣,把抽象的感情具体化,使简单的语言散发出浓烈的质朴美。"那种感情无论如何也保持不住,好像撕裂成了一块块的碎布,再也堵不住愤怒的激流了。"③ "两人之间的隔阂一天天加深,正如铁锈一样越来越多,越来越擦不掉了。"④ "他的意识像酒醉一样地失去了平衡,而他的心绪就像暴涨的水在汹涌澎湃地朝着一个方向流去。"⑤ 普列姆昌德以这些生活中常见的东西做比喻,更符合农村生活这个大背景,让读者可以切身感受到人物的心理活动,形象生动却又朴实无华,充分体现

---

① 普列姆昌德:《戈丹》,严绍端译,人民文学出版社,1958,第42页。
② 普列姆昌德:《戈丹》,严绍端译,人民文学出版社,1958,第253页。
③ 普列姆昌德:《戈丹》,严绍端译,人民文学出版社,1958,第57页。
④ 普列姆昌德:《戈丹》,严绍端译,人民文学出版社,1958,第406页。
⑤ 普列姆昌德:《戈丹》,严绍端译,人民文学出版社,1958,第57页。

了语言的质朴美。

普列姆昌德还喜欢运用人们生活中常用的俗语如"人到人家，槟榔为敬"[①]"住在水里跟鳄鱼作对，那是呆子"[②]"指穷人的脖子是一回事，分个水是水，奶是奶，又是另一回事"[③]。这些俗语的无名作者就是广大民众，因此也极为容易为民众所接受。普列姆昌德运用农民朴实无华的语言来描写农民单纯质朴的生活，刻画出形形色色的人物形象，十分生动地展现了人物形象的鲜明性格特征。

三 结语

普列姆昌德的小说写得很真实，有时很动人，有时相当残酷，但总是富于人情味。[④] 普列姆昌德倡导的"美"和"真"，不是抽象的，而是社会生活中具体的"美"和"真"。在理想主义的指导下，普列姆昌德认为，文学应该对生活有着积极的促进作用。正如普列姆昌德自己所说，"文学不应是社会的镜子，而应是社会的灯塔，文学在有明确的目的外，还应该具有情趣和美感"。[⑤] 正因为讲究文学的情趣和美感，他才尽力使小说中的主人公即使在苦难中也充满对生活的激情，使小说从内容、形式到语言都充满诗情画意和美感。普列姆昌德以现实主义中的理想主义为指导，在揭露残酷生活现实的同时，也对人性的光辉进行了高度赞扬，表现出对弱势群体的关心和同情。普列姆昌德用质朴的语言唤起读者对朴实的自然美与人性美的向往与认同。正是"大巧若拙"，最高的技巧恰恰是不用技巧，最好的语言修辞也就是没有矫饰的平实质朴的语言。普列姆昌德简明平实的小说风格，正是艺术形式服从艺术内容的典范，质朴的小说风格也是普列姆昌德一生对质朴的人性之美的追求的证实。

---

① 普列姆昌德:《戈丹》，严绍端译，人民文学出版社，1958，第381页。
② 普列姆昌德:《戈丹》，严绍端译，人民文学出版社，1958，第268页。
③ 普列姆昌德:《戈丹》，严绍端译，人民文学出版社，1958，第163页。
④ 普列姆昌德:《普列姆昌德论文学》，唐仁虎、刘安武译，漓江出版社，1987，第32页。
⑤ 普列姆昌德:《普列姆昌德论文学》，唐仁虎、刘安武译，漓江出版社，1987，第32页。

The Analysis of the Simple Artistic Aesthetics of Premchand

Abstract　The artistic style is the exact symbol of the inner life and the artistic talent of a writer, is the representation of the combination of his writing and form, and is his personal characteristic combining thought and art. In terms of the style of Premchand, critics generally think it simple by nature. This characteristic is obvious seen from different aspects, such as contents, plots, images of characters, and languages. The rustic style of novel is the proof of Premchand's pursuit of the simple beauty of humanity in his whole life. This article will analyze the simple artistic aesthetics of Premchand in three aspects, images of characters, poetic villages, and the language style.

Keywords　Premchand, Rustic, Aesthetics, Realistic Idealism

恺加王朝初期波斯语游记文本中的欧洲形象

王 莹[*]

摘 要 恺加王朝是近代伊朗社会变迁的重要历史阶段,伊朗同欧洲的往来日渐增加,东西交往的格局亦发生了深刻变化。在此时代背景下,访欧纪行、留学日志、出使见闻等各类游记作品大量涌现,此类域外旅行文本为伊朗社会提供了丰富的西方社会文化信息和思想资源。本文通过比照两部恺加时期波斯语访欧游记中所记述的西方形象,分析文本所蕴含的跨文化意义以及恺加时期伊朗对欧洲社会的认知变化。

关键词 伊朗 恺加王朝 游记 形象 欧洲

一 时代背景

恺加王朝[①]作为伊朗近代史的发端,踯躅于传统与现代的交叉路口上。伊朗经历了内部社会的统一重建、外部强国的势力渗透与领土瓜分、立宪革命的洗礼、国民议会的诞生等一系列重大事件,社会张力在变革求新的诉求与保守传统的角力中不断延展。19世纪至20世纪初期访欧游记的兴起即出现于该历史背景之下,并在近代伊朗的社会语境中呈现丰富的文本内涵。

---

[*] 王莹,北京外国语大学波斯语言文学专业讲师。
① 波斯语:دوران قاجاریه,1796–1925 A.D.。

萨法维王朝①结束后，伊朗重新陷入部族纷争、地方割据的混乱局面。18 世纪末，恺加部族首领阿迦·穆罕默德汗②借赞德王朝③后裔纷争王权之际，伺机扩张自己的势力范围。1794 年，阿迦·穆罕默德汗逐渐统治了伊朗的大片疆域，并于两年后加冕为伊朗国王，建都德黑兰，恺加王朝的统治时代由此开启。恺加初期，伊朗内部社会统一局面形成伊始，王权的统治根基尚未稳固，俄国趁机扩展其在高加索地区的势力范围。恺加第二任统治者法塔赫·阿里沙④时期，南高加索广大地区脱离了波斯的传统掌控，转而并入俄国。法塔赫·阿里沙国王对俄宣战，第一次俄波战争（1804~1813 年）爆发。

随着俄波战争中波斯军队的接连失败，恺加第二任国王法塔赫·阿里沙被迫与俄签订了《古列斯坦条约》⑤。战争的重挫和领土瓜分的外患促使恺加统治者清醒地意识到伊俄军事实力上的巨大差距，也极大地触动了伊朗学习近代西方科技以图变革自强的现实意图。此外，在英、俄等强势力量在中亚角逐的挤压之下，恺加王朝虽积极地探求其自身的发展空间，但内政、外交愈加受到外力的影响、干预。在此历史背景下，恺加王朝革新自强的内在诉求不断发酵。阿巴斯·米尔扎王子⑥在俄波战争中作为波斯军队的统帅参战，对波斯军队设备落后、战斗力羸弱深有感触。他从军事入手积极倡导新制，⑦在阿塞拜疆首府大不里士开设

---

① 波斯语：صفویه，1501–1736 A.D.。
② 波斯语：آقامحمدخان，1742–1797 A.D.。
③ 波斯语：دوران زندیه，1750–1794 A.D.。
④ 波斯语：فتح علی شاه，1772–1834 A.D.。
⑤ 波斯语：عهدنامه گلستان。1813 年 10 月 24 日双方代表于古列斯坦签署条约，恺加王朝的使臣代表是米尔扎·阿布·哈桑汗·伊勒奇（میرزا ابوالحسن خان ایلچی）。作为战败方，恺加王朝丧失了对黑海、高加索地区大片区域的控制权。《古列斯坦条约》当中关于俄国同恺加王朝边界划分的条款并不明确具体，为商议双方在条约缔结中的边界划分问题，伊勒奇随后又率使团出访俄国（1814–1816 A.D.）。
⑥ 波斯语：عباس میرزا，1789–1833 A.D.。
⑦ Gavin R.G. Hambly, "Iran During the Reigns of Fath Ali Shah and Muhammad Shah," Peter Avery, etal, *Cambridge History of Iran, Vol.7: From Nadir Shah to the Islamic Republic*, Cambridge University Press, 1991, pp.174–213.

印刷厂，翻译欧洲强国的军事手册，创办火药厂、制炮厂，还提出建立新式军队并聘请英国军事顾问训练军队、教授作战技术，[①] 甚至还聘请西医为随军医生。在其大力推动下，两批最早赴欧的留学生经王室选送先后于1811年、1815年前往欧洲诸国学习西方近代科技知识。[②] 缩减军事实力差距是恺加初期统治者向西方学习的直接动因，也开启了近代伊朗仿效西方推行现代化的曲折进程。"恺加王朝的存亡有赖于对现代化、西方化的探求，而两者作为互通的代名词也由此进入伊朗人的观念。"[③]

19世纪以降，官派留学生、使团代表、王室贵族等伊朗社会上层人士首次脱离传统的本土社会，以更加直接的方式亲历欧洲社会，感受迎面而来的文化冲击，并将旅行见闻、欧洲形象述诸笔端。近代欧洲成为蕴含进步之意的"他者"，大规模地集体呈现在留学日记、出访实录等游记类文本中，近代西方形象随之被引介至伊朗本土。随着历史进程的推进，以外交、商贸、探险为目的的各类海外旅行不断增加，域外旅行和大量游记作品逐步增进了伊朗对近代西方社会的认识与了解，而不同历史时期对西方社会观察视角的位移也体现出近代伊朗逐渐演变的世界认知体系和时代观。在与西方社会的接触中，伊朗人的传统世界观、宗教理念、价值体系不断受到外部冲击，渐趋松动，"这一时期的游记文学最清晰地体现出'自我—他者'的对立，也为身份、文化、传统这类概念的形成提供了一条基本途径"。[④] 恺加时期的游历者从自身视角察看近代欧洲的社会发展境况，并记录下所知所感的自然、社会、政治、文化等景象；同时，置身于同本土传统文化、观念、社会环境迥然不同的情境中，游历者会自觉、

---

① Monica M. Ringer, *Education, Religion and Discourse of Cultural Reform in Qajar Iran*, Costa Mesa, California: Mazda Publishers, 2001, p.67.

② Mohammad Hossein Azizi, FarzanehAzizi, "Government-Sponsored Iranian Medical StudentsAbroad (1811–1935) ," *IranianStudies*,Vol. 43, No.3,2010, pp.349–363.

③ Shireen Mahdavi, "Shahs, Doctors, Diplomats and Missionaries in 19thCentury Iran," *British Journal of Middle Eastern Studies*, Vol. 32, No. 2 , 2005, p.170.

④ Monica M. Ringer, "The Quest for the Secret of Strength in Iranian Nineteenth-Century Travel Literature: Rethinking Tradition in the *Safarnameh*," Nikki Keddie and Rudi Mattheeeds, *Iran and the Surrounding World 1501–2001: Interactions in Culture and Cultural Politics*, Seattle:University of Washington Press, 2002, pp.146–161.

不自觉地参照他者反观母体社会，比较各自的异同。下文试以比较文学形象学的研究视角与方法，从日常景致、技艺器物、人物形象等方面简要分析两部恺加时期波斯语旅欧游记当中欧洲形象的文本描述。

二 驻英使臣的访欧纪行

米尔扎·阿布·哈桑汗·伊勒奇① 是恺加王朝第二任国王法塔赫·阿里沙时期的驻英首席大臣，其首次访欧的缘由与当时恺加王朝的外交息息相关。1809年，为保障各自的地区利益，英国与恺加王朝欲达成双方友好同盟协议。英国实则是为遏制法国、俄国在中亚地区的扩张，确保其在印度的殖民利益无后顾之忧；而恺加王朝在与俄国对高加索地区利益的激烈争夺中处于劣势，其装备简陋的军队全无与俄抗衡之力。恺加国王虽已派使节与法国缔结同盟关系，并于1807年同法签订了《芬肯斯坦条约》②。但拿破仑一世与俄国的议和之举又为各方势力在这一地区的利益角逐与牵制增添了变数。在此复杂交错的背景下，伊勒奇作为赴英使臣于1809年在英国使臣莫里尔③ 的陪同下前往英国。在英国停留了七个月后，伊勒奇于1810年启程返回伊朗。1811年3月，伊勒奇同英国驻恺加王朝的全权大使欧塞利爵士④ 一行抵达布什尔港。⑤

---

① 波斯语：میرزا ابوالحسن خان ایلچی，1776-1846 A.D.。伊勒奇出生于设拉兹，曾出任恺加王朝驻俄、英首席外交使臣，其家族是恺加时期最有影响力的王室贵族之一。

② 波斯语：عهدنامه فینکنشتاین。1807年5月4日，波法双方代表在 Finckenstein Palace（芬肯斯坦宫，位于今波兰境内）签署同盟条约，拿破仑一世承认恺加王朝在格鲁吉亚部分地区、外高加索和北高加索部分地区的控制权，承诺竭力将俄侵占之地归还给波斯并为恺加王朝军队提供设备、人员支持。法国则要求恺加国王对英国宣战，驱逐在其境内的英国人，确保法国在波斯境内的势力。

③ James Justinian Morier（1780-1849 A.D.），英国外交家，根据其在波斯生活多年的经历著有数部描写波斯人的通俗小说，其中最著名的是1824出版的 The Adventures of Hajji Baba of Ispahan。

④ Sir Gore Ouseley（1770-1844 A.D.），英国外交家，曾作为调停方参与俄波双方《古列斯坦条约》的制订。

⑤ Naghmeh Sohrabi, Taken for Wonder: Nineteenth-Century Travel Accounts from Iran to Europe, NewYork: Oxford University Press, 2012, p.33.

恺加王朝初期波斯语游记文本中的欧洲形象

伊勒奇将自己的首次英国之行以日志形式完整记录下来，取名 حیرت نامه[①]，按照他从德黑兰启程至重返伊朗布什尔港的行程路线记述其游历行程。除去对沿途自然景致、天气状况及日常航行路线等记载，正文的主要部分为留居伦敦的日程纪要。伊勒奇在开篇即介绍了此部游记的书写目的：

> 作者阿布·哈桑，已逝的米尔扎·穆哈玛德·阿里·设拉兹之子，作为访欧使臣经由小亚细亚前往欧洲……从离开德黑兰的日子开始，在海上以及在欧洲土地上的奇异景象和记述都是我亲眼所见、所了解的，现以此日志形式记录，望对其后此路线的探险者有所帮助。因该日志中记载了所目睹的许多奇闻、新奇事物，自然为见者、闻者带来许多惊异与迷惑，故将此文命名为《旅行之奇异记》。[②]

作为首度出访欧洲的使臣，伊勒奇经常用"奇怪""陌生""震惊""新奇"等词汇来描绘他初见西方景象及日常见闻的震撼、新奇之感，下文仅从日常景象、器物技艺、人物形象三个方面选取部分实例概括分析该部游记所记述的欧洲"奇异"之相。

在其行程中，伊勒奇几乎每到一处都会对所见景致、新奇事物表示惊叹并称赞不已。在即将抵达伦敦时，伊勒奇对航船与港口之间迅捷的通信大为吃惊："太夸张了！怎么能在这么短的时间里将信息告知300英里外的首都？"[③] 随后，他又将船长告知他的以灯塔、旗语、望远镜等方式传递航行信息的过程——记录下来。初到伦敦的伊勒奇在经过一座铁

[①] حیرت 有"诧异""惊奇"之意，故笔者将其译为《奇异记》。伊斯兰世界的舆地纪行早有此传统，许多穆斯林旅行家将自己的游历见闻录以"奇观""异闻"命名。例如，18世纪莫卧儿帝国时期出访欧洲的使臣 میرزا اعتصام الدین 就将其游记命名为 نامه ولایت شگرف。参见 Mohammad Tavakoli Targhi, *Refashioning Iran: Orientalism, Occidentalism and Historiography*, New York, Palgrave, 2001, p.42.

[②] میرزا ابوالحسن خان ایلچی، حیرت نامه میرزا ابوالحسن خان ایلچی به لندن،تهران:موسسه خدمات فرهنگی رسا، ۱۳۶۴، ص.۴۷. quoted from Naghmeh Sohrabi, *Taken for Wonder: Nineteenth-Century Travel Accounts from Iran to Europe*, NewYork: Oxford University Press, 2012, p.29.

[③] Margaret Morris Cloake, ed., *A Persian at the Court of King George 1809-10*, London: Barrie & Jenkins, 1988, p.24.

桥时对其建造工艺颇感惊讶，并称赞造桥技艺的高超，"集上千名技师的千余次测量建成，桥下是拱形，显而易见的是轮船可以轻而易举地通行"。在参观工厂、银行、议会等地时，伊勒奇在描述中也常表示出他对西方进步技术的感叹称赞。在银行见到钞票时，伊勒奇称"更奇怪的是印刷的薄纸，从1土曼到1000土曼，它被称作'钞票'，钞票的使用比黄金更流行，能有200来人从早到晚忙着印刷……"。[1]

在对报纸的描述中，伊勒奇流露出了他对新闻信息真实性的怀疑，"他们用船送递过来称之为报纸的东西，我收集起来读过发现，报纸所写的充斥着夸张……这则消息比之前拔牙的那则消息更让我感到吃惊，我说这些都是谎言"。伊勒奇对英国的报业评论道"好像每天印刷刊行的报纸有上万份，供英国人消费。更令人吃惊的是，今天的新闻到了明天就不再是（新闻）了。今天的报纸到了明天就像变成了厕纸，又需要新的新闻……"[2]

19世纪末20世纪初期，恺加王朝的留学生从欧洲带回印刷机，在阿巴斯·米尔扎王子的扶持下，设拉兹开设了伊朗最早的机器印刷厂，可见同时期的伊朗在印刷技术上远逊于西方，所以也不难想象伊勒奇初见报纸、钞票印刷时的诧异与好奇。受其身份、际遇所限，伊勒奇的描述多为走马观花式的观访，所到之处也大多是由英国使臣陪同出席的社交场所或伊朗使团的外出参观，鲜有其个人对英国社会日常生活的细致描述，而这些限制条件也制约了他的观察视野，所以他对西方社会的描述常浮于表面，缺乏更为深入的思考与洞见。

伊勒奇在游记中多次提及其流连于各种舞会、剧院、私人宴会等社交场合，其个人则将观察点放到了欧洲女性上。在出席一次私人晚宴时，伊勒奇写道："一群群神采奕奕的姑娘和貌美如仙的夫人们凑在一起聊天，烛光映照着她们的美貌。"在游览海德公园和圣詹姆斯公园时，伊勒奇又写道："在这些公园中、小路上，美丽的女子如太阳般明艳，令群星羡妒，天

---

[1] فرامرز معتمد دزفولی، تاریخ اندیشه جدید ایرانی، دفتر اول: آینه آوران و عصر رویارویی با غرب، تهران: شیرازه، ۱۳۹۰، ص. ۱۳۰.

[2] فرامرز معتمد دزفولی، تاریخ اندیشه جدید ایرانی، دفتر اول: آینه آوران و عصر رویارویی با غرب، تهران: شیرازه، ۱۳۹۰، ص. ۱۲۱.

堂中的美女看到这些面若桃花的世间美人也会羞愧脸红。我十分惊叹地对欧塞利先生说道:'如果人间尚有天堂,就是这里,就是这里!'"①

对美女的赞美是波斯文学的一大传统,受苏菲神秘主义的影响,波斯古典文学中美女的意象常伴有宗教哲理隐晦其中,字面所表述的对美女的痴迷实则可以被解读为对真主的执着与追寻。"诗人将真主比作情人佳丽,把自己比作追求者,以世俗的男女之情喻托心中对真主的狂热爱恋。写男女相爱,可以看作诗人在修行中'心见'真主,进入了与主合一的状态。"②而到了19世纪访欧游记的社会文化语境下,对欧洲女性的形象描述则更多蕴含着对现实的暗喻。文本作为一种文化符号系统,其表述的实质是用一种现实主体去比喻、暗示另一种现实实体。而要分析其丰富的文本意义,就必须将文本置于具体的文化模式下。伊勒奇虽仍采用传统的波斯语汇、修辞手段来形容女子的美貌、迷人,同时作者借此表现的新奇感受、欧洲女性形象也附着在既有的语言符号上,但其所指的意象已然发生了转变。诚如孟华教授所言,"相异性以形象为载体,在人们所熟悉的语词旧壳中争取到了与认同性杂糅并存的权力,在不知不觉中以悄无声息的方式迫使传统意义开始歧变"。③

在接触异质文化的过程中,直观可见的形象往往首先出现在观察者的视域下。作为首次出访英国的外交使臣,伊勒奇对西方社会的新奇之物、剧场舞会、美景佳人赞叹不已,但也仅限于此。囿于其外交使臣的观察视野及出访目的,伊勒奇的游记多是只述见闻,不论时政,文本中所展现的欧洲社会充斥着奇异之相,而他对欧洲的社会政治、文化习俗以及宗教观念则并无多少描述,并没有展示出如恺加后期一些游记中出现的对欧洲世俗风化堕落的批判与诘问,抑或是在惊叹技术进步之余同本土社会的比照反思。而下文米尔扎·萨勒赫·设拉兹留学游记中所描绘的欧洲形象则与之形成了鲜明对比。

---

① میرزا ابوالحسن خان ایلچی، حیرت نامه، تهران: موسسه خدمات فرهنگی رسا، ١٣٦٤، ص. ١٤٤.
② 穆宏燕:《中波古代情诗中的喻托》,《国外文学》2002年第2期,第117页。
③ 孟华:《从艾儒略到朱自清:游记与"浪漫法兰西"形象的生成》,《中国比较文学》2006年第1期,第76页。

三 旅欧留学日记

作为恺加王朝选派的早期旅欧留学生当中的一员，米尔扎·萨勒赫·设拉兹①于 1815 年赴英学习，1819 年返回伊朗并出版了个人的游学日记。学成而归的米尔扎·萨勒赫积极推行仿效西方的革新举措，于大不理士创办了伊朗第一份报纸②，通过刊印报纸向民众介绍外部世界信息、世界地理知识及近代西方发明。该份报纸于 1837 年 5 月出版第一期，随后每月出版一期，但仅维持了一年的时间。此外，他还倡导开办本土造纸厂等实业，鼓励发展现代技艺。③ 米尔扎·萨勒赫的留学游记按时间顺序记录其行程路线及在英留学见闻。其中"抵达英国留居此地，关于伦敦以及英国史、议会的记述"一章对英国的自然环境、政治制度、工厂学校、宗教习俗、礼仪宴会等各层面做了详尽细致的描述，内容最为丰富。

不同于因外交事宜出访欧洲的使臣伊勒奇，米尔扎·萨勒赫热衷于观察、学习欧洲社会的新生事物及西方文明，他的游记书写是对欧洲文化的自觉关注，察看、记述的视角也是务实的，其向西方学习的是济世之学，怀报着以求自强的现世情怀。米尔扎·萨勒赫在日记中称自己潜心学习西方技艺，并自学英语、法语、拉丁语。留学多年的经历使得其视野范围更广、观察更细致，米尔扎·萨勒赫在日记中不厌其详地介绍了伦敦的学校、医院、工厂、福利院等社会机构的设置情况，还表现出对西方社会制度的极大关注。他写道："英国的法规制度是特有的，世界上任何一个国家都没有这般的有条不紊。这是经过多年杀戮、流血的严厉惩戒所达到的……总体而言，英国的政府包括三部分，一是国王，二是贵族，三是律师、平民等……第三等级的人有若干权利和约束。每个

---

① 波斯语：میرزا صالح شیرازی，生卒年份不详。
② 报纸名称 کاغذ اخبار，即波斯语对英文 newspaper 的直译。
③ Peter Avery, "Printing, the Press and Literature in Modern Iran," *Cambridge History of Iran*, Vol.7: *From Nadir Shah to the Islamic Republic*, Cambridge University Press, 1991, p.815.

等级都是独立运作的。"① 而这样的观察视角与入微的描述在早些时候伊勒奇的出使游记中是未曾出现的。

布吕奈尔称："形象即是加入了文化的和情感的、客观的和主观的、个人的和集体的因素的表现。"② 受旅行经历、接触层面等多种因素的影响，游记中对他者的描述不可避免地会带入书写者的个人情感和主观见解。作为五位派往欧洲学习的留学生之一，米尔扎·萨勒赫可以算是恺加王室推行西学改革举措的直接参与者，从其对西方知识的详尽记录中可以体察到他对近代化改革诉求的支持。米尔扎·萨勒赫游学日记中所呈现出来的欧洲形象主要是进步、文明、现代的。英国被形容为："一个有着如此安全和自由的国度，这里被称作自由之地。这里有自由，也有政府秩序，人人遵守，从国王到乞丐，任何违背法律的人都会受到惩罚……"在谈及自由时，他将其视为英国议会政治的基本原则，"任何议会成员都被允许在议会谈论讲述他们所想探讨的政务及其他事务，且所有人不得嘲讽"。③

而在谈及女性时，米尔扎·萨勒赫的游记当中也不再出现如伊勒奇在行纪中表现出的对欧洲女性的惊叹与痴迷，而是深入到对婚姻、教育等社会内在层面的揭示。例如米尔扎专门记述了女子学校的教育情况，他称"到十五岁离开学校时，女子的教育既包括了缝纫、家务、与异性交往的礼仪、歌唱、舞蹈，也有希腊哲学、绘画等，是完整无缺的教育"；④ 在谈到英国人的恋爱、婚姻时，他在日记中这样描述："如果那位女子欣赏追求她的男子，她就会接受；如若不然，则有礼节地回绝他的追求，之后相识关系就断绝了。如果两人相互倾慕，就结伴去教堂，在神父面前缔结婚约，然后离开教堂乘车去往市郊，在那里度过一个月或更长的时间再回来，此后共度一生。大多数的男人、女人最后都是相

---

① فرامرز معتمد دزفولی، تاریخ اندیشه جدید ایرانی، دفتر اول: آینه آوران و عصر رویارویی با غرب، تهران: شیرازه، ۱۳۹۰. ص. ۲۶۱.
② 布吕奈尔等：《什么是比较文学》，葛雷、张连奎译，北京大学出版社，1989，第89页。
③ فرامرز معتمد دزفولی، تاریخ اندیشه جدید ایرانی، دفتر اول: آینه آوران و عصر رویارویی با غرب، تهران: شیرازه، ۱۳۹۰. ص. ۲۷۰.
④ فرامرز معتمد دزفولی، تاریخ اندیشه جدید ایرانی، دفتر اول: آینه آوران و عصر رویارویی با غرب، تهران: شیرازه، ۱۳۹۰. ص. ۲۸۲.

互爱慕、幸福、忠诚地生活。"[①] 尽管这样的婚姻观与同时期伊朗社会的传统观念有着明显差异,作者在描述诸如此类的社会风貌时并没有表现出明显的排斥、讽刺或挖苦,而是尽量细致刻画、平实记载,从中可以感受到至少米尔扎·萨勒赫对当时欧洲的文化习俗是持平等而观的态度的。

综合而观,米尔扎的留学日记提供了详尽的西方社会景象观,效仿西方的意识也更为明显,但对于欧洲的观察仍停留在"技""术"的层面,将技术进步简单地视作社会进步的关键,这或许也从一定程度上反映出当时恺加统治者的心态——学习欧洲社会进步之术以改变力量差距的焦虑心理。此时恺加王朝对西方形象已不再是浮光掠影的描画,但是其视角并未能触及异质文明进入伊朗社会的适应性和本土化,而这些恐怕也是初到英国的留学生及同时代的恺加王朝统治者无法考虑到的问题,对于伊朗本土社会如何联结和吸纳西方的技术文明、制度观念这些深层的自我观照与反思还有待时日。

四　结语

在历时与共时的时间维度下,恺加时期访欧游记所呈现的文本意义不尽相同。随着内外局势的变化以及海外游历人数的增多,波斯游记中的欧洲形象以更加多元化的形式呈现出来,既有对异国风貌的感叹备述也包括对社会制度、世俗文明的反思与批判。游记中的欧洲形象在各时段、各阶层也经历着演变与调整,这种形象描述上的变化不仅体现出伊朗对外部世界渐变的认知过程,也观照出游记作者借由欧洲这一他者形象对自我的观察与反思,恺加时期伊朗内外矛盾交织的时代脉搏在其间跃动。

[①] فرامرز معتمد دزفولی، تاریخ اندیشه جدید ایرانی، دفتر اول: آینه آوران و عصر رویارویی با غرب، تهران: شیرازه، ۱۳۹۰، ص. ۲۸۳.

The Image of Europe in Persian Travelogues of Early Qajar Period

Abstract Being an important historical period for the social transition of premodern Iran, Qajar dynasty witnessed the increasing interactions between Iran and Europe. The pattern of communication thereafter has been profoundly transformed. Against the background of that times, various Persian travel accounts such as diaries of students abroad, official reports of diplomats flourished and provided abundant social-cultural information about western societies. Through the examination of two Persian travelogues with the descriptions of their travels to Europe during the early Qajar period, this article aims to analyze the variation of perceptions towards European societies in Qajar period.

Keywords Iran, Qajar dynasty, Travelogue, Image, Europe

图书在版编目(CIP)数据

亚非论丛. 第1辑 / 孙晓萌主编. —北京：社会科学文献出版社，2016.1
ISBN 978-7-5097-8541-6

Ⅰ.①亚… Ⅱ.①孙… Ⅲ.①亚洲-研究-文集②非洲-研究-文集 Ⅳ.①D73-53 ②D74-53

中国版本图书馆CIP数据核字（2015）第315510号

亚非论丛（第一辑）

主　　编 / 孙晓萌

出 版 人 / 谢寿光
项目统筹 / 高明秀
责任编辑 / 沈　艺　许玉燕

出　　版 / 社会科学文献出版社·当代世界出版分社（010）59367004
　　　　　　地址：北京市北三环中路甲29号院华龙大厦　邮编：100029
　　　　　　网址：www.ssap.com.cn
发　　行 / 市场营销中心（010）59367081　59367090
　　　　　　读者服务中心（010）59367028
印　　装 / 三河市尚艺印装有限公司
规　　格 / 开　本：787mm×1092mm 1/16
　　　　　　印　张：14.75　字　数：224千字
版　　次 / 2016年1月第1版　2016年1月第1次印刷
书　　号 / ISBN 978-7-5097-8541-6
定　　价 / 59.00元

本书如有破损、缺页、装订错误，请与本社读者服务中心联系更换

▲ 版权所有 翻印必究